Breve história do feminismo no Brasil e outros ensaios

CONSELHO EDITORIAL
Ana Paula Torres Megiani
Eunice Ostrensky
Haroldo Ceravolo Sereza
Joana Monteleone
Maria Luiza Ferreira de Oliveira
Ruy Braga

Breve história do feminismo no Brasil e outros ensaios

Maria Amélia de Almeida Teles

Copyright © 2017 Maria Amélia de Almeida Teles

Grafia atualizada segundo o Acordo Ortográfico da Língua Portuguesa de 1990, que entrou em vigor no Brasil em 2009.

Edição: Haroldo Ceravolo Sereza

Projeto gráfico e diagramação: Jean Ricardo Freitas

Assistente acadêmica: Bruna Marques

Revisão: Alexandra Colontini

Capa: Larissa Polix Barbosa

Imagens da capa: Ilustração de Marta Baião

CATALOGAÇÃO NA PUBLICAÇÃO (CIP)
FICHA CATALOGRÁFICA ELABORADA POR RICARDO QUEIROZ

T269B

Teles, Maria Amélia de Almeida, 1950
Breve historia do Feminismo no Brasil e outros ensaios
São Paulo : Editora Alameda, 2017.
304 P.

ISBN 978-85-7939-476-8

1. Ensaios 2. Feminismo.
1. Breve historia do Feminismo no Brasil e outros ensaios.

CDD: 305.42
CDU: 396-055.2

ALAMEDA CASA EDITORIAL

Rua 13 de Maio, 353 – Bela Vista

CEP 01327-000 – São Paulo, SP

Tel. (11) 3012-2403

www.alamedaeditorial.com.br

Foram inúmeras as mulheres que me estimularam a publicar este trabalho, como um registro de nossa história. Meus agradecimentos a todas elas. Mas seria injusto não mencionar alguns nomes: Zuleika Alambert, Criméia Schmidt de Almeida, Marlene Crespo (que fez a primeira revisão), Nilsa Iraci Silva, Maria do Socorro de Abreu, Rosana Soerbile, Miriam Botassi, Adriana Gragnani, Eleonora Menecucci e Terezinha Gonzaga.

Agradeço também a um homem, que pacientemente digitou o texto, meu companheiro Cesar Augusto Teles.

Para a segunda edição, revisada e ampliada, devo um agradecimento especial aos movimentos feministas e de mulheres que têm aproveitado- ao longo dessas duas décadas e meia - este livro para a formação de novas gerações que buscam a história das lutas das mulheres no Brasil.

Sumário

9   *Apresentação*

15   *Prefácio*

19   *Parte I*
      Breve história do feminismo no Brasil

27   A condição da mulher no Brasil colônia (1500 a 1822)

35   Brasil Império (1822-1889)

45   A influência externa

49   A mulher na República

61   1964, o ano do golpe militar

65   1968, certeza, história e flores

69   A luta armada: um aprendizado para a mulher

85   As mulheres da periferia em São Paulo

89   Movimento Custo de Vida

93   Anistia ampla, geral e irrestrita

95   1975, o Ano Internacional da Mulher

99   Jornal *Nós Mulheres*

101   Mulherio

103   8 de março, Dia Internacional da Mulher no Brasil

109   A questão feminista vai além do 8 de Março

111   Movimento de Luta por Creche

115   Mulher, sindicato e greve

121   Mulher: assunto proibido

123   A época dos congressos paulistas

125 O II Congresso da Mulher Paulista

129 A divisão do movimento: o III Congresso da Mulher Paulista

135 Violência

143 Trabalhadora rural

147 A mulher e a constituinte

149 Saúde, mulher e movimento

153 Sexualidade

155 Assistência integral à saúde da mulher

159 Os encontros feministas

163 Conclusões

171 *Parte II*
Outros ensaios

173 A defesa do aborto na Constituinte

181 A luta pela creche

211 Violações dos direitos humanos das mulheres na ditadura

241 A construção da Memória e da Verdade numa perspectiva de gênero

263 Introdução a *Infância Roubada*

287 Feminicídio: dignificar a memória das vítimas é preciso!

Apresentação

Esta publicação é o resultado da reedição ampliada do livro *Breve História do Feminismo no Brasil*, editado, pela primeira vez, em 1993, pela Editora Brasiliense.

A Editora Alameda, por iniciativa de Joana Monteleone, me ofereceu a oportunidade dessa reedição, e ainda me convidou para incluir seis ensaios. São eles: "A defesa do aborto na Constituinte", discurso em defesa da emenda popular nº 65[1] sobre a legalização do aborto que eu fiz[2], em nome das mulheres

---

[1] Um dos aspectos mais importantes do substitutivo, quanto à temática da participação popular, foi o acolhimento das emendas propostas pelos constituintes Mário Covas (PMDB), Brandão Monteiro (PDT), Siqueira Campos (PDC), Nelson Wedekin (PMDB), José Fogaça (PMDB), Koyu Iha (PMDB) e a bancada do PT no sentido de permitir a apresentação de proposições populares ao projeto de Constituição, desde que subscritas por trinta mil eleitores e patrocinadas por pelo menos três entidades legalmente constituídas, limitando o número de projetos a serem propostos a três por eleitor. A emenda pela legalização do aborto foi apresentada por diversas entidades feministas.

[2] De acordo com o artigo 24, VI, do RIANC (Regime Interno da Assembleia Nacional Constituinte), um signatário da emenda popular, indicado quando da sua apresentação, poderia usar da palavra para defender a proposta pelo prazo de vinte minutos. Na Comissão de Sistematização da ANC, entre agosto e setembro de 1987, 83 representantes de entidades defenderam as emendas populares apresentadas. A experiência solene de defesa das emendas populares foi palco de alguns debates emocionantes, principalmente quando estavam em pauta emendas com temáticas conflitantes. Ana Maria Backes fornece alguns exemplos dessas ocorrências: "Maria Amélia de Almeida Teles, secretária-geral da União de Mulheres de São Paulo, defendeu a emenda que permitia o aborto até três meses de gestação. A seguir, contrapôs-se à exposição de Francisco Massa Filho, presidente da Comissão Arquidiocesana de Acompanhamento Constitucional do Rio de Janeiro, defendendo uma emenda popular no sentido oposto, que proibia a práti-

conscientes por seus direitos, na assembleia constituinte, no dia 26 de agosto de 1987. A relevância do documento consiste em que tal fato, em breve, completará 30 anos, e o aborto ainda não foi legalizado no Brasil. Esse documento foi escrito e revisto por diversas mulheres, com destaque para Alzira Grabois (seu nome, de fato, era Alzira da Costa Reis (1917-1999) e Eleonora Menecucci, feminista e ministra de políticas para mulheres no governo Dilma Rousseff, que também participaram da coleta das 30 mil assinaturas de eleitoras/eleitores, nas ruas e praças públicas das diversas capitais brasileiras, exigência necessária para que houvesse sua apresentação em plenário; "A luta pela creche", com destaque para a participação de mulheres da periferia e feministas na construção do conceito de creche como um direito das crianças pequenas à educação, o que o transformou, então, num polo de oposição e resistência ao autoritarismo e a ditadura; "Violações dos direitos humanos das mulheres na ditadura", que focaliza a situação das mulheres brasileiras nos anos de 1960 e 1970, enfatizando a participação das mulheres na luta armada e o *modus operandi* do sistema repressivo misógino, que usou o corpo, a sexualidade e a maternidade como formas de intensificar a tortura e o extermínio de mulheres militantes políticas; "A construção da memória e da verdade numa perspectiva de gênero", que mostra como a ditadura percebeu a força das mulheres na luta e passou a persegui-las com todo o rigor repressivo; o texto de introdução ao livro *Infância Roubada,* que traz uma denúncia ainda bastante silenciada nos dias de hoje, sobre o tratamento dado pela ditadura às crianças, filhas de militantes políticas, colocando-as como "inimigas do estado"; e "Feminicídio: dignificar a memória das vítimas é necessário", um artigo que enfatiza a necessidade de impedir a conspurcação da memória da vítima e formula propostas e medidas que recuperem a dignidade de familiares e pessoas amigas das mulheres assassinadas.

Trata-se, portanto, de uma reedição ampliada. A primeira edição teve uma recepção surpreendente. A partir do seu lançamento, que se deu no dia 8 de março de 1993, o livro foi adotado por mulheres dos movimentos populares e estudantes do ensino médio e universitário. Teve uma edição na Alemanha,

---

ca abortiva". BACKES, Ana Luiza; AZEVEDO, Débora Bithiah de (orgs.). *A sociedade no Parlamento*: imagens da Assembleia Nacional Constituinte de 1987/1988. Brasília: Câmara dos Deputados, Edições Câmara, 2008, p. 86.

por uma editora da cidade de Hamburgo[3], que cheguei a visitar para fazer o lançamento com debate e com a participação de uma ex-presa política, Gabrielle Rollnik alemã, que cumpriu pena de 26 anos. Ao que me lembro, ela teria ido para a prisão com 25 anos e teria saído aos 51 anos. Cheguei a visitá-la, quando ainda se encontrava na prisão.

O livro circulou pelo Brasil afora e acabou por incentivar tantas mulheres (e talvez homens) a estudar e realizar trabalhos sobre o feminismo. Chegou aos Estados Unidos para alunos que estudavam as questões sociais da América Latina e também aprendiam o português. A historiadora e professora da Unicamp Margareth Rago, numa de suas idas aquele país, encontrou estudantes que falavam sobre o livro numa Universidade do Texas.

Em Munique, numa certa oportunidade, encontrei uma estudante brasileira que tomou o livro como ponto de partida para fazer seu projeto de doutorado, numa universidade alemã.

Mas a minha maior emoção foi ver este livro sendo usado por trabalhadoras do campo e das áreas urbanas, como material didático, em cursos de formação político-sindical.

Volta e meia me deparo com solicitações e informações sobre o livro que há algum tempo tem sua edição esgotada. O que significa a necessidade e a importância desta reedição. Nela procurei manter a fidelidade ao texto original. Mas tive que fazer algum comentário, mudança ou pequenas alterações em algumas situações. Destaco algumas que me foram questionadas ao longo desses anos. Deixei de usar o termo *homossexualismo*, que traz uma conotação pejorativa, uma vez que ainda mantém a ideia de patologização das práticas homossexuais. Na época, o termo ainda era usado mesmo pelos grupos considerados "politicamente corretos". Nesta edição, o substituí por homossexualidade. Introduzi os nomes das mulheres que foram reconhecidas como presas em decorrência da forte repressão

---

3   Teles, Maria Amélia de Almeida. *Brasil mulher: Kurze Geschichte des Feminismus in Brasilien Aus dem Brasilianischen übersetzt von Barbara Fritz und Susanne Schultz, Redaktion*: Karin Gabbert Nosotras 2, FDCL Verlag / Verlag Libertäre Assoziation ISBN 3-923020-16-3 FDCL, Berlin 1994. Ver mais: http://fdcl-berlin.de/publikationen/fdcl-veroeffentlichungen/fdcl-1994-maria-amelia-teles-brasil-mulher-kurze-geschichte-des-feminismus-in-brasilien/

da "Conjuração Baiana" ou "Revolta dos Alfaiates", em 1798. Dos 49 presos registrados, quatro eram mulheres: Ana Romana, Domingas Maria do Nascimento, Francisca de Araújo e Lucrécia Maria Gercent e Vicência.

Fiz questão de atualizar as informações sobre a origem do 8 de março – Dia internacional da Mulher, que, por décadas e décadas, foi divulgada com dados incorretos, inclusive por nós feministas. Mantive o texto original, que mostra como era contada a história da data. Mas coloquei um novo e pequeno texto que traz informações atualizadas sobre os fatos e acontecimentos que deram origem ao 8 de março como o Dia Internacional das Mulheres. Destaco aqui que a recuperação da origem da data se deu graças ao trabalho de investigação de pesquisadoras feministas como Ana Isabel Álvarez González[4].

Gostaria de agradecer às diversas mulheres que deram e dão vida a este trabalho. Transformam-no, no cotidiano, em um instrumento de ação, num processo construtivo de reinventar a vida a cada momento: as promotoras legais populares, as mulheres feministas por esse Brasil afora, os coletivos feministas das escolas, as trabalhadoras e professoras que usam este livro nas salas de aula; à Joana Monteleone, que, com esta reedição, possibilitou a continuidade desse trabalho; e às três mulheres alemãs que fizeram a apresentação do livro na edição alemã: Kerima Bouali, Hilde Hellbernd e Susanne Schultz.

Ao longo dos mais de 20 anos da existência do livro original, *Breve História do Feminismo no Brasil*, pudemos viver momentos de avanços da democracia, com o crescimento das inquietudes e mobilizações feministas, dos movimentos contra o racismo, das manifestações dos grupos de LGBT, e pudemos ver a primeira Presidenta da República, Dilma Rousseff, eleita e reeleita pelo voto popular. Vimos a criação do Ministério de Políticas para as Mulheres, o da Igualdade Racial e o dos Direitos Humanos. Entretanto, no momento desta reedição, vivemos uma conjuntura política inusitada em nosso país, na qual prevalecem o retrocesso, o conservadorismo e o desmonte acelerado de toda a estrutura criada no sentido de favorecer condições igualitárias e democráticas na sociedade brasileira. A Presidenta da República eleita foi destituída do cargo, por meio de um golpe de iniciativa do Parlamento, com o apoio do Judiciário.

---

4   GONZALEZ, Ana Isabel Alvarez. *As origens e a comemoração do Dia Internacional das Mulheres*. SOF – SempreViva Organização Feminista e Expressão Popular. São Paulo, 2005.

Os ministérios que abriam espaços para a construção de políticas públicas para a equidade de gênero e de raça/etnia foram sumariamente fechados. Vivemos mais uma vez o clima de ausência de liberdades e de ameaças da perda de direitos, inclusive os trabalhistas. Mulheres e homens comprometidos com a justiça social e com a recuperação da democracia se manifestam nas ruas, mas são reprimidos. Vivemos uma página triste e obscura da história brasileira.

Portanto, dedico esta reedição à juventude que tem ido às ruas, mesmo sob a forte repressão, que cada vez mais se recrudesce. Dedico também esta obra a toda luta em prol da recuperação da democracia, das liberdades e da justiça social.

Maria Amélia de Almeida Teles, março de 2017.

Prefácio

Escrever este pequeno texto me tomou inteiramente de emoção e indignação.

De emoção por ser a autora minha grande amiga e companheira desde Belo Horizonte, na cadeia, e quis o destino que saíssemos da prisão no mesmo dia.

Também alguns anos depois nos encontrarmos casualmente num congresso de estudantes de enfermagem em Salvador, para falarmos sobre a descriminalização/legalização do aborto.

Desde que saímos da prisão não nos encontramos mais. Fomos nos rever em Salvador, quando eu morava em João Pessoa e ela em São Paulo.

Éramos duas mulheres com histórias na luta pela justiça social, pelos direitos humanos, expresas, torturadas e feministas.

Foi a glória!!! Pura emoção e puro afeto revolucionário.

Aumenta hoje a emoção, por escrever este texto para uma mulher que denomino como a gigante dos direitos humanos no Brasil na semana em que morre o homem gigante dos direitos humanos no Brasil, dom Paulo Evaristo Arns.

É uma questão de igualdade de gênero na defesa dos direitos humanos que destaco, como contraditório as experiências de discriminação de gênero que o texto narra e que tanto ela como eu vivemos na esquerda, desde a clandestinidade.

O livro fala por si só. A reedição é sem dúvida alguma uma necessidade histórica, para contar o passado por quem o viveu, para que as barbaridades não se repitam. E a inclusão dos novos textos é fundamental para a compreensão da história.

O sentimento de indignação que também carrego hoje é pelos retrocessos e perdas de direitos que vivemos após o golpe implantado contra a primeira mulher eleita e reeleita para presidenta do Brasil, sem que ela tenha cometido nenhum crime de responsabilidade, nem tampouco tenha sido citada por ninguém nos episódios mencionados na operação lava-jato.

Na vigência de um golpe patriarcal, machista, sexista, capitalista, fundamentalista, mediático e parlamentar que retirou da presidência da República a primeira mulher eleita e reeleita com mais de 54 milhões de votos, como ficam os direitos conquistados e a cidadania das mulheres? Quem são os articuladores desse golpe em vigência? São homens brancos, ricos, violentos e vorazes que se explicitaram como estruturantes do patriarcado brasileiro, que une gênero, raça e classe.

Desmontam as políticas sociais que sustentam a vida cotidiana, eliminam direitos civis, sociais e trabalhistas que garantem a cidadania e privatizam com a maior velocidade já vista todos os bens públicos.

A relação entre o patriarcado e o ultraliberalismo econômico se mostra com muito vigor no atual contexto golpista fascista, explicitado pelo fundamentalismo do Congresso Nacional em especial da Câmara dos Deputados e do Judiciário.

Um retrospecto da linha do tempo do golpe, que teve seu inicio com as manifestações de 2013, deixa claro que o capital que rege os envolvidos e a Fiesp aproveitaram-se e financiaram as manifestações de direita, conhecidas como "coxinh@s". A marca do tempo se deu com a violência sexual explícita contra a Presidenta na abertura da Copa do Mundo em 2014, quando mandaram-na "tomar no cu".

Como ministra de Estado da Secretaria de Políticas para as Mulheres no governo da presidenta Dilma, combatemos com firmeza a cultura patriarcal da violência e do estupro, com o Programa Mulher Viver sem Violência, uma das exigências da Lei Maria da Penha, e com a Lei do Feminicídio, que reforçou como crime hediondo o estupro e alterou, no Código Penal, a tipificação da morte de mulher por sua condição de mulher como feminicidio e não homicidio.

As mulheres estão em alerta e em luta contra os retrocessos nas políticas do governo golpista: transformar a Secretaria de Políticas para as Mulheres em "puxadinho" no Ministério da Justiça e criar um departamento de mulheres na Polícia Federal significa a volta às trevas dos anos 1970, quando todas as ações para o enfrentamento a violência contra as mulheres eram tratadas como caso de polícia.

As mulheres ao longo da história têm sido protagonistas de diferentes lutas. No entanto, como mostra o livro, sempre invisíveis.

O que o livro reafirma é sem dúvida que o sujeito mulher feminista tem sido responsável por romper não só o silêncio, mas fundamentalmente todas as barreiras que o patriarcado tem imposto, reforçado pelo capitalismo selvagem e todos os neoliberalismos.

Romper a cultura machista patriarcal é fundamental e foi também em nossa geração, dos anos 1960, para que nossas vozes ecoassem ao longo das novas gerações, como as das jovens que ocupam as ruas e as escolas, pelo direito de escolha e de uma vida livre de preconceitos.

Ler o livro se torna imperioso, não só para as mulheres, mas para toda a sociedade que não é cumplice do silêncio, da discriminação e do medo.

Só vive quem ousa romper a cultura do medo.

Parabéns minha querida e amada Amelinha.

Eleonora Menicucci, dezembro de 2016.

Parte I
Breve história do feminismo no Brasil

Introdução

Falar da mulher, em termos de aspiração e projeto, rebeldia e constante busca de transformação, falar de tudo que envolva a condição feminina e não é só uma vontade de ver essa mulher reabilitada nos planos econômico, social e cultural.

É mais do que isso. É assumir a postura incômoda de se indignar com o fenômeno histórico em que metade da humanidade se viu milenarmente excluída nas diferentes sociedades, no decorrer dos tempos.

É acreditar que essa condição, perpetuada em dimensão universal, deva ser transformada radicalmente.

É solidarizar-se com todas as mulheres que desafiaram os poderes solidamente organizados, assumindo as duras consequências que esta atitude acarretou em cada época.

É compreender que a submissão, por mais sutil que seja, é o resultado de um processo de tal forma brutal que acaba por impedir a própria vontade de viver dignamente.

Ninguém é oprimido, explorado e discriminado porque quer. Uma ideologia patriarcal e machista tem negado à mulher o seu desenvolvimento pleno, omitindo a sua contribuição histórica. A mulher não é apenas a metade da população e mãe de toda a humanidade. É um ser social, criativo e inovador.

Falar da mulher nesses termos é mais do que se deixar envolver pelas mulheres do mundo inteiro. É deixar extravasar a ansiedade, o inconformismo e a ternura de milhares de mulheres. É resgatar a memória, que, mesmo obscurecida pelos reacionários, iluminará o caminho de todos os que buscam a justiça e a liberdade.

Pensando e sentindo dessa maneira, procurei reunir algumas ações individuais e coletivas de mulheres brasileiras, bem como a minha vivência no movimento feminista em São Paulo.

O feminismo é uma filosofia universal que considera a existência de uma opressão específica a todas as mulheres. Essa opressão se manifesta tanto a nível das estruturas como das superestruturas (ideologia, cultura e política). Assume formas diversas conforme as classes e camadas sociais, nos diferentes grupos étnicos e culturas.

Em seu significado mais amplo, o feminismo é um movimento político. Questiona as relações de poder, a opressão e a exploração de grupos de pessoas sobre outras. Contrapõe-se radicalmente ao poder patriarcal. Propõe uma transformação social, econômica, política e ideológica da sociedade.

No decorrer do tempo, manifestou-se de formas variadas, todas elas estreitamente dependentes da sociedade em que tiveram origem e da condição histórica das mulheres.

No século passado, o conceito de "emancipacionismo" buscava a igualdade de direitos, mantida na esfera dos valores masculinos, implicitamente reconhecidos e aceitos. Hoje, o feminismo formula o conceito de libertação que prescinde da "igualdade" para afirmar a diferença — compreendida não como desigualdade ou complementaridade, mas como ascensão histórica da própria identidade feminina.

Dessa forma, o feminismo tem também um caráter humanista: busca a libertação das mulheres e dos homens, pois estes têm sido vítimas do mito do macho, que os coloca como falsos depositários do supremo poder, força e inteligência.

A abordagem da condição feminina, agora que existe uma mobilização feminista em quase todo o território nacional, nos remete à necessidade de investigar como a mulher tem vivido nesses quinhentos anos de história brasileira. Deixemos de fora a cultura anterior ao descobrimento, de tal forma esmagada, que se torna extremamente difícil seu resgate. A história do nosso país tem sido interpretada quase que somente do ponto de vista das classes dominantes. Não se mencionam fatos ocorridos no relacionamento dos brancos com os índios e escravos negros ou mesmo nas ações de exploração e devastação da natureza, determinantes na constituição da história brasileira.

Ao abordar o desenvolvimento da condição da mulher na sociedade brasileira através dos tempos, sua vida, seus anseios, sua maneira de pensar e participar dos acontecimentos culturais e políticos, na família ou no trabalho, verificamos a necessidade de reconstruir a história do Brasil. Começaríamos por uma apreciação crítica da visão estabelecida pelos nossos historiadores e observadores políticos, que se omitem quanto ao tema. E o pouco que se fala da mulher brasileira não foge ao princípio universal denunciado por Simone de Beauvoir em 1949: "Toda a história das mulheres foi escrita pelos homens".[1] E, portanto, podemos acrescentar: está sob suspeição.

Há tão grande ausência de registros e informações sobre a mulher e sua condição que muitas afirmam ser o movimento de mulheres algo novo no Brasil. É apenas meia verdade. O movimento feminista brasileiro atual tem, sem dúvida, características inovadoras e de dimensões ainda difíceis de projetar num futuro próximo. Mas suas raízes podem ser localizadas em lutas anteriormente travadas consciente ou inconscientemente por mulheres intelectualizadas ou por grupos de mulheres de origem popular: negras nos quilombos, trabalhadoras no mercado de trabalho ou aquelas que individualmente participaram de acontecimentos políticos.

A expressão "movimento de mulheres" significa ações organizadas de grupos que reivindicam direitos ou melhores condições de vida e trabalho. Quanto ao "movimento feminista", refere-se às ações de mulheres dispostas a combater a discriminação e a subalternidade das mulheres e que buscam criar meios para que as próprias mulheres sejam protagonistas de sua vida e história.

É de tal forma importante esse movimento e suas pretensões que atualmente algumas (alguns) pesquisadoras(es) têm feito esforços para conhecer a história da mulher brasileira no Brasil, contribuindo efetivamente para recuperar a identidade da mulher brasileira. Infelizmente essa reconstituição histórica esbarra em dificuldades provocadas pelo caráter elitista e injusto de nossa sociedade. Mesmo as mulheres que foram protagonistas de movimentos sociais, como as lutas pela reforma agrária, pelo direito à moradia, pela incorporação dos direitos das trabalhadoras rurais e domésticas à legislação trabalhista, não

---

1   Citada por ALAMBERT, Zuleika. Apresentação à revista *A Mensageira,* v. I e II, edição fac--similar, São Paulo, Imprensa Oficial do Estado, 1987.

têm tido condições para escrever sua própria história. O material encontrado em arquivos, os documentos oficiais e outros enfatizam quase exclusivamente acontecimentos de interesse das elites, em que o homem branco é quem sobressai. Há poucos registros de participação feminina no período colonial, quando as mulheres eram, em maioria, negras, índias e brancas prostitutas. Somente a partir da vinda das mulheres da classe dominante, que antecede um pouco a chegada da Corte de Portugal (criação do Reino Unido em 1808), é que se consegue alguma documentação.[2] Quando não há como deixar de registrar a participação das mulheres, o fazem como se estas agissem individualmente, como loucas, prostitutas, enfim, desajustadas. Tenho a impressão de que só chamam de heroínas, o que é raríssimo, aquelas que fizeram um ato corajoso, mas ao lado dos seus maridos ou, num gesto extremo, deram a vida para salvar os homens. No primeiro caso, podemos citar como exemplo Bárbara Heliodora e Dona Beja entre outras. No outro caso, temos Maria Dias Ferraz do Amaral, a "Heroína do Capivari", que acompanhou o seu marido nas bandeiras e foi assassinada por uma flecha atirada pelos índios.

E mesmo assim só é possível um material mais expressivo quando a própria mulher começa a escrever em revistas e periódicos dirigidos ao público feminino, o que só ocorrerá no período que vai de aproximadamente 1850 até a conquista do voto feminino, em 1934.

Há ainda algum registro na história recente, quando se inicia o processo de industrialização, nos primórdios deste século. Essa época é acompanhada de movimentos femininos que caminham paralelamente: as sufragistas e as tecelãs e costureiras grevistas. As primeiras procuraram na conquista do voto a cidadania negada, enquanto as outras batalharam pela redução da jornada e melhores condições de trabalho. Com a conquista do voto, as sufragistas se desmobilizaram. O movimento de mulheres trabalhadoras conquistou a redução da jornada de trabalho, praticamente se igualando aos homens (nos setores de trabalho feminino a jornada era de 16 horas, enquanto nos outros era de 10 a 12 horas). Proibiu-se o trabalho noturno de mulheres e menores. Também foi instituída uma série de leis trabalhistas. Ao lado dessas medidas demagógicas,

---

2   HANNER, June E. *A Mulher no Brasil,* Rio de Janeiro: Editora Civilização Brasileira, 1978.

usou-se a repressão policial, principalmente contra as ideias socialistas. E houve um descenso na luta das mulheres trabalhadoras.

Instalou-se o Estado Novo, período da ditadura de Vargas, com inúmeras prisões de opositores. Na Europa, Hitler e Mussolini iniciaram a Segunda Guerra Mundial, que sacrificou milhões de pessoas de diferentes nacionalidades. A mulher brasileira voltou ao cenário político, particularmente em movimentos para o restabelecimento da democracia, sem, contudo, ter tido um espaço próprio para tratar de sua especificidade. Foram criadas organizações femininas com o propósito de defender a paz, a democracia e o combate à carestia de vida. Muitas mulheres se mostraram altruístas e corajosas ao encarar as duras lutas populares. Muitas perderam a vida nos enfrentamentos com as forças policiais, como Zélia Magalhães, Angelina Gonçalves e outras.

Só mais recentemente, a partir de 1975, com a instauração do Ano Internacional da Mulher, as brasileiras retomaram o movimento feminista, atuando em grupos de estudos e programando jornadas de luta e campanhas de mobilização. Integradas com os movimentos democráticos, as feministas brasileiras engrossaram fileiras nos movimentos pela anistia, por liberdades políticas e por uma constituinte livre e soberana.

Editaram jornais e outras publicações como cadernos e revistas. Denunciaram o conservadorismo das leis, dos costumes e casos concretos de violação de seus direitos ocorridos em suas próprias casas, nos locais de trabalho e nas ruas.

Enfrentaram os preconceitos contra a homossexualidade[3], particularmente contra as lésbicas e contra o racismo.

---

3   A expressão "homossexualismo" era usada quando a Organização Mundial de Saúde – OMS classificava a homossexualidade como doença e a incluía no Código Internacional de Doenças (CID). Aliás a OMS só retirou a homossexualidade do CID em 17/05/1990, na Assembleia Geral da ONU. Até então orientação sexual era uma questão de saúde pública. O homossexualismo tem historicamente uma conotação pejorativa. Torna-se, portanto, necessário que se use a expressão homossexualidade, como forma de reconhecimentos social e político de relações homoafetivas. Por isso, nesta nova edição, de 2017, fiz a modificação no texto original, retirando expressão homossexualismo e a substituindo por homossexualidade, usada atualmente, como forma de estabelecer a linguagem

Abordaram em estudos e ações práticas temas como a sexualidade, o aborto, a violência sexual e doméstica, os direitos reprodutivos, a saúde da mulher, as relações trabalhistas e o trabalho doméstico. Indicaram às mulheres a necessidade de conhecer o próprio corpo e decidir sobre ele.

Estruturaram serviços de atendimento na área da saúde, social e jurídica.

Organizaram centros de documentação e de comunicação.

Assessoraram mulheres de sindicatos e de bairros de periferia.

Estimularam a criação dos primeiros núcleos de estudos sobre a questão da mulher e relações de gênero nos meios acadêmicos.

Formularam políticas públicas e conquistaram organismos governamentais voltados para implementar nos serviços públicos o atendimento às reivindicações das mulheres.

Essas iniciativas proliferam até hoje, nos diferentes estados brasileiros.

Neste trabalho, tentei sistematizar acontecimentos relativos à vida e à atuação das mulheres. A primeira parte contém fatos e aspectos históricos; e a segunda, a minha vivência e algumas ações do movimento feminista, particularmente em São Paulo.

Felizmente, este trabalho não é o primeiro, nem o único. Outras mulheres vêm tomando iniciativas semelhantes. Rapidamente podemos lembrar o audiovisual *Retratos da Mulher Brasileira*, produzido pela pesquisadora Carmem Barroso, o livro *A Mulher na Sociedade de Classes*, de H. Saffioti[4], e uma coleção da Década da Mulher (1975 a 1985), publicada pelo Conselho Estadual da Condição Feminina de São Paulo.

Um projeto ambicioso seria o de sistematizar os registros dos acontecimentos e perspectivas do movimento. É um desafio que tenho pretensões de enfrentá-lo, um dia.

Mas, por ora, só posso apresentar este livro, que nasce muito mais da minha experiência pessoal de militante feminista de São Paulo.

São Paulo, 1993.

---

inclusiva e não preconceituosa. Consulta feita em https://pt.wikipedia.org/wiki/homos sexualidade, em 21/07/2016.

4   SAFFIOTI, Heleieth I. B. *A Mulher na Sociedade de Classes: Mito e Realidade,* São Paulo: Editora Quatro Artes, 1969.

A condição da mulher no Brasil colônia (1500-1822)

A mulher indígena

Os povos indígenas que habitavam o Brasil na época de 1500 possuíam costumes muito diferenciados entre si. Isso se refletia nos papéis desempenhados pelas mulheres.[1] Havia aquelas que podiam ser virtualmente escravas de seus esposos, outras, companheiras, e até mesmo as que chefiavam grupos. Havia a monogamia e a poligamia. Em algumas tribos, as mulheres possuíam a moradia e áreas de cultivo. Mas, em outras, as propriedades eram dos homens. As mulheres se ocupavam da plantação e da colheita.

Homens e mulheres amparavam as que iam ter filhos, fazendo-lhes o parto. Em seguida, elas voltavam às suas atividades. Carregavam os filhos nas costas. Com a chegada dos jesuítas,[2] em meados do século XVI, a tarefa principal desses missionários era transformar os selvagens em homens cristãos. Mas com o assassinato de dom Pero Fernandes Sardinha, o primeiro bispo da Bahia, pelos índios canibais, os jesuítas reforçaram a ideia de que a única maneira satisfatória de transformá-los em "criaturas racionais" era com o emprego da força.

Essa opinião foi levada ainda mais longe pelo seu sucessor, o padre Anchieta. Os colonizadores viam os índios da seguinte maneira: os homens para o trabalho escravo e as mulheres como esposas, concubinas ou empregadas domésticas. A mulher indígena foi usada pelos colonizadores, "que se apropriaram assim de sua capacidade reprodutora, perdendo paulatinamente sua capacidade erótica nesta função

---

1 HANNER, June E. *Op. cit*

2 Essa terra é o nosso empreendimento", escreveu o pioneiro dos jesuítas, o padre Manuel da Nóbrega, em 1549, na Bahia. In Boxer, C. R. Relações Raciais no Império Colonial Português, Rio de Janeiro, Biblioteca Tempo Universitário, no 4, 1967.

sexual-reprodutora separada do prazer".[3] Aliás, vale registrar que, em pleno ano de 1992, num editorial da *Folha de S. Paulo*, de 11/2/1992, intitulado "As meninas índias são terríveis", o jornalista Gilberto Dimenstein denuncia as "curiosas interpretações antropológicas" do coronel Francisco Abrão (comandante do 5o Batalhão Especial de Fronteiras do Exército), que afirma que seus soldados são ameaçados de estupro pelas mulheres indígenas, quando estas estão "no cio". E completa: "Eu tenho que segurar meus soldados, porque eles não podem se aproveitar dessa deficiência das índias". Infelizmente ainda há autoridades brasileiras que consideram as indígenas seres irracionais.

A mulher branca

Portugal, ao colonizar o Brasil, tinha por objetivo tirar da terra o máximo de lucro possível, com a exploração de produtos tropicais, como a cana-de-açúcar ou, mais tarde, com a mineração.

Os primeiros portugueses que para aqui vieram eram homens. Poucas mulheres realizaram a penosa e longa travessia do Atlântico. Logo, era comum os portugueses manterem concubinas entre as escravas, o que foi objeto de crítica por parte dos jesuítas. O padre Manuel da Nóbrega, que veio com o primeiro governador-geral, em 1549, escreveu à Coroa para que mandassem para cá "mulheres órfãs e de toda qualidade, até meretrizes", para que se cumprisse a determinação de El Rei de povoar esta terra.

Mesmo com os apelos dos jesuítas, continuaram a faltar mulheres brancas na nova terra durante o período colonial. Isso pode ter contribuído para elevar o status da mulher branca, bem como para a miscigenação de brancos com negras e índias. Nos pequenos povoados que se formavam, eram encontrados todos os tipos de mulheres, portuguesas, índias, africanas e mestiças, livres e escravas.

As informações dessa época são obtidas por meio das narrativas dos poucos estrangeiros que visitavam o Brasil nesse período. Um desses viajantes escreveu que "os portugueses são de tal forma ciumentos que eles mal lhes (*às esposas*) permitem ir à missa aos domingos e feriados. Não obstante, apesar

---

3   VITALE, Luís. La Mitad Invisible de la Historia: el protagonismo social de la mujer latino-americana, Buenos Aires: Editora Sudamericana/Planeta, 1987.

de todas as precauções, são elas quase todas libertinas e encontram meios de escapar à vigilância de seus pais e maridos, expondo-se à crueldade destes últimos, que as matam sem temor de castigo quando descobrem suas intrigas. Os exemplos aqui são tão frequentes que se estimam em cerca de 30 mulheres assassinadas pelos maridos em um ano".[4]

A população da Colônia era explorada em benefício do nascente capitalismo europeu. E à mulher daquele tempo coube, como ainda ocorre nos dias de hoje, uma parcela maior de exploração: primeiro, enquanto parte da população brasileira, sem qualquer poder de decisão, dominada que era pela metrópole (Portugal); segundo, porque nessa época a sociedade aqui formada organizou-se sob a forma patriarcal, isto é, era uma sociedade onde o poder, as decisões e os privilégios estavam sempre nas mãos dos homens. Nessa situação, o papel que cabia à mulher da classe dominante (proprietários de terras e de escravos) era, necessariamente, o de esposa e mãe dos filhos legítimos do senhor. A mulher se casava ainda muito jovem, e o marido, escolhido pelo pai, era, geralmente, bem mais velho.

Além das atividades do lar (organização da cozinha, cuidado com as crianças, direção dos trabalhos das escravas), cabia ainda à mulher tarefas como a fiação, tecelagem, rendas e bordados e o cuidado com o pomar. Muitas vezes a mulher branca foi descrita como indolente e preguiçosa.[5] De qualquer modo, o fundamental era que ela se colocasse de forma subalterna em relação ao homem, aceitando passivamente o que lhe fosse determinado.

Dificilmente a mulher podia fugir a esses padrões. Caso houvesse desconfiança em relação a seu comportamento ou a menina desse sinais de inconformismo ou rebeldia, procuravam encaminhá-la logo para o internato num convento.

---

4 HANNER, June E. *Op. cit.*: Segundo François Pirard de Lavai, viajante francês: "A escassez de mulheres brancas fazia com que multidões corressem atrás delas, pois 19 entre 20pessoas que vemos aqui são negros, homens e mulheres, todos nus, exceto por aquelas partes que a modéstia nos obriga a cobrir, de forma que a cidade (Bahia) parece uma Nova Guiné".

5 LUCCOCK, John. Notas sobre o Rio de Janeiro e Partes Meridionais do Brasil, de 1808 a 1818, in Hanner, JuneE., Op. cit.: "O fato é que, aos 18 anos, uma dama brasileira já atingiu sua plena maturidade. Poucos anos após, já ela se torna corpulenta e mesmo pesadona, adquire uma sensível corcova e um andar desajeitado e vacilante (...). Essa corpulência prematura me pareceu resultado de seus hábitos de reclusão e indolência".

Essa era também uma das poucas alternativas para a mulher branca das elites, quando não conseguia casamento por falta de pretendentes bem aquinhoados.

A essa mulher ensinavam apenas a lavar, coser e fazer renda. Instrução — leitura, escrita e contas — era coisa de homens. Consta que, em São Paulo, no século XVII, apenas duas mulheres sabiam assinar o nome. E, para a mulher receber alguma instrução, tinha de entrar no convento.

Nessa época, no Brasil, a educação estava a cargo da Igreja Católica, em especial dos padres jesuítas. A Igreja disseminava a ideologia patriarcal e racionalizava seu significado: "Adão foi induzido ao pecado por Eva e não Eva por Adão. É justo que aquele que foi induzido ao pecado pela mulher seja recebido por ela como soberano", pensamento de Santo Ambrósio que embasava, na época, as práticas pedagógicas.[6] Com esse conteúdo educacional, a mulher se tornava mais tímida, ignorante e submissa. E os valores e ideias que transmitia eram os mesmos que aprendera: tradicionais, conservadores e atrasados. Assim, ela se tornava um elemento fundamental para manter a situação existente.

A mulher negra e a escravidão

A grande maioria da população, responsável pela produção de riquezas das quais Portugal se apossava, eram formada por escravos.

A introdução da mão-de-obra africana foi "a argamassa principal da expansão demográfica verificada então". Os negros eram chamados "pés e mãos dos senhores" e Angola, "nervo das fábricas do Brasil". É sobre o trabalho escravo que se constrói a nossa economia. "O trabalho manual passa, por isso, a ser considerado infamante, somente praticável por escravos." (...) "No ano de 1583, as estimativas davam à Colônia uma população de cerca de 57 mil habitantes. Deste total, 25 mil eram brancos, 18 mil índios e 14 mil negros. Segundo os cálculos de Santa Apolônia, em 1798, para uma população de 3.250.000, havia um total de 1.582.000 escravos, dos quais eram pardos e 1.361.000 negros, sem contarmos os negros libertos, que ascendiam a 406.000. Para o biênio de 1817-1818, as estimativas de Veloso davam, para um total de habitantes, a cifra de 1.930.000 escravos.

Havia também uma população de negros e pardos livres que chegava a 585.000. Há quem estime em 50.000 o número de negros importados anual-

---

6   VITALE, Luís . *Op. cit.*

mente.[7] O trabalho do negro era de tal forma árduo, que encurtava sua existência. A média de vida de um escravo nas plantações ou minas era estimada entre sete e dez anos. "Os escravos de serviços domésticos estavam quase sempre em melhor situação que os outros. As negras que eram favorecidas com a atenção de seus senhores e poderiam aspirar a uma vida invejável, a não ser que houvesse uma senhora branca que as arruinasse com uma vingança sádica e ciumenta."[8] As negras, quando na lavoura, executavam as mesmas tarefas dos homens. A mulher escrava, além de trabalhar como tal, era usada como instrumento de prazer sexual do seu senhor, podendo até ser alugada a outros senhores.

O concubinato era comum entre os escravos. Na chegada ao Brasil, os casais eram arbitrariamente separados e passavam a conviver, no regime de escravidão, com negros que falavam idiomas estranhos, pois pertenciam a tribos distintas. Essas medidas faziam parte da política escravagista, visando impedir de imediato a organização e revolta dos negros.

A mulher negra, em sua condição de escrava, transferiu diferentes valores: por um lado, reproduzindo a força de trabalho e, por outro, trabalhando nas tarefas domésticas a serviço dos colonizadores, nas casas dos senhores na cidade e no campo.[9]

Em ambos os casos, foi geradora de mais-valia nos setores econômicos mais importantes: minas, fazendas e plantações. "Nunca se poderá avaliar a quantidade de mais-valia produzida pelo trabalho destas mulheres para a acumulação primitiva do capital."[10] Enfim, a divisão do trabalho por sexo se consolidou na Colônia, fortalecendo a dupla opressão da mulher: de sexo e de classe. O machismo e a exploração econômica serviram ao sistema global de dominação patriarcal e de classe.

Houve mulheres negras que resistiram a participar da manutenção da escravatura, praticando o aborto e até matando seu filho recém-nascido como forma de impedir que um novo escravo surgisse. Mesmo incentivadas pelos senho-

---

7   Moura, Clóvis. Rebeliões na Senzala. São Paulo: Livraria Editora Ciências Humanas, 1981

8   Boxer, C. R. Relações Raciais no Império Colonial Português. Rio de Janeiro, Biblioteca Tempo Universitário, no 4, 1967.

9   Vitale, Luís. Op. cit.

10   Idem.

res — quando estes encontravam dificuldades na importação dos negros, pelos altos preços ou pela proibição do tráfico —, as negras se recusavam a tê-los.

Os negros não aceitaram pacificamente a condição de escravos, meras mercadorias e instrumentos de trabalho. Reagiam com fugas organizadas, criando os quilombos — sua forma principal de resistência.

A participação política da mulher na Colônia

Para analisar essa participação, devemos considerar as diferenças econômicas e sociais. Mulheres de classes distintas se destacaram nos acontecimentos daquele período. A contribuição histórica de cada uma delas ficou certamente condicionada ao vínculo político: houve aquelas que apoiaram as iniciativas do colonizador e as que se comprometeram com os ideais das maiorias colonizadas. De ambos os lados, todas foram relegadas ao esquecimento pela história oficial. Quando isso não foi possível devido em alguns casos à projeção popular alcançada, tratou-se logo de lhes atribuir qualidades negativas, como a loucura ou a prostituição, no sentido de desmerecê-las, como foi o caso de Bárbara Heliodora, Dona Beja, Chica da Silva, Marília de Dirceu, entre outras.

Das classes dominantes, podemos destacar mulheres empreendedoras, como Ana Pimentel, esposa de Martim Afonso de Sousa, donatário de 100 léguas da costa brasileira, nomeado por Dom João III em 1532. Foi Ana Pimentel quem assumiu as rédeas do governo da capitania de São Vicente quando seu marido voltou para Portugal, deixando a esposa como procuradora de seus negócios no Brasil. Ana Pimentel, mulher acostumada ao luxo da metrópole, abandonou tudo para assumir, no plano administrativo e político, o controle da capitania. Ela doou um pedaço de terra a Brás Cubas e mandou construir uma casa para hospedar os homens do mar. Em 1544, contrariando ordens do marido, franqueou aos colonos o acesso ao planalto, que possuía terras férteis e clima melhor que o litoral vicentino. Fez plantar laranjeiras, para combater o escorbuto, e introduziu o cultivo do arroz e do trigo e a criação de gado. Brites de Albuquerque, esposa de Duarte Coelho Pereira, outro donatário, administrou a capitania de Pernambuco durante alguns anos.

Os quilombos eram organizações de resistência do negro à escravidão, que proliferaram às centenas pelo território brasileiro, de norte a sul. O maior deles, o quilombo dos Palmares, se manteve estruturado de 1630 a 1694. As mulheres negras eram minoria nesses quilombos devido principalmente à política do tráfico negreiro, que priorizou o homem negro. Em Palmares havia uma proporção de cinco homens para uma mulher, o que trouxe dificuldades à proposta organizativa dos negros. Uma das soluções foi a formação da família poliândrica, em que uma mulher tinha cinco maridos. Mesmo com esse pequeno número de mulheres, uma das fundadoras desse quilombo foi a negra Aqualtune. Filha do rei do Congo (na África), comandou 10 mil guerrilheiros para defender o reino de seu pai. "Derrotada, foi vendida como escrava para o Brasil. Viveu em Pernambuco, até que fugiu para Palmares.[11]" O grande Zumbi era seu neto.[12] Dandara,[13] outra das guerreiras de Palmares, após a derrota, preferiu suicidar-se a voltar para a vida de escrava.

Filipa Aranha liderou um quilombo no Pará. Teresa de Quariterê foi a líder, durante duas décadas, do quilombo de Quariterê, localizado no Mato Grosso.

De 1807 a 1835 houve dezenas de revoltas de negros na Bahia. Em 1826, Zeferina, negra africana de origem nagô, liderou os negros contra as investidas dos capitães-do-mato ao quilombo de Urubu. Zeferina lutou com arco e flecha, caiu nas mãos dos inimigos, mas manteve seu comportamento de líder.[14]

Durante a invasão dos holandeses ao Brasil, no século XVII, as mulheres tiveram de se defender sozinhas, na região de Tijucopapo. Com o expediente de jogar água fervendo encosta abaixo, puseram os holandeses em fuga. Uma delas, Maria Ortiz, morava na Ladeira do Pelourinho.[15] A índia Clara Camarão, nessa campanha contra os holandeses, empunhou armas juntamente com o marido. Em Salvador, na hora do almoço, enquanto os homens comiam, as mulheres baianas lutavam contra os holandeses. Os europeus diziam: "O baiano ao meio-dia vira mulher".

---

11 Rufino, Alzira. "Mulher Negra na Perspectiva Histórica", folheto, 1987.

12 Idem.

13 Rufino, Alzira; Iraci, Nilza; Pereira, Maria Rosa. "A Mulher Negra Tem História", Coletivo das Mulheres Negras da Baixada Santista, 1986.

14 "As Mulheres na Luta contra a Escravidão", Calendário do Conselho Nacional dos Direitos da Mulher, 1988.

15 Bastos, Abguar.História da Política Revolucionária do Brasil. Rio de Janeiro: editora Conquista, 1969.

Nos séculos XVII e XVIII, organizaram-se as bandeiras, expedições que percorriam os sertões por meses e até anos, em busca de metais e pedras preciosas e para a captura dos índios. As mulheres atuaram nas bandeiras, principalmente nas maiores, porém não as esposas legítimas, que ficavam em casa. Os maridos levavam consigo as mestiças para servi-los na cama e na mesa.

Entretanto, Maria Dias Ferraz do Amaral acompanhou o marido, o sertanista Manuel Martins Bonilha, em suas viagens fluviais no sertão goiano. Lutou contra os índios e recebeu uma flechada, vindo a ser conhecida como a "Heroína do Capivari". Fala-se também de uma bandeira organizada, formada e sustentada pela paulista Antônia Ribeiro.

No final do século XVIII, movimentos foram organizados com o propósito de tornar o Brasil independente de Portugal. Na Inconfidência Mineira (1789), Bárbara Heliodora, poetisa, além de encorajar o marido a participar do movimento, impediu que ele denunciasse os companheiros. Na Conjuração Baiana[16], constam os nomes de quatro mulheres pardas, três solteiras e uma casada, que chegaram a ser presas em 1798. Seus nomes são: Ana Romana, Domingas Maria do Nascimento, Luiza Francisca de Araújo e Lucrécia Maria Gercent e Vicência. Os baianos se propunham a separar a região de Portugal, estabelecendo uma república e acabando com a escravidão.

Maria Quitéria nasceu no sertão baiano em 1792. Fugiu de casa, vestiu-se de homem e alistou-se para combater as tropas portuguesas. Lutou tão bem que atingiu o posto de cadete. Terminada a campanha, recebeu de Dom Pedro I a insígnia dos Cavaleiros da Imperial Ordem do Cruzeiro.

Ainda em Salvador, madre Joana Angélica resistiu até a morte aos portugueses que tentavam invadir o seu convento sob a alegação de que ali se escondiam brasileiros patriotas.

---

16 Conjuração Baiana ou Revolta dos Alfaiates, rebelião popular ocorrida na Bahia, em 25/08/1798, com o propósito de libertar o Brasil de Portugal e defender as reivindicações dos pobres. Nela participaram, em sua maioria, escravos, negros livres, mestiços, brancos pobres que exerciam as profissões de alfaiates, sapateiros, pedreiros, barbeiros, bordadores e pequenos comerciantes. Fala-se em 49 pessoas presas, em decorrência da forte repressão. Consulta em www.institutobuzios.org.br/revolta.html, em 21/07/2016.

Brasil Império (1822-1889)

A independência do Brasil

Em fins do século XVIII alguns países europeus, em especial a Inglaterra e a França, promoveram a Revolução Industrial, e, com esta, a ascensão do capitalismo, que mudou a face do mundo. A Inglaterra possuía capital e mão-de-obra, foi desenvolvendo a técnica e as máquinas começaram a surgir. Mas, para a indústria, duas coisas ainda eram necessárias: a matéria--prima e o mercado consumidor.

A saída foi conceder a independência às colônias americanas, entre as quais o Brasil. Dessa forma, o comércio da Inglaterra seria feito diretamente com as "ex-colônias", sem interferência das metrópoles, que, na condição de intermediárias, encareciam os preços. No caso do Brasil, ficava excluído Portugal.

As ideias liberais foram tomando conta da Europa e chegaram até aqui. Liberdade de comércio e a direção política de um país eram questões relevantes. Cada país deveria ter seus próprios governantes. Portugal continuava a tirar vantagens da exploração de nossas riquezas. No Brasil, a ideia da independência foi germinando.

A luta pela independência do Brasil contou com vários segmentos sociais, inclusive com a participação dos escravos, intelectuais e padres. Mas finalmente foi dirigida pelas classes dominantes locais, que preferiram uma solução "arranjada" com Portugal, mediante a qual o filho do próprio rei português proclamou a independência. Dessa forma o Brasil se tornou uma monarquia, e a coroa ficou com Dom Pedro I.

Esse processo todo, em grande parte obra da Maçonaria (sociedade de caráter liberal), que na América Latina dirigiu os movimentos de independência, foi feito por homens. As mulheres, sem nenhum acesso às informações mais significativas, não tinham como interferir. A Maçonaria, ademais, era vedada à participação das mulheres.

Por volta de 1830, o Brasil se viu mergulhado numa série de revoltas sociais. A situação econômica e financeira era caótica e Dom Pedro I, que cometia uma série de erros políticos, terminou renunciando. É nesse contexto que se destaca a figura de Anita Garibaldi, catarinense que, unindo-se a José Garibaldi, com ele participou das lutas republicanas durante a Guerra dos Farrapos, no Rio Grande do Sul, e, mais tarde, na Europa, lutou pela unificação da Itália.

Na primeira metade do século XIX, houve mulheres que começaram a reivindicar seu direito à educação. O ensino então proposto (1827) só admitia para as meninas a escola de 1º grau, sendo impossível, portanto, atingir níveis mais altos, abertos aos meninos. O aspecto principal continuava sendo a preparação para as atividades do lar (trabalhos de agulha), em vez da instrução propriamente dita (escrita, leitura e contas). Na aritmética, por exemplo, as quatro operações, pois para nada lhes serviria "o conhecimento de geometria". As professoras ganhavam sempre menos. E se alguma pensava em fugir desse esquema, era severamente criticada, como a professora Maria da Glória Sacramento, que teve o ordenado suspenso por não ensinar prendas domésticas, como mandava o figurino. A discriminação da mulher no que diz respeito à educação não parava aí. O número de escolas para meninas era inferior ao de escolas para meninos (no Rio de Janeiro, na metade do século XIX, havia 17 escolas primárias para meninos e apenas 9 para meninas). Situação semelhante encontramos na rede de ensino particular. Quanto ao curso superior, o ingresso da primeira mulher se deu no Brasil apenas em 1881. Mas somente em 1887 se graduava a doutora em medicina Rita Lobato Velho Lopes[1], acontecimento saudado com entusiasmo pelo periódico *O Eco das Damas.*[2]

---

1   Rita Lobato Velho Lopes (1866-1954) foi médica gincecologista e pediatra. Foi a primeira médica brasileira a exercer a profissão de médica e obteve seu diploma ao defender a tese: "A operação cesariana". Nasceu no Rio Grande do Sul e começou a fazer medicina no Rio de Janeiro e depois foi para Salvador onde terminou o curso. Consulta em https://pt.wikipedia.org/wiki/Rita_Lobato, em 23/07/2016.

2   CARDOSO, Irede. *Os Tempos Dramáticos da Mulher Brasileira.* Coleção História Popular 2, São Paulo: Centro Editorial Latino-Americano, 1981.

No século XIX, à mulher competia, tanto quanto no período colonial, o papel de dona-de-casa, esposa e mãe. Algumas coisas, porém, começaram a mudar, devido ao desenvolvimento da industrialização, que ia impulsionando diversas regiões do mundo a se integrar ao sistema capitalista de forma cada vez mais acentuada. No Brasil apareceram sinais significativos dessa transformação. A partir de 1850, foi proibido o tráfico negreiro e, daí para a frente, acelerou-se a luta pela libertação dos escravos. Ao mesmo tempo foi se formando uma nova classe dominante, não mais ligada aos antigos engenhos de açúcar do Nordeste ou ao café do vale do Paraíba; classe cuja mentalidade, por ser capitalista, voltava-se muito mais para a formação de mão-de-obra assalariada, para o desenvolvimento das cidades e para a ampliação dos meios de transporte e do comércio.

Foi esse setor que, juntamente com a classe média em formação e aliado ao Exército, promoveu a Proclamação da República visando assumir a direção política para defender mais facilmente seus interesses de classe.

Tivemos, então, a urbanização e a imigração em larga escala. Com as mudanças na economia, na política e na sociedade, há espaço para novas ideias, e a mulher inicia sua participação de uma maneira questionadora da sua condição e do papel que vinha desempenhando.

Era sem dúvida muito pequeno o número dessas mulheres, mas nessa época já se registraram as primeiras formulações sobre o papel de submissão imposto às mulheres.

No final do Império, eclodiu o movimento abolicionista, que se estendeu por diversos centros urbanos. Por volta de 1860, algumas mulheres brasileiras organizaram sociedades abolicionistas que esporadicamente receberam alguma atenção da imprensa da época: a Sociedade de Libertação, instalada no Rio de Janeiro em 27 de março de 1870; a Sociedade Redentora, fundada em 10 de julho de 1870; Ave Libertas, criada em Recife a 20 de abril de 1884. Constituíam iniciativa de parcelas das classes dominantes, que procuravam assegurar para si a direção do movimento, no qual os negros já vinham lutando havia pelo menos três séculos. Direcionavam ao Parlamento a reivindicação de liberdade dos negros, impedindo drasticamente que ocorresse a reforma agrária, consequência natural da Abolição.

Mesmo assim, esse processo proporcionou maior circulação de ideias inovadoras, que atingiram particularmente a intelectualidade.[3]

A situação de subordinação das mulheres na sociedade traz reflexos na campanha abolicionista. Elas colaboraram nas atividades que garantiam a infraestrutura da campanha, como vender doces e flores para levantar finanças ou tocar piano e cantar nas festas realizadas em prol do movimento abolicionista.

"As experiências que essas mulheres adquiriram poderiam ter aumentado sua capacidade para lidar com o mundo exterior e desenvolver sua habilidade organizacional. Mas poucas brasileiras falaram alguma vez em público nos tópicos envolvidos na Abolição, embora a presidenta da 'Ave Libertas', Leonor Porto, tenha publicado artigos e panfletos." As editoras dos jornais feministas veiculavam nessa imprensa os ideais abolicionistas. Mas apenas Maria Amélia de Queiroz enfrentou o "ridículo" de proferir palestras públicas sobre a abolição em 1887.[4]

Uma das primeiras feministas do Brasil, Nísia Floresta Brasileira Augusta, defendeu a abolição da escravatura, ao lado de propostas como a educação e a emancipação da mulher e a instauração da República. Nascida em 1809, no Rio Grande do Norte, dedicou-se ao magistério, publicou alguns livros e traduziu o livro de M. Woolestonecraft *Direito das Mulheres e Injustiças dos Homens*, em 1852. No Rio de Janeiro, em 1838, fundou um colégio exclusivo para a educação de meninas. Mudou-se para a Europa, por ter sido vítima de críticas da imprensa, que não compreendia nem aceitava suas ideias. No exílio, tornou-se adepta do positivismo e amiga de Augusto Comte. Morreu na França, em 1885[5].

Nessa época, apareceu a primeira romancista brasileira, Maria Firmina dos Reis, negra, nascida em São Luís do Maranhão, em 1825. O seu livro

---

3   Moura, Clóvis. Palestra proferida no seminário "A mulher e a questão racial", no dia 18/3/1989, na sede da União de Mulheres de São Paulo.

4   Hanner, June E. A mulher brasileira e suas lutas sociais e políticas (1850 a 1957), São Paulo: Editora Brasiliense.

5   Nisia Floresta brasileira Augusta era o pseudônimo de Dionisia Gonçalves Pinto. Ela nasceu numa pequena cidade próxima a Natal que hoje tem o seu nome: Nísia Floresta. Em 1954, seus restos mortais foram transferidos para sua cidade natal e o seu túmulo tem sido um local de visitas. Consulta em https://pt.wikipedia.org/wiki/Nisia_Floresta_(escritora), em 22/07/2016.

Ursula[6], exposto no Museu da Cultura Negra em sua cidade natal, é considerado o primeiro romance abolicionista brasileiro escrito por uma mulher. Fundou, na cidade de Guimarães, uma escola mista para crianças pobres. Nessa mesma cidade, morreu aos 92 anos. E ainda nos dias de hoje, quando uma mulher se destaca por sua inteligência, é chamada de "Maria Firmina".[7]

Narcisa Amália nasceu em São João da Barra, no Estado do Rio de Janeiro, em 1852. Era professora primária, mas se destacou pela intensa participação na imprensa, chegando a escrever no jornal feminista *A Família*. Admiradora de Nísia Floresta, escreveu vários artigos em defesa da abolição da escravatura e denunciou a situação de escravidão em que vivia a mulher no Brasil. Foi duramente criticada e acusada de atentar contra o "pudor das mães". Morreu no Rio de Janeiro, em 1924.[8]

Luísa Mahim, segundo alguns autores, nasceu na África, sendo transportada para o Brasil como escrava. Outros se referem a ela como nascida livre por volta de 1812. Em 1830 deu à luz um filho que mais tarde se tornaria poeta abolicionista — Luís Gama. Seu pai era português e vendeu o próprio filho com dez anos de idade para pagar uma dívida a um traficante de escravos, que levou o menino para Santos. Luísa Mahim transformou sua casa em quartel general das principais revoltas negras que ocorreram em Salvador, em meados do século XIX. Participou da Grande Insurreição, a Revolta dos Malês, última grande revolta de escravos ocorrida na capital baiana em 1835.

Luísa escapou da violenta repressão desencadeada pelo governo da Província e partiu para o Rio de Janeiro, onde também parece ter participado de outras rebeliões negras, sendo por isso presa e, possivelmente, deportada para a África.

---

6   *Meteram-me a mim e a mais trezentos companheiros de infortúnio e de cativeiro no estreito e infecto porão de um navio. Trinta dias de cruéis tormentos e de falta absoluta de tudo quanto é mais necessário à vida passamos nessa sepultura até que abordamos as praias brasileiras. Para caber a mercadoria humana no porão, fomos amarrados em pé e, para que não houvesse receio de revolta, acorrentados como animais ferozes das nossas matas, que se levam para recreio dos potentados da Europa.* Trecho do livro "Úrsula", consulta em https://pt.wikipedia.org/wiki/Maria_Firmina_dos_Reis

7   RUFINO, Alrira; Iraci, Nilza; Pereira, Maria Rosa. *Op. cit.*

8   "Escritoras brasileiras do passado", Calendário do Conselho Estadual da Condição Feminina de São Paulo, 1985.

Luís Gama escreveu sobre sua mãe: "Sou filho natural de uma negra africana, livre, da nação nagô, de nome Luísa Mahim, pagã, que sempre recusou o batismo e a doutrina cristã. Minha mãe era baixa, magra, bonita, a cor de um preto retinto, sem lustro, os dentes eram alvíssimos como a neve. Altiva, generosa, sofrida e vingativa. Era quitandeira e laboriosa"(...).

Em 9 de maio de 1985, o nome de Luísa Mahim foi dado a uma praça pública, no bairro da Cruz das Almas, por iniciativa do Coletivo de Mulheres Negras de São em São Paulo.[9]

Ainda no período do império apareceu a primeira compositora popular brasileira, Chiquinha Gonzaga, autora da famosa marchinha "Oh abre alas", que até hoje anima os carnavais brasileiros. Compôs também operetas e sua primeira ópera não foi encenada por ser música escrita por mulher. Fazia orquestração e foi a primeira mulher a reger em público no Brasil.

Chiquinha nasceu no Rio de Janeiro a 17 de outubro de 1847. Casada aos 13 anos, com um noivo indicado pelos pais, teve cinco filhos desse primeiro casamento. Mas a vida de casada não lhe agradava. Precisava da música e quando o marido vendeu seu piano, ela comprou um violão, o que provocou novas brigas entre o casal. Convidada a escolher entre o marido e o violão, não teve dúvida. Ficou com o violão.

Naquela época, uma atitude desse tipo representava a desonra, a vergonha. Logo foi viver com outro companheiro. Mas também não deu certo. Precisava ser independente para desenvolver sua carreira de música. Essa atitude trouxe-lhe dificuldades até mesmo financeiras, pois pagava-se muito pouco aos músicos na época.

Chiquinha Gonzaga também teve participação ativa na vida política. Ativista do movimento abolicionista, fazia campanha contra o regime monarquista em locais públicos. Proclamada a República, criticou os rumos seguidos pelo governo. Durante o estado de sítio decretado pelo marechal Floriano Peixoto, em 1893, escreveu uma cançoneta, "Aperte o botão", considerada irreverente pelo governo. Fundou, em 1917, a Sociedade Brasileira de Autores Teatrais.[10]

---

9   "Mulheres negras", Calendário do Conselho Estadual da Condição Feminina de São Paulo, 1987.

10   Conforme a *Nova História da Música Popular Brasileira*. São Paulo: Abril Cultural, 1977.

A palavra baderna, com o significado de súcia, de um grupo de rapazes desordeiros ou de arruaça, foi introduzida na nossa língua pela participação de uma mulher chamada Maria Baderna. Era bailarina, veio da Itália, chegando ao Rio de Janeiro em 1851. Em 1848, sob o signo da Revolução de Paris, em toda a Europa irromperam movimentos contra os reis e a ordem social vigente. Maria Baderna foi uma fervorosa participante desses movimentos. Como foram derrotados, ela aceitou fazer uma *tournée* pela América do Sul. Jovem, com 21 anos apenas, essa bailarina motivou brigas de rapazes, que tomaram o nome de "badernas".[11] Dividida entre a arte e a atividade política, Maria Baderna acabou se dedicando mais aos movimentos de rebeldia da época. Ajudou a formar vários quilombos no Estado do Rio de Janeiro, onde morreu, em 1870, pobre e doente.[12]

Em 1875, em Minas Gerais, cerca de cem mulheres invadiram a matriz de Barra do Bacalhau e queimaram os papéis da Junta Militar, pondo em fuga os seus membros. Em Remédios, um grupo de mulheres penetrou na igreja, destruindo todos os documentos militares. Era a represália popular ao recrutamento de soldados para a injusta guerra contra o Paraguai.

A imprensa das mulheres

Em meados do século XIX surgiram no Brasil diversos jornais editados por mulheres, que, certamente, tiveram grande papel para estimular e disseminar as novas ideias a respeito das potencialidades femininas. Vários brasileiros recorriam à imprensa para informação e trocas de ideias sobre suas crenças e atividades. As feministas brasileiras também lançaram mão desse recurso.

O Brasil foi o país latino-americano onde houve maior empenho do jornalismo feminista. O primeiro desses jornais foi *O Jornal das Senhoras*, que saiu às ruas era 1852, editado por Joana de Paula Manso, argentina, que viveu muitos anos no Rio de Janeiro. Ela trabalhava junto com Violanta Atalipa Ximenes de Bivar e Vellasco e Gervásia Memezia Pires dos Santos. Esse jornal teve o mérito de alertar as mulheres para as suas necessidades e capacidades, embora

---

11   Ver Buarque de Holanda Ferreira, Aurélio. *Novo dicionário da língua portuguesa,* Rio de Janeiro: Editora Nova Fronteira, 2ª. ed., p. 217.

12   CASTRO, Moacir Werneck de. "A verdadeira história de Maria Baderna", *Jornal do Brasil,* Rio de Janeiro, 11/7/1987.

enfatizasse que o papel principal da mulher fosse "amar e agradar aos homens", colocando os interesses da família acima de todos os outros.

Em 1862, apareceu o *Belo Sexo*, dirigido por Júlia de Albuquerque Sandy Aguiar, com um conselho editorial amplo, que reunia uma vez por semana diversas mulheres, para discutir os temas a publicar.

Mas o jornalismo mais avançado foi sem dúvida aquele expresso pelo semanário *O Sexo Feminino*, dirigido por Francisca Senhorinha da Motta Diniz. O seu primeiro número foi publicado na cidade de Campanha da Princesa, Minas Gerais, em 7 de setembro de 1873. Em vez de apelar aos homens, como fizeram suas antecessoras a fim de ganhar espaço e talvez convencê-los, Francisca dirigiu-se diretamente às mulheres, para que tomassem consciência de sua identidade e seus direitos. Ela defendia a ideia de que a dependência econômica determina a sujeição feminina e uma educação melhor ajudaria as mulheres a elevar seu *status*. Com o objetivo de ganhar mais leitoras e adeptas, Francisca – destacada lutadora pelo direito ao voto e pela abolição da escravatura – transfere o jornal para o Rio de Janeiro.

Em 1872, a proporção de alfabetizadas entre as mulheres do Rio de Janeiro era de 29,3%, e de apenas 11,5% da população feminina brasileira. Enquanto na cidade de Campanha da Princesa eram vendidos 800 exemplares de O *Sexo Feminino*, no Rio de Janeiro passaram a ser vendidos 4 mil nos primeiros dez números.

Por conta da epidemia da febre amarela e da falta de recursos, esse jornal foi fechado em 1876. Francisca continuou colaborando cm outras publicações, até que conseguiu sair de novo com O *Sexo Feminino* em 1889, com a tiragem de 2.400 exemplares. Em seguida o jornal mudou de nome por causa da Proclamação da República, passando a se chamar *Quinze de Novembro do Sexo Feminino*.

Nessa década de 1870, surgiram novos periódicos nas cidades brasileiras em crescimento, onde as oportunidades educacionais para as mulheres ultrapassavam as oferecidas nas áreas rurais e pequenas cidades. *O Domingo*, de propriedade de sua editora Violanta Atalipa Ximenes de Bivar e Vellasco (a mesma que tinha trabalhado no *Jornal das Senhoras*), e o *Jornal das Damas* foram lançados no Rio de Janeiro. *O Eco das Damas*, de Amélia Carolina da Silva Couto, é lançado no Rio de Janeiro, em 1879.

Esses jornais abordavam desde a defesa da maternidade ou dos direitos e aptidões das mulheres até conhecimentos práticos em áreas como saúde, cuidados domésticos, moda e teatro. Acolhiam também manifestações literárias — contos, poesias e ensaios. Outros jornais, *Primavera*, de 1880, e *Voz da Verdade*, de 1885, tiveram vida bastante curta.

O Eco das Damas fechou em 1880 e reabriu em 1885, com mais força do que antes, para defender a igualdade da mulher e seu direito à educação. Em 1882 foi lançado *O Direito das Damas*, de Idalina D'Alcântara Costa, no Rio de Janeiro.

Em 1888 apareceu o jornal *A Família*, em São Paulo, dirigido pela consequente lutadora feminista Josefina Álvares Azevedo; no ano seguinte, foi transferido para o Rio de Janeiro. Josefina defendia o direito de voto. Ao contrário de suas antecessoras, não aceitava a chefia do homem na família. Considerava-o "um déspota", que tratava sempre de exercer o domínio sobre os outros indivíduos. Defendia o divórcio alegando que, "se uma mulher pudesse repudiar o marido que os pais lhe impuseram sem a sua afeição", ela poderia controlar "seu destino" mais do que aquelas que sacrificavam "a existência inteira a um capricho da autoridade paterna".

Lançava apelos aos homens para que estes abrissem caminhos à educação da mulher. "Quereis viver numa vida de prazer e encantos? Educai a mulher e vereis vossa casa transformada num verdadeiro Éden." Manifestava o seu repúdio ao "egoísmo dos homens, desmedido, fanático, intolerável", que impedia o desenvolvimento das aptidões das mulheres. Ela acreditava na rebelião das mulheres contra o tratamento de "escravas do homem".

Publicou uma coleção de biografias de mulheres célebres, no esquema tradicional dos livros sobre homens notáveis.[13]

De 1897 a 1900 circulou na cidade de São Paulo a revista *A Mensageira*, dirigida pela poetisa Prisciliana Duarte de Almeida. Fruto de um "momento bem determinado da história do feminismo brasileiro"[14] quando este, ainda como ideias, apenas se gestava e, portanto, tateava em busca de seu caminho dentro de uma sociedade conservadora e preconceituosa. Logo, era passível de

---

13 VITALE, Luís. Op. cit.

14 ALAMBERT, Zuleika. Apresentação à revista *A Mensageira*, dedicada à mulher brasileira, edição fac-similar, São Paulo: Imprensa Oficial do Estado, 1987.

ambiguidades, contradições, confusões de todo tipo, naturais em tudo aquilo que nasce. Basta lembrar que a palavra de ordem da época e, portanto, da revista, educar a mulher para todos os embates da vida, aparece frequentemente vinculada ao esforço para reforçar seu papel de mãe, esposa e "dona-de-casa".

A revista apresenta questões universais pioneiras no feminismo, como solidariedade internacional com as mulheres do mundo inteiro. Um de seus números apresenta a criação da "Sociedade de Produção Materna" (creche), em Paris, como bom exemplo para o Brasil, onde "as mães que trabalham com os filhos no colo sofrem enormes suplícios". Sua principal mensagem política foi enfatizar a importância do voto para a mulher.

A influência externa

O capitalismo se desenvolveu de modo diferente em cada país, mas em todos eles legitimou o mesmo regime patriarcal de dominação. As mulheres enfrentavam, em lugares diferentes, problemas similares de opressão.

As mulheres da Europa e Estados Unidos iniciaram na segunda metade do século XIX um movimento por seus direitos políticos e sociais, que prontamente repercutiu nas mulheres brasileiras e latino-americanas.

As mulheres, na Revolução Francesa (1789-93), atuaram ativamente, quando Olímpia de Gouges propôs a "Declaração dos Direitos da Mulher".

Por volta de 1826, as francesas receberam duros golpes, com o fim do divórcio e o reemprego da palavra "madame" em vez de cidadã. Elas se rebelaram e se colocaram à frente dos combates durante os levantes populares em Paris. Fundaram clubes para discutir tanto os problemas sociais e políticos do país, como os direitos da mulher: Sociedade da Voz das Mulheres, Comitê dos Direitos da Mulher, União das Mulheres e Sociedade de Emulação das Mulheres.

Em 1849, uma francesa, Jeanne Deroin, apresentou-se como candidata a deputada na Assembleia Legislativa. Fundadora do jornal *A Opinião das Mulheres*, publicou uma carta aos eleitores que dizia: "Venho me apresentar e solicitar seus votos para que se consagre um grande princípio: a igualdade política e civil dos sexos. Uma assembleia legislativa inteiramente composta de homens é incompetente para aprovar leis que regem uma sociedade composta de homens e mulheres".[1]

---

1   VITALE, Luís. Op. cit.

Outra rebeldia das francesas foi o movimento das Vezuvianas e Blomeristas, que passeavam pelas ruas de Paris vestidas de maneira extravagante. As trabalhadoras parisienses editavam um jornal chamado *Tribuna das Mulheres*. Outras mulheres se manifestavam publicamente a favor do amor livre, praticavam irreverências na maneira de vestir e nas críticas que faziam do casamento.

O governo bonapartista de Napoleão III impôs um retrocesso social à França. Mas, com a volta das exiladas durante a década de 1860, o movimento francês adquiriu novo vigor e concentrou-se na atividade sindical, com vistas a alcançar melhores condições de trabalho para a mulher. Lisa Lemonnier organizou oficinas cooperativas de mulheres e criou uma escola para aprimorar seu nível cultural e profissional. A seção francesa da II Internacional incorporou em seu programa algumas reivindicações das mulheres, fato muito importante para a época, já que os homens filiados aos sindicatos se opunham ao trabalho das mulheres, alegando que elas queriam competir com eles.

Louise Michel (1830-1905), filha de uma servente, começou sua vida de rebeldia ao negar prestar juramento a Napoleão III. Participou da Comuna de Paris em 1871 e foi condenada a dez anos de exílio, depois de ter declarado em juízo: "Pertenço inteiramente à revolução social".

Em 1878, foi convocado o Congresso Internacional dos Direitos da Mulher pelas francesas Maria Deraismes e Leon Richier, que acentua mais a igualdade social do que a política, fato que provocou cisões no movimento com o afastamento da Associação Sufrágio para as Mulheres.

Em 1879, o Partido Socialista Francês se pronunciou a favor da igualdade dos sexos tanto no nível civil como no político.

As inglesas, que alcançaram importantes avanços no movimento sindical apesar da oposição dos homens, passaram a travar lutas por seus direitos civis. Em 1880, as mulheres na Inglaterra empenharam-se principalmente em conquistar o direito de voto. Organizaram em 1890 campanhas para eliminar as causas sociais da prostituição e denunciavam então a educação burguesa como responsável pela submissão das mulheres.

As norte-americanas pleiteavam condições igualitárias em meados do século XVIII, durante a revolução pela Independência. Algumas romperam o casamento por razões políticas, ante a arrogância dos homens, que se negaram a reconhecer a participação ativa das mulheres na luta pela independência dos Estados Unidos. Insistiram em ampliar os direitos femininos na família, em nome da Revolução. Conquistaram o divórcio em alguns estados. Victoria Woodhull, em fins da década de 1860, se tornou famosa conferencista em defesa do voto feminino, da reforma do matrimônio e do amor livre.

As norte-americanas que participaram, com suas reivindicações específicas, do movimento antiescravista, reiniciaram sua luta pelo voto na segunda metade do século XIX. Em 1866, o Parlamento decidiu-se pelo direito de voto dos homens negros, mas o negou a todas mulheres. Daí a necessidade de elas reforçarem o movimento sufragista.

Os movimentos europeus e norte-americanos influenciaram as mulheres latino-americanas mais rapidamente do que se podia imaginar. No caso da luta pelo voto feminino, algumas mulheres da América Latina se anteciparam às europeias. Em 1876, as chilenas aproveitaram uma lacuna da Constituição de seu país, que não deixava explícita a proibição do voto feminino, para exercer seus direitos eleitorais. Apesar das negativas das autoridades, algumas conseguiram se inscrever. Esse movimento das chilenas constitui-se num dos pioneiros na luta pela igualdade de direitos na América Latina. Entretanto, a Lei de 1884 negou taxativamente o voto das mulheres naquele país.

Tal era o menosprezo às mulheres, consideradas seres inferiores, ou crianças, que as Constituições latino-americanas do século XIX sequer proibiam o voto feminino, pois o título de cidadão era somente dado aos homens. Quando as mulheres resolveram, então, efetivar o direito de voto, algumas Constituições sofreram mudanças para estabelecer expressamente que a mulheres não podia votar.

A mulher na República

A primeira república (1889-1930)

Na virada do século, o Brasil já apresentava face nova: a República se implantou, o trabalho se tornou assalariado, as cidades cresceram. A burguesia ia cada vez mais enriquecendo à custa do suor e da exploração dos trabalhadores, a nascente classe operária. Formada em grande parte por imigrantes sem direitos, dentre os quais italianos, vivendo de salários miseráveis e trabalhando em excesso, aos poucos ela foi se organizando e lutando por salários melhores, jornadas menores e direitos trabalhistas.

A abolição da escravatura não significou de forma alguma a libertação do povo negro. Pelo contrário, acentuou-se sua condição de marginalizado. Enquanto o desenvolvimento industrial emergente abria as portas para a mão-de-obra negra branca procedente da Europa, deixava aos negros os serviços piores e de mais baixa remuneração ou mesmo a condição de "desocupados". Isso favoreceu ainda mais a ideologia contra a raça negra. Intensificou-se a difusão de conceitos como "preto é vagabundo", "só gosta de pinga e samba", "só faz sujeira, quando não é na entrada, é da saída", "mas tem preto de alma branca, graça a Deus".

Nessa época, a mulher negra teve um papel preponderante ao garantir sozinha a sobrevivência de sua família, quando apenas ela conseguia algum serviço remunerado.

A mulher operária, duplamente explorada por trabalhar na fábrica e no lar, tinha sempre os salários mais baixos e as jornadas de trabalho maiores. Poucas referências encontramos quanto às trabalhadoras. Lutavam juntamente com os homens, embora suas conquistas fossem sempre menores.

Muitos foram os movimentos em que elas se destacaram.

Em 1906, os tecelões da fábrica São Bento, em Jundiaí, no Estado de São Paulo, entraram em greve por melhores salários. No jornal *Terra Livre* saiu um manifesto assinado por três operárias, denunciando a exploração patronal. Reivindicavam redução da jornada para oito horas e melhoria de salários. A vitória dos homens foi completa: oito horas. As mulheres ficaram com nove horas e meia[1]. Nas categorias profissionais que concentravam o trabalho feminino manteve-se uma carga diária maior. Por exemplo, no caso das costureiras que tinham jornadas mais extensas.

Ainda nesse mesmo ano foi realizado o I Congresso Operário Brasileiro, no qual foi aprovada a luta pela regulamentação do trabalho feminino.

Os jornais *Terra Livre* e *Novos Rumos* apelaram aos operários brasileiros para que doassem um dia de salário em prol dos que na Rússia lutavam por sua libertação. Passou-se uma lista de contribuições e a operária Matilde foi a primeira brasileira a doar 1 mil réis aos revolucionários russos, ainda em 1906.[2]

Em 1907 ocorreram greves. Os tecelões, categoria majoritariamente feminina, aderiram à greve em São Paulo. As costureiras se destacaram nesse movimento grevista. A principal reivindicação era a jornada de oito horas. Algumas categorias obtiveram vitórias, mas não as costureiras, que ficaram com nove horas e meia de jornada diária.

Ernestina Lésina publicava em São Paulo em 1910 o jornal *Anima Vita*, dirigido às mulheres, conclamando-as à luta em defesa dos trabalhadores; em particular, pela regulamentação do trabalho feminino.

A 10 de junho de 1917 começou a greve das operárias têxteis da fábrica Crespi, estopim da greve geral que paralisou São Paulo. Na ocasião foram presos

---

1   Durante aquele ano de 1906, aconteceram várias greves pelas oito horas. Quase todos os setores da construção civil do Rio pararam e conquistaram, pelo menos momentaneamente, as oito horas diárias. Os ferroviários de Jundiaí, a 50 km de São Paulo, fizeram uma greve que terminou com vários mortos e feridos e a promessa das oito horas em 1º de Maio de 1907. Em Porto Alegre, em setembro, há uma greve de várias categorias que conseguem nove horas de trabalho em todas as fábricas. A luta pelas oito horas continuará em todos os 1º de Maio seguintes. Consulta em vozesdascomunidades.org/quatro-primeiros-de-ontem-licoes-para-hoje/ em 25/07/2016.

2   BASTOS, Abiguar. *História da política revolucionária do Brasil*. Rio de Janeiro: editora Conquista, 1969.

homens e mulheres. No enterro de um operário morto pela repressão que se abateu sobre o movimento, este conseguiu a promulgação de uma lei que incluía a abolição do trabalho noturno das mulheres e dos menores.

Em 1919, 30 mil têxteis entraram em greve em São Paulo e no interior, com a participação massiva de mulheres e crianças. Reivindicavam principalmente a jornada de oito horas e a igualdade salarial entre homens e mulheres. O movimento foi reprimido com grande violência policial, principalmente contra mulheres e crianças.

Durante esse mesmo período houve um movimento pelo voto, que agrupou parcela expressiva de mulheres. Pertencentes à classe média e à classe dominante, abraçavam uma causa comum às mulheres de diversos países, pois esse direito, em toda parte, só foi conquistado com muita mobilização. Já em 1910, Deolinda Dalho, professora, fundava o Partido Feminino Republicano, defendendo especificamente que os cargos públicos fossem abertos a todos os brasileiros, sem distinção de sexo. Em 1917, ela promoveu uma passeata com quase cem mulheres pelo direito ao voto.[3]

Em 1920, Maria Lacerda de Moura, professora, e com a bióloga Bertha Lutz fundaram no Rio de Janeiro a Liga para a Emancipação Internacional da Mulher, um grupo de estudos cuja preocupação principal era batalhar pela igualdade política das mulheres. Maria Lacerda de Moura, porém, não tinha em mente apenas essa questão; dirigiu a revista *Renascença* e pregava o pacifismo, o amor livre e a emancipação da mulher. Opunha-se ao capitalismo, ao militarismo e ao fascismo.

A década de 1920 foi privilegiada no que diz respeito às lutas e propostas de mudança. A república dos coronéis não dava mais conta da ebulição social e política do país. Só no ano de 1922, tivemos a Semana da Arte Moderna, a Revolta do Forte de Copacabana e a fundação do Partido Comunista do Brasil. Com a "Semana de Arte Moderna", iniciou-se um marcante salto cultural. Os desenhos fantásticos de Anita Malfatti apareceram com um novo grafismo, distante da academia. Anita era independente, original e inventiva."[4]

---

3 CARDOSO, Irene. Op. cit.

4 BASTOS, Abiguar. *História da política revolucionária do Brasil*. Rio de Janeiro: Editora Conquista, 1969.

Nesse ano ainda, surge a Federação Brasileira pelo Progresso Feminino, que vai dar mais impulso à luta da mulher pela conquista do voto. Organizada por Bertha Lutz, a Federação tinha por objetivo "promover a educação da mulher e elevar o nível de instrução feminina; proteger as mães e a infância; obter garantias legislativas e práticas para o trabalho feminino; auxiliar as boas iniciativas da mulher e orientá-la na escolha de uma profissão; estimular o espírito de sociabilidade e cooperação entre as mulheres e interessá-las pelas questões sociais e de alcance público; assegurar à mulher direitos políticos e preparação para o exercício inteligente desses direitos; estreitar os laços de amizade com os demais países americanos". Esse programa refletia as influências de entidades congêneres norte-americanas.[5]

Dois anos mais tarde, em 1924, registra-se a ação das mulheres na Coluna Prestes, em cujas marchas e combates elas participaram. Desta vez não eram operárias nem intelectuais. Eram as vivandeiras[6] do interior do país. Segundo os homens do comando, as mulheres indisciplinavam os soldados e por isso Prestes proibira sua inclusão nos destacamentos. De nada adiantou, pois elas seguiram a cavalo os homens da Coluna, atravessando rios e pântanos.

O comandante Siqueira as expulsou de seu destacamento e por isso elas o chamavam de "olho de gato" e "barba de arame". Faziam serviços de enfermagem e cozinhavam para os soldados. Mantinham ligações com moradores da região e colhiam informações importantes para a Coluna. Tinham filhos, que eram criados por elas mesmas. Umas levavam cachorro, outras andavam de chapéu de couro e gibão. Foram severamente castigadas pelo inimigo. Albertina, em Minas das Contas, resolveu ficar para tratar do tenente Agenor Pereira de Sousa, ferido em Piancó e atacado de tuberculose. Ela era a mais bonita das vivandeiras. Os soldados inimigos chegaram à cidade. Um dos tenentes resolveu ganhar as graças de Albertina. Ela o repeliu, não se daria a um inimigo da Coluna. E esta atitude lhe custou a vida: foi degolada.

Contudo, as mulheres vivandeiras continuavam a apoiar a Coluna. Passavam fome, enfrentavam o cansaço dos pântanos, enxameados de pernilongos, muquiranas e carrapatos. Não debandavam. Carregavam os fuzis dos

---

5   Cardoso, Irene. Op. cit.

6   Vivandeiras são mulheres que vendem ou levam mantimentos, seguindo as tropas em marcha.

homens, providenciavam água para seus cantis vazios. Tia Maria, a velha Joana, a enfermeira Hermínia, Chiquinha, a gorda, "Cara de Macaca" são alguns nomes dessas mulheres que permaneceram no esquecimento.[7]

No que diz respeito ao voto, foi feita campanha pela imprensa e buscou-se o apoio de políticos. No Rio Grande do Norte, por exemplo, o presidente da Província (cargo equivalente ao governador do Estado de hoje), Juvenal Lamartine, fez passar uma lei que permitia o direito de voto às mulheres. Em 1927 registraram-se as primeiras eleitoras de lá e, em abril de 1928, quinze mulheres votaram no Rio Grande do Norte. Contudo, a nível federal, esses votos não foram reconhecidos.

O direito de voto só se tornou realidade para as mulheres depois da Revolução de 1930. Esta, embora originada por uma divisão no seio das oligarquias que dominavam o Brasil, teve de reconhecer a necessidade de espaço pleiteado por setores da população antes simplesmente ignorados ou, no caso dos trabalhadores, tratados sempre como caso de polícia. Nesse contexto foi que a luta pelo voto feminino conseguiu resultado positivo, voto incorporado à Constituição brasileira de 1934, com a ajuda de Carlota Pereira de Queirós, a primeira constituinte brasileira.

Após essa vitória, a luta da mulher passou a se concentrar na questão do trabalho feminino e na proteção à maternidade e às crianças. Bertha Lutz elaborou, então, o Estatuto da Mulher, com algumas reivindicações necessárias (maior tempo de licença de gravidez, por exemplo), ao lado de outras de caráter ingênuo, como a semana inglesa para as mulheres. Propunha ainda o Estatuto mudanças jurídicas em benefício da mulher, principalmente a casada, mas não chegou a ser posto em prática.[8]

A segunda república (1930-1945)

A União Feminina nasceu em 1934, como parte integrante da Aliança Nacional Libertadora (ANL), um movimento organizado, sob a direção dos co-

---

7   BASTOS, Abiguar. *História da política revolucionária do Brasil*. Rio de Janeiro: Editora Conquista, 1969.

8   CARDOSO, Irede. Op. cit.

munistas com o objetivo de derrubar o governo de Vargas e implantar um governo popular. Suas adeptas eram principalmente intelectuais e operárias.

Colocada na clandestinidade em 1935, após o levante fracassado da ANL, teve presas todas as suas dirigentes, algumas permanecendo mais de um ano na prisão. Olga Benário Prestes, cidadã alemã, membro da União Feminina e que lutava contra o nazismo no Brasil, foi presa, deportada para a Alemanha e internada num campo de concentração, onde teve sua filha. Posteriormente, em 1942, foi assassinada pela Gestapo.

Em 1937 ocorreu, no Brasil, o golpe de Estado de Getúlio Vargas, tendo em vista sua manutenção no poder como ditador. Nessa situação a luta da mulher fundiu-se praticamente com a de todo o povo, que resistia à ditadura e defendia a democracia.

Durante a Segunda Guerra Mundial, as mulheres participaram da luta em favor da democracia, contra o nazifascismo, e para pressionar a entrada do Brasil na guerra, ao lado dos Aliados. Com a Liga de Defesa Nacional, as mulheres organizaram campanhas para doar agasalhos aos pracinhas e cursos para a formação de enfermeiras.[9]

O pós-guerra

Em 1945, com o fim da guerra, surgiu no Rio de Janeiro o Comitê de Mulheres pela Democracia, num esforço para as mulheres participarem de fato da consolidação da democracia e da conquista da igualdade de direitos em termos profissionais, administrativos, culturais e políticos. Desenvolveu-se também a luta pela anistia e se fundou a Associação de Donas-de-Casa contra a Carestia. Esses movimentos não repercutiram, entretanto, na Assembleia Nacional Constituinte, instalada em 1946, e que não contou com a participação de nenhuma mulher.

A Associação Feminina do Distrito Federal, com sede na cidade do Rio de Janeiro, espalhou-se por aproximadamente trinta bairros. As lutas dessa en-

---

9   Saffioti. Heleieth I. B. Op. cit.

tidade eram contra o despejo de favelas, contra o alto custo de vida, pelos direitos da mulher, pela vida, pela defesa da infância, pela paz.[10]

Enquanto a Constituição de 1934 não admitia a discriminação por sexo, a de 1946 não tratou da questão. Mas condenou o preconceito racial. Grande polêmica foi travada em torno da definição do casamento como monogâmico e indissolúvel, para evitar qualquer possibilidade posterior de liberar o divórcio. Completada a legislação reacionária, não foram reconhecidos os direitos do filho adulterino.

Não concederam ao analfabeto o direito de voto, o que excluiu do direito de escolher os governantes, e, mais ainda, de serem eleitas, mais de dez milhões de mulheres, que eram analfabetas.[11]

O ano de 1947 marca a criação do jornal *Momento Feminino*, editado por Arcelina Mochel, no Rio de Janeiro, e que existiu por aproximadamente dez anos, com uma boa aceitação entre as mulheres, chegando a ter representantes em dezesseis estados. Em maio de 1947 é criada também a Federação das Mulheres do Brasil (FMB), cuja primeira presidente foi Alice Tibiriçá, batalhadora do direito do voto e da defesa do nosso petróleo. A FMB se propunha a impulsionar a ação das mulheres e a debater questões de seu interesse, seus direitos, a proteção à infância e a paz mundial.[12]

Essas organizações surgiram sob a influência do PCB, que desenvolvia um trabalho de massas que "consistia fundamentalmente em mobilizar milhares de mulheres para as campanhas contra a carestia de vida, ora adquirindo gêneros e tecidos populares para revenda às associadas, ora desmascarando os sonegadores dos produtos de primeira necessidade".[13]

---

10 MONTENEGRO, Ana. "Ser ou não ser feminista". Cadernos Guararapes, nº 3, Recife: Editora Guararapes. 1981.

11 PEREIRA, Osny Duarte. "O que é a Constituição?" Cadernos do Povo Brasileiro. Rio de Janeiro: Editora Civilização Brasileira, 1964.

12 RIBEIRO, Iracema. "Melhorar, intensificar e ampliar o trabalho do Partido entre as mulheres". Partido Comunista do Brasil, março de 1955.

13 Esse trabalho era dirigido pelo PCB, cujo programa definia que "a vitória da revolução não será possível sem a participação das grandes massas".

A partir de então, passou-se a comemorar com festas e programações especiais o dia 8 de março, Dia Internacional da Mulher, e o Dia das Mães.[14]

A greve dos ferroviários de Cruzeiro, no Estado de São Paulo, em 1948, foi iniciada pelas mulheres que, deitadas sobre os trilhos, impediram a circulação dos trens.

Em 1951 foi organizado o I Congresso da FMB, com 231 delegadas de todos os estados, sendo 146 donas-de-casa e as demais operárias, funcionárias públicas, professoras, profissionais liberais, estudantes e camponesas.

Em 1952 realizou-se a 1ª Assembleia Nacional de Mulheres, com representantes de nove estados, pela defesa dos direitos da mulher (especialmente da mulher trabalhadora) e da infância e pela paz mundial. A instalação da assembleia foi presidida por Nuta Bartof James, grande defensora dos direitos da mulher e das liberdades democráticas. Nessa assembleia se alertou para o perigo do envio de jovens brasileiros para lutar na Guerra da Coreia, o que acabou levando à prisão, por três anos, Elisa Branco, que levantara uma faixa durante as comemorações do 7 de Setembro com os dizeres: "Nossos filhos não irão para a Coreia".[15] E nesse mesmo ano realizou-se, em Porto Alegre, a 2ª Assembleia Nacional de Mulheres, com a presença de representantes de 18 estados.

No ano seguinte, 1953, na cidade de São Paulo, houve uma manifestação contra a carestia de vida, dirigida pelas mulheres.

Em 1956, foi realizada no Rio de Janeiro, de 18 a 20 de maio, a Conferência Nacional de Trabalhadoras.

O governo Juscelino Kubtschek — JK — tido como democrático, suspendeu o funcionamento das organizações femininas.[16] Contudo, as mulheres continuaram se organizando e, em 1960, foi fundada a Liga Feminina do Estado da Guanabara, que, além de cursos (corte e costura, enfermagem etc.), promovia palestras e liderou campanhas contra o alto custo de vida, chegando a organizar um abaixo-assinado com 100 mil assinaturas.

---

14 MARANHÃO, Olga. "Ganhar milhões de mulheres para o programa do partido", intervenção do 4º Congresso do PCB, 1954.

15 MONTENEGRO, Ana. Op. Cit.

16 SAFFIOTI, Heleieth I. B. Op. Cit.

As lutas desenvolvidas pelas mulheres nesse período passavam, como vimos, por problemas concretos, como o enfrentamento do problema da carestia, ou às vezes por questões mais localizadas, como falta de água ou despejo. A defesa da infância e da maternidade, e o desenvolvimento do ensino e de creches também eram questões constantes. No que diz respeito às questões políticas mais gerais, as mulheres se destacaram na luta pela anistia, pela democracia, pela defesa de nossas riquezas, sempre ameaçadas pela expansão do imperialismo, e em prol da paz mundial, tendo até mesmo se realizado em 1954 uma conferência sobre os direitos da mulher na América Latina.

Temos de lembrar mulheres como Angelina Gonçalves, operária comunista assassinada no 1º de Maio de 1950, no Rio Grande do Sul, e Zélia Magalhães, também comunista, assassinada no Rio de Janeiro em 1949, em um comício contra a Lei de Segurança Nacional. As mulheres trabalhadoras reivindicavam a extensão dos direitos trabalhistas às mulheres do campo, organizavam campanhas pela sindicalização da mulher e para que elas participassem também nas direções dos sindicatos. Em 1963 realizou-se o Encontro Nacional da Mulher Trabalhadora. Foi defendido salário igual para trabalho igual e seu temário tratava, entre outras coisas, da aplicação efetiva das leis sociais e trabalhistas a favor da mulher.

Quanto aos problemas mais específicos, lutava-se contra as discriminações em relação à mulher e pelos seus direitos, em especial pela reforma no Código Civil, propondo-se então a anulação dos artigos discriminatórios à mulher casada.

Questões relativas à libertação da mulher, como autonomia, controle da fertilidade, aborto, sexualidade, não eram sequer mencionadas.

Com o Golpe de 64 essas associações femininas praticamente desapareceram, voltando a tomar impulso a partir de 1975, com o Ano Internacional da Mulher.

A terceira república e o golpe (1964-1985)
As mulheres e o golpe

Entre 1960 e 1964, eclodiu no Brasil um vigoroso movimento de massas, que incorporou expressivas parcelas dos diferentes segmentos sociais.

Com o desenvolvimento industrial a partir de 1930, a classe operária cresceu, concentrando-se mais na região Centro-Sul. Ao levantar suas reivindicações econômicas, foi simultaneamente aprendendo a travar lutas políticas.

A industrialização, no entanto, provocou também o aguçamento das contradições econômicas e sociais existentes no meio rural. Os camponeses intensificaram suas manifestações a favor da reforma agrária, avolumando conflitos entre latifundiários e posseiros.

Estudantes e intelectuais discutiam exaustivamente os temas "Imperialismo" e "Questão Agrária", propondo soluções que apontavam para as necessárias transformações sociais, econômicas e políticas.

No dia 13 de março de 1964, João Goulart anunciou a decisão de levar adiante as reformas — inclusive a reforma agrária — no histórico comício realizado em frente à Central do Brasil, no Rio de Janeiro, com a participação de milhares de pessoas.

Na ocasião, ele apelou ao povo brasileiro para que se mantivesse alerta quanto à "reação das forças conservadoras",[17] que tudo fariam para impedir o avanço das reformas. A partir desse momento, os conspiradores golpistas aceleraram seu trabalho para derrubar João Goulart. Passaram a ter necessidade urgente de mobilizar as bases sociais que deveriam dar sustentação política e "legitimação" às suas ações golpistas contra a democracia vigente. Precisavam de demonstrações de massa e, para isso, lançaram mão das mulheres. Milhares delas foram utilizadas para saírem às ruas, em defesa das forças de direita, engrossando a Marcha com Deus pela Família e a Liberdade. Quinhentas mil "marchadeiras" em São Paulo, 200 mil em Minas e assim por diante.

As entidades que encabeçavam o movimento tinham começado a surgir em meados de 1962: União Cívica Feminina, Movimento da Arregimentação Feminina, conhecido pela sigla MAF, Campanha da Mulher pela Democracia (Camde) e outras mais. Suas lideranças estavam bem conscientes do que pretendiam: acabar com a "ameaça comunista" e contrapor-se à qualquer mudança de caráter popular.

Mas a grande massa feminina que, de fato, engrossou essa campanha se compunha de empregadas domésticas, faveladas e trabalhadoras. Acompanhavam essas lideranças por princípios religiosos e iludidas de que, as-

---

17 Jornal *Nós mulheres*.

sim, poderiam salvar o Brasil. Foram, na verdade, manipuladas pelas forças políticas de direita. Como as mulheres progressistas não estavam organizadas de maneira autônoma e consciente na defesa das conquistas populares e também dos seus próprios direitos, as forças conservadoras e reacionárias não encontraram dificuldades nessa manipulação.

As entidades femininas reacionárias se articulam de maneira vigorosa. Amélia Molina Bastos, professora primária aposentada, fundadora e presidente da Camde, em depoimento dado mais tarde[18], esclarece de maneira bastante objetiva como e com que finalidades formou sua entidade:

> Sou neta, sobrinha e irmã de general." (...) "Aqui nesta casa foi fundada a Camde. Meu irmão, Antônio Mendonça Molina, vinha trabalhando há muito tempo no Serviço Secreto do Exército contra os comunistas. Nesse dia, 12 de junho de 1962, eu tinha reunido aqui alguns vizinhos, 22 famílias ao todo. Era parte de um trabalho meu para a paróquia Nossa Senhora da Paz. Nesse dia o vigário disse assim: 'Mas a coisa está preta. Isso tudo não adianta nada porque a coisa está muito ruim e eu acho que, se as mulheres não se meterem, nós estamos perdidos. A mulher deve ser obediente. Ela é intuitiva, enquanto o homem é objetivo.

E assim vai contando Amélia a história do começo da caminhada das "marchadeiras", que deu respaldo popular à derrubada de um governo legitimamente eleito e desencadeou toda uma história de sangue, repressão e violência, com amargas derrotas para a nação brasileira.

Consolidando o processo golpista, os militares ascenderam ao poder, enquanto essas mulheres, que se movimentaram euforicamente contra o comunismo e a subversão, foram sendo relegadas cada vez mais a um plano secundário.

---

18 Jornal *Nós mulheres*.

1964, o ano do golpe militar

A instauração da ditadura militar, em abril de 1964, acarretou radical mudança na política. A repressão atingiu as forças populares organizadas, sobretudo sindicalistas e camponeses. Mas também professores, advogados, jornalistas e estudantes.

Presídios foram inaugurados para colocar os que se opunham à "Revolução de 64". Alguns tantos intelectuais, cientistas e membros do governo deposto tomaram imediatamente o caminho do exílio; foram acolhidos nas embaixadas latino-americanas, particularmente a do Chile, ou de países europeus. Enquanto muitos outros passaram a viver na clandestinidade.

A Editora Vozes publicou em 1988 um livro em que procurou fazer um levantamento das pessoas atingidas pela repressão política.[1] Baseou-se apenas em dados de processos movidos contra presos políticos. Concluiu que, de 7.367 pessoas denunciadas, 88% eram homens e 12% mulheres.

A maior parte dessas pessoas foi processada por participar de atividades clandestinas em organizações partidárias. Logo depois do golpe, todos os partidos políticos tiveram seus registros cassados pelos militares, sendo substituídos por duas agremiações partidárias, institucionalizadas pelo próprio regime militar: Arena e MDB.

Sem suas lideranças, a grande maioria do povo tinha ficado perplexa. Mas algumas organizações de esquerda rapidamente se reestruturaram para fazer um trabalho de resistência e luta contra a autoridade militar, que manipulava e controlava todos os setores da vida nacional. Todo cidadão era considera-

---

[1] MITRA ARQUIDIOCESANA DE SÃO PAULO. O perfil dos atingidos. Projeto Brasil Nunca Mais. Petrópolis: ed. Vozes, 1988.

do, antes de tudo, um suspeito, um subversivo em potencial. A impunidade dos militares e policiais executores das ações repressivas possibilita a atuação contínua e intensa, com a elaboração de decretos e outras iniciativas contra todo e qualquer ideal democrático.

Concomitantemente a essa situação política, crescia de forma acelerada o desenvolvimento capitalista, multiplicando-se as indústrias. Transfere-se, de maneira abrupta e violenta, um grande contingente rural para os centros urbanos.

A reforma agrária processou-se ao contrário: concentraram- se cada vez mais os latifúndios. Se até o Golpe de 1964, dois terços da população brasileira viviam na área rural, poucos anos depois essa situação se inverte. O operariado, submetido ao arrocho salarial, aos acidentes de trabalho, cada vez mais numerosos, e às péssimas condições de vida, contribuiu de maneira fantástica para a expansão capitalista. O Brasil se tornou a oitava potência industrial do mundo.[2]

As capitais regionais passaram a ser grandes centros urbanos, sem a infraestrutura adequada, a receber a grande massa originária do campo que procurou as cidades para garantir a sobrevivência. Cresceram as periferias e subúrbios, favelas e cortiços. Um número enorme de crianças abandonadas e a violência nas ruas passaram a ser o cotidiano brasileiro.

As escolas, voltadas prioritariamente para o ensino técnico, deveriam receber estudantes para transformá-los, rapidamente, em mão-de-obra especializada para o mercado industrial em expansão.

Mesmo assim continuaram analfabetos milhões de brasileiros. O índice de mortalidade infantil cresceu de maneira assustadora. Contrariamente a outras décadas, quando as crianças morriam mais no interior e no Nordeste brasileiros, esses índices passaram a ser maiores nos grandes centros urbanos, inclusive São Paulo.[3]

---

2   CAMARGO, Cândido Procópio Ferreira de (org.). São Paulo, 1975. *Crescimento e pobreza*. São Paulo: Loyola, 1976. "Considerou-se o acentuado aumento dos acidentes de trabalho que ocorreram no Brasil. O Estado de São Paulo, longe de fugir à regra, concentra a grande proporção de acidentados: 712 mil em 1973, 780 mil no ano seguinte, o que corresponde a um índice de ¼ em relação à força de trabalho registrada, fato que ganha sua real significação quando se tem em conta que na França essa relação é três vezes inferior."

3   CÂNDIDO, Procópio Ferreira de Camargo (org.) São Paulo, 1975. *Crescimento e pobreza*. São Paulo: Loyola, 1976, p. 47. "Entre 1940 e 1950, a taxa de mortalidade infantil na

As mulheres foram as primeiras a entrar em cena. Algumas saíram à procura de parentes presos ou desaparecidos políticos, filhos, irmãos ou maridos, companheiros ou namorados. Outras tantas participaram das organizações clandestinas, dispostas a lutar ombro a ombro com os homens pela libertação do país. Mas o grande contingente saiu em busca do mercado de trabalho, que absorvia, de maneira expressiva, a mão-de- obra feminina. Dócil, submissa, sem reclamar dos salários menores que os de seus colegas homens, a mulher foi exercendo as tarefas mais monótonas e repetitivas. Obediente às novas orientações que exigem mais destreza e produtividade, ela foi amplamente incorporada aos serviços das empresas.

Se em 1950, a proporção de trabalhadoras mulheres era de 13,5%, em 1970 quase dobra esse número (20,8%), e seis anos mais tarde (1976) a porcentagem de mulheres economicamente ativas atinge 28,8%. Em 1985, chegou a quase 37%, ou seja, triplicou em apenas 15 anos. Apesar de ainda representar cerca da metade dos homens inseridos no mercado de trabalho, o crescimento relativo das trabalhadoras foi muito superior ao do sexo oposto.

Mas as empresas até hoje não oferecem os equipamentos sociais necessários para que as mulheres possam se desvencilhar-se das tarefas domésticas. São obrigadas a assumir a dupla jornada de trabalho, em casa e fora.

Conciliar o papel de trabalhadoras fora de casa com a maternidade torna-se um verdadeiro malabarismo. Para começar, o empresariado não admite a mulher grávida. Se engravida já trabalhando, ou é demitida quando tiver o filho ou não terá onde deixá-lo.

Segundo a CLT (Consolidação das Leis do Trabalho), legislação de 1943, as empresas que empreguem mais de 30 mulheres com idade acima de 16 anos são obrigadas a manter um local apropriado para guardar os filhos de suas empregadas, no período da amamentação.[4] Essa lei já não funcionava antes de

---

região diminuiu 30%. E na década seguinte decresceu 32%, contrastando com os últimos 13 anos em que aumentou 45%".

4   Esse direito foi incorporado à Constituição da República Federativa do Brasil. Brasília: Senado federal, 1988. Título II: "Dos direitos e garantias fundamentais; Capítulo II: 'Dos direitos sociais'"; Inciso XXV, do artigo 7º: "assistência gratuita aos filhos e dependentes desde o nascimento até seis anos de idade em creches e pré-escolas".

1964, e muito menos foi aplicada depois, com os sindicatos sob intervenção e muitos políticos com seus direitos cassados. O número de trabalhadoras varia, mas a ausência de equipamentos sociais permanece. É interessante observar que o documento do PCB sobre uma política para as massas femininas, datado de março de 1955, ao descrever as condições de trabalho da mulher daquela época, o faz como se o fosse em relação aos tempos de hoje: "É comum os patrões não contratarem mulheres casadas, como acontece nas fábricas metalúrgicas do Distrito Federal. Em muitas fábricas têxteis, onde são aceitas mulheres casadas, despedem-se operárias por se acharem grávidas. Os patrões burlam, assim, as leis de proteção à maternidade (...)."[5]

Com a crescente migração, a maioria dessas mulheres encontra-se distante de seus parentes mais próximos e vive nas grandes cidades sem esse apoio familiar, o que provoca o aumento do número de crianças abandonadas.

Com o desenvolvimento industrial e tecnológico, e a ampliação do mercado de trabalho, é normal o ingresso massivo das mulheres nas escolas, igualando-se aos homens, sem contudo, serem favorecidas profissionalmente. A maioria delas é incorporada nas carreiras ditas femininas. Quando passam a ocupar espaços anteriormente reservados a ambos os sexos.[6]

Assim estão as mulheres no período considerado o "auge do milagre econômico". O Brasil sagrava-se tricampeão mundial do futebol, em 1970, enquanto a classe média exibia em seus carros os adesivos "Brasil, ame-o ou deixe-o". Mas a insatisfação popular podia ser medida pelos votos nulos ou em branco. Em 15 de novembro de 1970, nas eleições para a Câmara dos Deputados, 30% dos eleitores anularam o voto e 21% o canalizaram para a sigla oposicionista, MDB. Sob a forte repressão política, crescia, na clandestinidade, a luta de resistência.[7]

---

5   "Melhorar, intensificar e ampliar o trabalho do partido entre as mulheres". PCB, 1955.

6   CAMARGO , Cândido Procópio Ferreira de (org.) São Paulo, 1975. *Crescimento e pobreza*. São Paulo: Loyola, 1976, p. 85 e 86. "Por exemplo, em São Paulo, em 1972, as mulheres representam 35% do total da força de trabalho, das quais 75,3% são empregadas domésticas, ou seja, o equivalente a 26,2% da força de trabalho feminina".

7   GORENDER, Jacob. *Combate nas trevas*: a esquerda brasileira, das ilusões perdidas à luta armada. São Paulo: Ática, 1987.

1968, certeza, história e flores

Os acontecimentos que abalaram a França nos idos de 1968 — a famosa revolução cultural-sexual — espraiaram-se pelo mundo inteiro, pondo em ação todas as forças democráticas até então obrigadas ao silêncio. Suas vagas chegaram também ao Brasil, marcando um ano que explodiu em rebeldias por toda a parte. Passeatas de protesto começavam nas universidades e terminavam nas ruas com barricadas, bombas molotov e bandeiras americanas incendiadas. Evidentemente muitos jovens tombaram nessas lutas. Cada país teve seus mártires.

No Rio de Janeiro, 100 mil brasileiros protestaram durante o enterro de um rapaz de 16 anos — Edson Luís —, assassinado pelos policiais no Calabouço, restaurante dos estudantes. O fato deu origem a uma espécie de fogueira que se alastrou por todo o país, fazendo eclodir centenas de manifestações estudantis de rua. Em meio às manifestações, os assassinatos. Foi então que muitas mães se uniram para a defesa de seus filhos, criando a União Brasileira de Mães. Chegaram mesmo a participar de passeatas, para impedir a violência contra eles.

Essa entidade teve sua sede provisória no Convento dos Dominicanos do Leme (Rio de Janeiro), com mais de 500 mães filiadas.[1]

Acontecia a guerra dos Estados Unidos — a maior potência mundial — contra o Vietnã, ceifando vidas e vidas de jovens americanos, orientados para liquidar com todo um povo. Os desnutridos "vietcongs" enfrentavam corajosamente os possantes aviões Phantons e seus ocupantes — os soldados americanos.

---

[1] "Participação político-social da mulher no Brasil: a experiência de 1964", colaboração do Movimento Feminino pela Anistia, núcleo do Rio de Janeiro, outubro de 1979.

Durante o ano de 1968, parcelas da sociedade, ao se rebelarem contra a ação imperialista e genocida, invocaram ideais libertários e igualitários. Começaram a desvendar as discriminações que procuram transformar as mulheres, os jovens e os negros numa massa disforme sem expressão cultural e política. Emergiram movimentos feministas e de negros, principalmente norte--americanos, contra as ideologias patriarcal, machista e racista.

No Brasil, os operários se manifestaram nas greves de Contagem, em Minas Gerais, e Osasco, no Estado de São Paulo. Os protestos foram violentamente reprimidos. Os líderes operários foram presos.

> [...] A greve de Contagem (MG) foi a primeira e pegou o governo ditatorial de surpresa. Começou em 16 de abril de 1968 com os metalúrgicos a Siderúrgica Belgo-Mineira. Estendeu-se para outras empresas como Mannesmann, Mafersa, RCA Victor, Acesita e tantas mais. [...]
>
> [...] Uma mulher foi a liderança destacada dessa greve, Conceição Imaculada de Oliveira, diretora do Sindicato dos Metalúrgicos de Contagem. Pertencia à Corrente, organização dissidente do Partido Comunista Brasileiro (PCB) que aderiu à luta armada. Ela é muito pouco lembrada. Quando se fala das greves operárias de 1968, só se mencionam os nomes dos líderes masculinos. [...][2]

Foram também para as prisões os quase mil estudantes que participavam do Congresso da União Nacional dos Estudantes, em Ibiúna (interior paulista)[3].

---

2 TELES, Amelinha; LEITE, Rosalina Santa Cruz . *Da Guerrilha à Imprensa Feminista*: a construção do feminismo pós-luta armada (1975-1980), p. 26. São Paulo: Intermeios, 2013.

3 Em outubro de 1968, foi realizado clandestinamente o XXX Congresso da UNE, em Ibiúna (SP). São presas mais de 700 pessoas, entre elas as principais lideranças do movimento estudantil: Luís Travassos (presidente eleito), Vladimir Palmeira, José Dirceu, Franklin Martins e Jean Marc von der Weid. (https://pt.wikipedia.org/wiki/Uniao_Nacional_dos_Estudantes, consulta feita em 03/08/2016). Lamentavelmente não citam as lideranças femininas presas, como Helenira Rezende de Souza Nazareth (1944-1972), que se tornou guerrilheira do Araguaia e até hoje os familiares não receberam seus restos mortais para o sepultamento. Naquele Congresso, foram presas, fichadas e fotografadas 152 mulheres estudantes.

O Congresso Nacional e as Assembleias Legislativas foram fechados por mais uma ação arbitrária dos militares — o Ato Institucional nº 5 (AI-5). A censura se intensificou e foi abolido o *habeas corpus* para os detidos por infração à Lei de Segurança Nacional. Foram cassados o mandato e os direitos políticos do deputado Márcio Moreira Alves.[4]

Trabalhadores, intelectuais e estudantes perseguidos procuraram criar novas formas de luta. Alguns seguiram para o exílio. As organizações de esquerda, na sua maioria, desencadearam a luta armada, no campo ou nas cidades.

Ainda nesse período (1964 a 70), duas mulheres se destacaram junto à opinião pública brasileira. Carmem da Silva, que escrevia na revista *Cláudia* artigos especialmente dirigidos ao público feminino, e Betty Friedan, feminista americana, que ao visitar o Brasil para lançar seu livro *A Mística Feminina*, no final da década de 1960, e provocou intensas polêmicas nos meios de comunicação. Carmem da Silva, ao abordar nos seus artigos problemas do cotidiano da mulher da classe média, questionava o comportamento tradicional da mulher: "Deve a recém-casada trabalhar?", "Trabalhar para não ser bibelô", "A conquista de um lugar ao sol", "Independência" e "Amor" eram temas por ela abordados em textos que procuravam orientar as mulheres em direção à autonomia.

---

4   "Participação político-social da mulher no Brasil: a experiência de 1964", colaboração do Movimento Feminino pela Anistia, núcleo do Rio de Janeiro, outubro de 1979. "A mãe de Márcio Moreira Alves era militante do Movimento de Renovação Cristã". Segundo Branca, irmã de Márcio, sua mãe, em 1964, participou da Marcha com Deus pela Família e, em 1968, correu dos cavalos da polícia na Candelária, pois seu filho, o deputado, havia recomendado ao povo brasileiro o boicote aos desfiles militares no Dia da Independência.

A luta armada:
um aprendizado para a mulher

A luta pela libertação da mulher não deveria em nenhum momento ser desvinculada da busca de soluções dos problemas mais gerais da sociedade. Mas em raríssimas oportunidades as forças políticas que se propõem a travar as lutas gerais elegeram a questão da mulher como fundamental para o desenvolvimento do próprio processo de libertação do povo.

Essa negligência em relação à mulher fica mais visível nos momentos mais significativos de nossa história. Por exemplo, às vésperas do Golpe de 1964, as mulheres em todo o país encontravam-se desorganizadas, o que iria facilitar em muito o trabalho das chamadas "marchadeiras" antes e depois do golpe.

Decretado o Ato Institucional nº 5, fecharam-se todas as vias políticas legais. Dia a dia, a repressão política demonstrava o quanto era impossível concretizar eficazmente, dentro da legalidade, qualquer iniciativa de protesto, por mais tímido que fosse. Nem mesmo a oposição mais servil era consentida. Como forma de sobrevivência política, restou para os militantes de esquerda, cada vez mais acuados, a resistência armada aos desmandos e arbitrariedades.

As mulheres foram incorporadas às organizações de esquerda, tanto no campo como nas cidades. Mas essas organizações relutaram em absorver a mulher militante de maneira mais adequada ao papel que ela já vinha desempenhando nas diversas áreas da vida social e econômica, talvez por considerarem que as ações guerreiras só diziam respeito aos homens. Não existe um levantamento real do número de militantes dessas organizações armadas. Muito menos do número de mulheres que se integravam a esses movimentos. Tentamos fazer uma estimativa pelo levantamento de mortes e desaparecimentos políticos, registrados pelo Comitê Brasileiro de Anistia. De um universo dos 340 nomes, 40 são de mulheres, ou seja, 11,7%.[1] Esse índice coincide com o apresentado no livro *Perfil dos Atingidos,* que calcula 12% de mulheres. Os poucos estudos de autores de esquerda não se referem à participação das mulheres. Jacob Gorender, que buscou traçar a trajetória das esquerdas, menciona apenas quatro mulheres no livro *Combate nas Trevas.*

A falta de compreensão da importância da participação da mulher na transformação da sociedade talvez tenha sido o fator determinante. O relacionamento distante dessas organizações com os vários segmentos sociais, devido ao constante esquema repressivo e mesmo ao comportamento dogmático delas, impedia que enxergassem a ampliação das atividades femininas. De fato, as mudanças sociais eram pouco percebidas por essas organizações, que atuavam influenciadas por ideias conservadoras, particularmente a respeito das mulheres. Ao distanciar-se da família e das formas de relacionamento entre as pessoas, particularmente entre o homem e a mulher, essas organizações desconsideraram a aquisição acelerada de novos hábitos e costumes, resultado das transformações econômicas numa época em que a mulher devia ter uma nova atuação: na chefia da família, na competição no mercado de trabalho e em vista da redução do seu índice de fertilidade.

No entanto, as propostas políticas dessas organizações eram justas quanto ao combate à ditadura militar e ao capitalismo. Cada vez mais as mulheres eram atraídas para a participação política — assunto proibido a homens e mulheres. Sensíveis às propostas dos partidos políticos clandestinos, muitas mulheres entraram nessas organizações, embora seus militantes fossem em sua maioria homens. Muitos homens e mulheres sobreviveram às torturas e à repressão, sem, contudo, perder sua integridade ética e política. Outros não conseguiram superar as sequelas daqueles tempos. A constante dos relatos históricos, no entanto, tem sido a omissão ou a diluição da presença feminina. Procuro exercer aqui a prática feminista de ressaltar o papel da mulher em todos os momentos históricos.

---

1   Os dados atualizados são de 436 nomes de mortos ou desaparecidos políticos sendo 51 mulheres, o que representa 11%. Comissão de Familiares de Mortos e Desaparecidos Políticos. Comissão de Familiares de Mortos e Desaparecidos Políticos. *Dossiê Ditadura- Mortos e Desaparecidos Políticos no Brasil 1964-1985.* São Paulo: Imprensa Oficial, 2009.

Aquelas que se dedicaram à luta pela libertação do povo mostraram mais uma vez que a mulher brasileira não deixou por menos: foi rebelde à tirania e enfrentou o inimigo cara a cara. Destaco a seguir os nomes das que foram mortas ou ainda se encontram na lista das desaparecidas políticas:

Maria Ângela Ribeiro (1968) — Morta a tiros pela polícia carioca em 21/6/1968, quando da repressão às manifestações de rua realizadas nesse dia.

Alceri Maria Gomes da Silva (1943 – 1970) — Operária metalúrgica, 27 anos, assassinada no dia 10/5/1970. Sua casa foi invadida por agentes dos órgãos de segurança paulista e Alceri metralhada sumariamente, juntamente com outro militante, Antônio dos Três Reis de Oliveira.

Marilene Vilas-Boas Pinto (1945-1971) — Ferida e presa no tiroteio do dia 3/4/1971. Marilene, mesmo ferida e sem receber cuidados médicos, foi conduzida às câmaras de tortura do DOI/CODI- RJ (Departamento de Operações e Informação/ Centro de Operações e Defesa Interna — RJ), e assassinada algumas horas depois.

Yara Yavelberg (1944-1971) — Psicóloga e professora universitária, teria se suicidado em 20/8/1971, com 29 anos, em Salvador, ao resistir à prisão, segundo a versão policial, o que fez com que seus restos mortais fossem enterrados na ala reservada aos suicidas. Sua família impetrou ação judicial contestando a versão de suicídio, a qual foi julgada procedente em novembro de 2002. Seus restos mortais, então, foram exumados e os resultados da perícia mostraram que não houve suicídio, em 16 de maio de 2005. A partir de então, seus restos mortais foram sepultados na quadra 396-setor R – sepultura 48 do Cemitério Israelita do Butantã, em São Paulo, fora do setor dos suicidas.

Ana Maria Nacinovic Correia (1947-1972) — Fuzilada no dia 14/6/1972, numa emboscada montada em torno do Restaurante Varela, na Mooca, em São Paulo, juntamente com outros dois militantes. Tinha 24 anos.

Aurora Maria do Nascimento Furtado (1946-1972) — Estudante de Psicologia da Universidade de São Paulo (USP). Responsável pela imprensa da União Estadual dos Estudantes de São Paulo. Presa no dia 9/11/1972, em Parada de Lucas, na cidade do Rio de Janeiro, foi levada para a Invernada de Olaria. Barbaramente torturada, morreu no dia 10/11/1972.

Gastone Lúcia Beltrão (1950 – 1972) — Fuzilada no dia 12/1/1972, na avenida Lins de Vasconcelos, Cambuci, na cidade de São Pauto, pela equipe do delegado Fleury, aos 21 anos de idade.

Lígia Maria Salgado Nóbrega (1947 – 1972) — Estudante de Pedagogia da USP, metralhada no dia 29/3/1972, no Rio de janeiro, quando a casa em que se encontrava foi invadida por agentes do DOI/CODI-RJ.

Lourdes Maria Wanderley Pontes (1943 – 1972) — Morta sob tortura no dia 29/12/1972, após ter sido presa em sua casa. O assassinato ocorreu nas dependências do DOI/Codi-RJ.

Maria Regina Lobo Leite Figueiredo (1938 – 1972) — Ex-integrante da Juventude Universitária Católica e formada em filosofia pela Faculdade Nacional de Filosofia da Universidade do Brasil, Rio de Janeiro. Ferida no dia 29/3/1972, quando da invasão de sua casa por agentes do DOI/CODI-RJ, foi morta sob tortura.

Anatália de Souza Alves de Melo (1945 – 1973) — Presa no dia 13/1/1973, violentamente torturada no DOPS (Departamento de Ordem Política e Social) de Recife. Para fugir às torturas, suicidou-se no banheiro, ateando fogo ao próprio corpo. Esta foi a versão policial na época dos fatos. Mais tarde a versão policial mudou e disseram, então, que ela teria se enforcado com um cinto no banheiro, suicidando-se. "Esta versão não resiste à análise das circunstâncias que caracterizaram a sua morte. Primeiro, seu corpo foi retirado do local onde teria ocorrido o suposto suicídio: o banheiro do Dops, em Recife (PE). Segundo, a torneira na qual ela havia fixada a alça da bolsa ficava a menos de um metro do chão, tornando inviável a hipótese de suicídio. E, finalmente, sabe-se que a nenhum prisioneiro em fase de interrogatório seria permitido o uso de qualquer instrumento ou meio que pudesse ser usado que atentasse sobre a vida de carcereiros ou da própria pessoa presa, como cintos, alças de bolsas, óculos, fósforos etc., etc.[2] Conclusão, Anatália foi assassinada pelos policiais.

Ranúsia Alves Rodrigues (1945 – 1973) — Assassinada em 28/10/1973, juntamente com três companheiros. Presos em circunstâncias não esclarecidas, foram colocados num carro na praça Sentinela, em Jacarepaguá, na cidade do Rio de Janeiro, que foi incendiado por agentes do DOI/CODI-RJ. Tinha 25 anos.

---

2   www.dhnet.org.br/dados/dossiers/dh/br/dossie64/rn/anatalia.htm, consultado em 11/08/2016.

Soledad Barret Viedma (1945 – 1973) — Grávida de sete meses, foi assassinada sob tortura no massacre ocorrido em 8/1/1973, no episódio que ficou conhecido como a "Chacina da Chácara São Bento" (onde foram mortos ao todo, seis militantes), no município pernambucano de Paulista, pela equipe do delegado Fleury.

Sônia Maria Lopes Moraes Angel Jones (1946 – 1973) — Assassinada no dia 30/11/1973, com 28 anos. Foi presa e torturada, juntamente com outro militante, Antônio Carlos Bicalho Lana. Ambos, depois de intensas torturas, foram assassinados nas dependências da Oban-SP (Operação Bandeirante-SP) ou DOI-Codi/SP.

Lyda Monteiro da Silva (1920 – 1960) — Secretária do Conselho Federal da Ordem dos Advogados do Brasil, assassinada no Rio de Janeiro em 27/8/1980, num atentado terrorista feito por agentes do Exército.

Margarida Maria Alves (1943 – 1983) — Trabalhadora rural, rendeira, presidente do Sindicato dos Trabalhadores Rurais de Alagoa Grande, na Paraíba. Foi assassinada por um jagunço a mando de latifundiários, em 12/8/1983.Em memória de sua luta há um movimento de mulheres, que reúne entidades sindicais rurais e movimentos feministas para realizar a sua principal ação em defesa de políticas públicas de igualdade: "Marcha das Margaridas", que sai em passeata em Brasília, por volta do dia 12 de agosto. A cada dois ou três anos.

Catarina Abi-Eçab (1947 – 1968) — Segundo a versão oficial da época, ela teria sido morta em novembro de 1968, próximo a Vassouras, no Estado do Rio de Janeiro, quando o carro em que viajava explodiu, devido à detonação de explosivos que transportava. Na Comissão da Verdade do Estado de São Paulo "Rubens Paiva", em audiência pública, no dia 16 de maio de 2013, na Assembleia Legislativa do Estado de São Paulo, ex-agente do DOI-Codi/RJ, Valdemar Martins de Oliveira, disse que Catarina foi executada juntamente com o esposo (João Antônio Santos Abi-Eçab (1943 – 1968)), depois de ter sido torturada, num sitio em São João do Meriti (RJ), em 08/11/1968, pelo Coronel do Exército, Freddie Pereira Perdigão (1936 – 1996), integrante do CIE (Centro de Informações do Exército) e atuava principalmente no DOI-Codi/RJ.

Carmem Jacomini (1977) — Participou da Guerrilha do Vale do Ribeira, no Estado de São Paulo. Exilou-se no Chile e depois foi para a França. Foi morta em fins de abril de 1977, em condições não esclarecidas, na França.

Maria Auxiliadora Lara Barcellos (1945 – 1976) — Presa em 21/11/1969, juntamente com seu companheiro Chael Charles Shreier, foi torturada e testemunhou a sua morte. No exílio, escreveu parte de suas memórias: "Foram intermináveis dias de Sodoma. Me pisaram, cuspiram, me despedaçaram em mil cacos. Me violentaram nos meus cantos mais íntimos. Foi um tempo sem sorriso. Um tempo de esgares, de gritos sufocados, um grito no escuro". Suicidou-se na Alemanha, onde se encontrava exilada, em 1/5/1976.

Teresinha Viana de Jesus (1941 – 1978) — Economista e funcionária da Caixa Econômica Federal. Foi presa e depois exilou-se no Chile e mais tarde na Holanda e passou a trabalhar na prefeitura de Amsterdã. A versão de suicídio para sua morte, em 2/2/1978, não chegou a ser devidamente esclarecida, pois ela escreveu diversas cartas para sua irmã, Selma Viana Pamplona, dizendo estar sempre sendo seguida por duas a quatro pessoas. A declaração da irmã foi dada à Comissão de Representação Externa sobre Mortos e Desaparecidos Políticos da Câmara Federal, em 1992.

Ana Rosa Kucinsky Silva (1942-1974) — Foi presa em São Paulo juntamente com seu marido, Wilson Silva, no dia 22/4/1974, quando saiu da Escola de Química da Universidade de São Paulo (USP), onde era professora, para se encontrar com o marido, na região do centro, e "desapareceram" desde então.

Áurea Pereira Valadão (1950 – 1974) — Estudante do Instituto de Física da Universidade Federal do Rio de Janeiro. Trabalhando na região do Araguaia, como professora, participou do movimento guerrilheiro, juntamente com seu marido. Teria sido presa em Marabá, no Estado do Pará, em 1973, "desaparecendo" desde então.

Dinaelza Soares Santana Coqueiro (1949 – 1974) — Foi estudante de Geografia da Pontifícia Universidade Católica de Salvador. Trabalhou na Empresa Aérea Transbrasil até 1971, quando, então, juntamente com o marido, Vandick Reidner Pereira Coqueiro, foi se integrar ao Movimento Guerrilheiro do Araguaia. No Araguaia, segundo o Relatório da Marinha, encaminhado ao então Ministro da Justiça, Mauricio Correa, em 1993, informou que ela teria sido "morta em 8 de abril de 1974". Segundo informações de moradores da região, Dinaelza foi aprisionada por tropas do Exército, conforme depoimento prestado ao Ministério Público Federal, em junho de 2001, pelo ex-guia do Exército Sinézio Martins

Ribeiro: (…) ficou sabendo pelo Pedro Galego e Ioma Galego que a Mariadina (como ela chamada na guerrilha) foi presa no rumo da OP-1, dentro da mata; que quem prendeu ela foi o mateiro Manuel Gomes e entregou para o Exército (…).

Dinalva Oliveira Teixeira (1945 – 1974) — Era geóloga, funcionária do Ministério das Minas e Energia, no Rio de Janeiro. Chegou na região do Araguaia, juntamente com o seu marido, Antônio Carlos Monteiro Teixeira (1944-1972) por volta de 1970. Em 23/12/1973, quando se encontrava gravemente enferma de malária, seu grupo foi atacado pelo Exército. Segundo informações diversas, ela teria sido capturada viva pelo Exército, estaria grávida e desarmada, mas teria sido morta para não desmoralizar as forças militares, uma vez que ela, devido aos diversos enfrentamentos com os homens do Exército, teria se transformado num mito na região. Ela foi a única guerrilheira que chegou a ser Vice-Comandante das Forças Guerrilheiras do Araguaia.

Heleny Telles Ferreira Guariba (1941 – 1971) — Professora universitária, diretora do Grupo de Teatro da Cidade, em Santo André, no Estado de São Paulo. Presa no Rio, em 12/7/1971, juntamente com o seu companheiro, Paulo de Tarso Celestino da Silva (1944-1971) por agentes do DOI/CODI-RJ e, desde então, ambos estão "desaparecidos". Inês Etienne, presa política à época, e única sobrevivente da Casa da Morte de Petrópolis (centro clandestino de tortura e extermínio de militantes contra a ditadura), em relatório que ela fez sobre sua prisão, conta que Heleny teria sido torturada durante três dias, inclusive com choques elétricos na vagina.

Helenira Rezende de Souza Nazareth (1944 – 1972) — Estudante de filosofia e letras da USP, presidente do centro acadêmico em 1968 e dirigente da União Nacional de Estudantes em 1969-70. Presa e torturada pela equipe do delegado Fleury, é libertada em 1971. Morta a golpes de baioneta em 29/9/1972, na região do Araguaia. O Exército não assumiu a morte nem entregou seus restos mortais aos familiares.

Ieda Santos Delgado (1944 – 1972) — Advogada, funcionária do Departamento Nacional de Produção Mineral no Rio de Janeiro. Presa em São Paulo no dia 11/4/1974 e, desde então, "desaparecida".

Isis Dias de Oliveira (1941 – 1972) — Estudante de ciências sociais da USP. Com 30 anos, foi presa em 30/01/1972, pelo Exército, no Rio de Janeiro.

Em 13/4/1972 estava sob custódia da Marinha, incomunicável, ao que parece na ilha das Flores, não tendo mais havido notícias suas e de outro militante, Paulo César Botelho Massa (1945 – 1972), que fora preso com ela.

Jana Moroni Barroso (1948 – 1974) — Foi estudante de biologia da Universidade Federal do Rio de Janeiro até 1971, quando foi, em abril daquele ano, para o Araguaia. Desaparecida desde 1974, após ataque das Forças Armadas contra guerrilheiros. De acordo com depoimentos de moradores da região, colhidos por sua mãe, D. Cirene Moroni Barroso, Jana foi presa e levada para Bacaba, localidade às margens da Transamazônica onde foi construído um centro de torturas e um campo de concentração pelas Forças Armadas. Ali haveria um cemitério clandestino. No momento que os moradores a viram sendo agarrada pelos agentes do Exército, ela estava quase nua e com muitas arranhaduras pelo corpo. Foi amarrada e colocada dentro de um saco e içada por um helicóptero. Isto teria ocorrido nas proximidades de São Domingos do Araguaia.

Lúcia Maria de Souza (1944 – 1973) — Foi estudante de medicina no Rio de Janeiro e estagiária do Hospital Pedro Ernesto até 1970. Depois foi para a Guerrilha do Araguaia. Em 1973, foi ferida e presa em combate na região do Araguaia, sendo morta em 24/10/1973.

Luíza Augusta Garlippe (1941 – 1974) — Até 1969, Luiza trabalhava como enfermeira no Hospital das Clínicas de São Paulo. Foi para a região do Araguaia juntamente com o seu companheiro, Pedro Alexandrino (desaparecido em 04/08/1974), sendo que seu grupo foi atacado pelas Forças Armadas, em 25/12/1973. Teria sido morta pelo Exército em junho de 1974, depois de ter sido presa.

Maria Augusta Thomaz (1947 – 1973) — Foi estudante do Instituto Sedes Sapientae da Pontifícia Universidade Católica de São Paulo. Participou da guerrilha urbana e chegou à área rural, quando foi assassinada, em maio de 1973, num sitio entre as cidades de Rio Verde e Jataí, em Goiás, por agentes do DOI/CODI-SP, juntamente com seu companheiro, Márcio Beck Machado (1943-1973).

Maria Célia Correa (1945 – 1974) — Foi estudante de ciências sociais da Faculdade Nacional de Filosofia, Rio de Janeiro. Foi para a região do Araguaia, juntamente com o seu irmão, Elmo Correa, e sua companheira, Telma Regina

Cordeiro Correa, ambos também desaparecidos. Seu pai, Sr. Edgar Correa, que foi até a região em busca de informações sobre os filhos desaparecidos, soube por moradores que ela teria sido presa perto de São Domingos das Latas, no início de janeiro de 1974. Moradores a viram sendo arrastada, com as mãos amarradas, doente, seminua e desde então desaparecida.

Maria Lúcia Petit da Silva (1950 – 1972) — Professora primária em São Paulo. Morta a tiros na primeira campanha de cerco e aniquilamento no Araguaia, realizada entre abril e junho de 1972. Em 1991, familiares de desaparecidos do Araguaia voltaram à região. Eles foram com integrantes da Comissão de Justiça e Paz da Arquidiocese de São Paulo e legistas da Unicamp. Conseguiram localizar ossadas que depois foram identificadas como sendo de Maria Lucia Petit da Silva, e a outra, provavelmente de um outro guerrilheiro: Francisco Manoel Chaves (1972). Ela é, portanto, a única mulher guerrilheira do Araguaia a ser identificada e sepultada por seus familiares e amigos.

Suely Yumiko Kanayama (1948 – 1974) — Professora e estudante da Faculdade de Filosofia, Ciências e Letras da USP até 1970, quando decidiu participar do movimento guerrilheiro do Araguaia. O coronel da Aeronáutica Pedro Calmon afirmou em entrevista à revista Veja, em 13 de outubro de 1993: "Suely havia sido morta no final de 1974. Seu corpo estava enterrado num local chamado bacaba, onde sob a coordenação do Centro de informações do Exército (CIE) foram construídas celas e se interrogavam os prisioneiros. Durante a operação limpeza, sua cova foi aberta e o corpo de Suely desenterrado. (…) Desenterrado, o corpo de Suely foi colocado num saco plástico e levado até meu helicóptero que o transportou para um ponto no sul da Serra das Andorinhas, a 100 km de distância. Ali (…) fizeram uma pilha dc cadáveres (…) também desenterrados de suas covas originais. Cobertos com pneus velhos e gasolina, foram incendiados.

Telma Regina Cordeiro Correia (1947 – 1974) — Era estudante de geografia da Faculdade Nacional de Filosofia da Universidade do Brasil, de onde foi excluída, em 1968, pelo Decreto-lei 477. Deslocou-se, então, para a região do Araguaia juntamente com o marido Elmo Correa, também desaparecido do Araguaia. Em depoimento ao Ministério Público Federal, em 5 de março de 2004, o ex-soldado Raimundo Antônio Pereira de Melo afirmou que: "(…) viu a tortura de três colonos, os quais foram açoitados com cipó de mororó por terem fornecido comida para as guerrilheiras Lia (Telma) e Dina (Dinalva); que a tortura dos colonos durou mais ou menos cinco dias; que após esse período, os PQDs (para-quedistas) levaram os colonos torturados para a mata com o objetivo de informar o local onde se encontravam as guerrilheiras Lia e Dina; que no dia 7 de setembro (sic) foi encontrada a guerrilheira Lia, chegando na Base de Xambioá de helicóptero, por volta de 4 ou 5 horas da tarde; que Lia foi levada para a casa de isolamento para interrogatório; que após o hasteamento da bandeira, a Lia foi encapuzada e escoltada até o aeroporto, sendo dito pelos PQDs que a mesma seguiria para Brasília de helicóptero; que o helicóptero retornou à base em aproximadamente 30 minutos sem a Lia; [...]que a Lia tinha aparência debilitada e se encontrava amarrada com as mãos para trás em um esteio de pé (...)

Walquíria Afonso Costa (1947 – 1974) — Era estudante da Faculdade de Artes da Universidade Federal de Minas Gerais. Gostava de cantar e tocar violão. Foi para a região do Araguaia em 1971, juntamente com seu marido Idalísio Soares. Segundo o depoimento de Sinvaldo de Souza Gomes, morador da região, ao Ministério Público Federal, em 3 de julho de 2001, Valquíria teria sido presa e o ex-soldado do Exército, Raimundo Nonato, assistiu a sua prisão e ficou durante três dias vigiando a guerrilheira presa e amarrada numa árvore conhecida como jacarandá, quando chegaram dois tenentes do Exército e mandaram que Raimundo Nonato cavasse um buraco no chão e, após, saísse do local por pelo menos uma hora; que quando Raimundo Nonato retornou Valquiria não estava mais lá e o buraco estava tapado com terra.

Maria Regina Marcondes Pinto (1946 – 1976) — Em 10 de abril de 1976, na cidade de Buenos Aires, foi se encontrar com o médico Edgardo Enriquez, filho do ex-ministro da Educação do governo deposto pelo golpe militar chileno, em 1973, Salvador Allende. Nunca mais foram vistos.

Nilda Carvalho Cunha (1954 – 1971) — e sua mãe Esmeraldina Carvalho Cunha (1922- 1972) — Nilda era estudante secundarista, quando foi presa em 20/8/1971 por agentes do DOI-Codi/BA, em Salvador. Segundo sua irmã Leônia Alves Cunha, "Nilda foi detida e levada para o quartel do Barbalho na madrugada do dia 19 para o dia 20 de agosto de 1971, posteriormente transferida para a Base

Aérea de Salvador; em regime incomunicável. Foi solta no início de novembro daquele ano, profundamente debilitada pelas torturas sofridas e morreu poucos dias após sua soltura, no dia 14 de novembro de 1971, com sintomas de cegueira e asfixia, provavelmente causados por envenenamento durante a prisão.

Esmeraldina Carvalho Cunha, mãe de Nilda, desesperada, passou a fazer denúncias e protestos em praça pública. Ela denunciava a morte de sua filha e responsabilizava o Exército e o Governo. Chegou a ser detida e também recebeu um recado de um estranho que dizia: "O major mandou avisar à senhora, que se não calar, nós seremos obrigados a fazê-lo." Certo dia, apareceu inexplicavelmente enforcada em Salvador, Bahia, em outubro de 1972.

Miriam Lopes Verbena (1946 – 1972) — Miriam era recém casada com Luís Alberto Andrade de Sá Benevides (1942 – 1972) e ambos foram mortos em circunstâncias não esclarecidas num suposto desastre de carro, em 8 de março de 1972, perto de Caruaru, Pernambuco.

Jane Vanine (1945 – 1974) — Era guerrilheira, sem condições de regressar ao Brasil, passou a viver no Chile, onde participava da luta contra a ditadura de Pinochet. Foi morta pela polícia chilena, em Concepción, em 4/12/1974.

Labibe Elias Abduch (1899 – 1964) — Foi morta a tiros por agentes da repressão, em frente ao Clube Militar, no Rio de Janeiro, durante manifestação contra o golpe de 1964, em 10 de abril de 1964.

Iris Amaral (1972) — Foi baleada na rua, na estrada Vivente de Carvalho, no Rio de Janeiro, em 1º de fevereiro de 1972, por policiais do DOI-Codi/RJ, quando estes perseguiam militantes políticos.

Pauline Reichstul (1947 – 1973) — Foi morta num episódio que ficou conhecido como "Chacina da Chácara São Bento", em Recife (PE), em 8 de janeiro de 1973, quando foram presos, torturados e assassinados seis militantes políticos (ela e os demais cinco: Evaldo Gomes da Silva (1942 – 1973), José Manoel da Silva (1940 – 1973), Soledad Barret Viedma (1945 – 1973), Jarbas Pereira Marques (1948 – 1973) e Eudaldo Gomes da Silva (1947 – 1973). Foram entregues pelo Cabo Anselmo, agente policial infiltrado em organizações de esquerda.

Neide Alves dos Santos (1944-1976) — Depois de ter sido presa, torturada em São Paulo pelos agentes do DOI-Codi/SP, quando houve a queda e o desaparecimento de vários dirigentes do PCB (Partido Comunista Brasileiro), inclusive Hiram de Lima Pereira (1913 – 1975), com quem ela trabalhava na gráfica do partido, Neide foi perseguida desde o final do ano até 8 de janeiro de 1976, quando sua família tomou conhecimento de sua morte em São Paulo. A versão policial é que ela teria se suicidado colocando fogo em seu próprio corpo quando andava pelas ruas do Tatuapé, um bairro paulistano. O que chama mais atenção é que não houve boletim de ocorrência, inquérito policial, ou ficha de atendimento no hospital, nem noticia em jornal. Há apenas um relatório do DOPS/SP que diz que ela foi internada no Hospital do Tatuapé, e em poder da vítima, havia sido encontrado "um caderno de anotações dizendo que a mesma pertence ao PCB", o que leva a concluir que foi um crime de natureza política e não um suicídio como versou a polícia.

Zuleika Angel Jones (Zuzu Angel) (1923 – 1976) — Era modista, costureira e designer de reconhecimento internacional. Era mãe de Stuart Edgar Angel Jones (1946 – 1971), militante desaparecido em 1971 no Rio de Janeiro, depois de preso pelos agentes do CISA (Centro de Informações de Segurança da Aeronáutica), onde foi torturado até a morte e ocultado seu cadáver. Sua mãe não se resignou, lutou durante os cinco anos seguintes, em busca de informações sobre o seu desaparecimento. Em vários desfiles feitos no exterior, denunciou a morte de seu filho e a responsabilidade das autoridades brasileiras. Não obteve resposta do estado. Foi morta no dia 14 de abril de 1976, no rio de Janeiro, num suposto acidente de carro depois de ter sido por diversas vezes ameaçada de morte pelos agentes da repressão política.

Monica Susana Pinus de Binstock (1953 – 1980) — Era argentina, nascida em Buenos Aires, militante do grupo Montoneros e mãe de duas crianças. Foi presa na Argentina e exilou-se em Cuba e depois no México. Na preparação de sua volta, iria ficar um tempo no Brasil, no Rio de Janeiro, onde seu marido já teria alugado um apartamento. Ao descer no Aeroporto do Galeão, em 12 de março de 1980, ela e um outro companheiro, também argentino, Horácio Campiglia, foram presos e desde então são desaparecidos.

Liliana Inés Goldemberg (1953 – 1980) — Era argentina, nascida em Buenos Aires. Ela juntamente com um outro companheiro, de nome Eduardo, tentaram sair do seu país para vir lutar no Brasil. Foram cercados por muitos policias e então, se envenenaram com uma pastilha de cianureto, morrendo instantaneamente, em 2 de agosto de 1980.

Solange Lourenço Gomes (1947 – 1982) — Solange foi militante de uma organização politica MR-8 — Movimento Revolucionário 8 de Outubro e não suportando a clandestinidade, acabou por se entregar às forças policiais. Mas não escapou das torturas físicas e psicológicas, o que a deixou transtornada para sempre e suicidou-se em 1º. de agosto de 1982, no Rio de Janeiro.

Na guerrilha também se aprende o feminismo

Ao participar da luta armada de 1969 até 1974, as mulheres puderam sentir as discriminações por parte de seus próprios companheiros, tanto pela superproteção como pela subestimação de sua capacidade física e intelectual. Quando caíram nas mãos do inimigo, enfrentaram a tortura e seus algozes aproveitaram-se delas para a prática da violência sexual.

Dessa vez as mulheres não precisavam vestir-se como homens para ir à guerra, como fez Maria Quitéria em outros tempos. Mas os comandantes esperavam que as guerrilheiras se comportassem como homens.

Criméia Almeida (ex-guerrilheira da região do Araguaia, hoje [1993] com 46 anos) afirma que a expectativa do comando guerrilheiro era de que a mulher tivesse "a mesma força física, os mesmos costumes e a mesma frieza para lidar com as emoções e duvidavam de nossa capacidade para desempenhar as tarefas militares".

Mas houve também homens guerrilheiros que perceberam que era preciso mudar sua atitude. Quando a morte de companheiros passou a fazer parte de seu cotidiano, os guerrilheiros se sentiram frágeis. A necessidade de extravasar a emoção da perda e da tristeza se impôs em muitas ocasiões.

Algumas guerrilheiras tentaram se aproximar do modelo masculino. Acreditavam que dessa forma seu desempenho seria melhor nas ações militares. Mas houve aquelas que aprenderam que deviam afirmar a diferença e buscar novas formas de vida e de fazer política.

Nas estratégias militares, coube às mulheres executar as tarefas de observação, levantamento de informações e preparação do apoio logístico. Mas o comando ficou a cargo dos homens. Só excepcionalmente ele coube a uma ou outra mulher.

Os homens entraram para os movimentos guerrilheiros com algum conhecimento prévio de estratégias militares e outras atividades similares. "(...) nós mulheres experimentáramos pela primeira vez as ações militares", relata a guerrilheira do Araguaia.

A inclusão de mulheres na luta armada foi resultado da exigência das próprias mulheres, que, já naquela ocasião, travavam intensos debates sobre o seu ingresso nessas organizações de esquerda. Mas o modelo masculino era considerado o ideal para a guerra e, por isso, os dirigentes não se dispunham a perder tempo em discutir a questão da mulher.

O amor e a maternidade eram vistos como *peias* que enfraqueciam os guerrilheiros. O ideal era a abstinência sexual. Como na prática isso era inviável, buscou-se negar a sexualidade, particularmente da mulher guerrilheira. Criméia afirma que não presenciou em sua militância nenhum comportamento homossexual, nem masculino, nem feminino. "Mas como não se tratava desses assuntos, não posso afirmar que não haja existido", conclui.

Tudo isso ocorria num clima de intensa afetividade entre os guerrilheiros, que viviam na selva, em condições extremamente difíceis, na clandestinidade e sob a presença constante do perigo da morte.

Quando Criméia foi presa, estava grávida de sete meses. Ela denuncia "que a violência sexual esteve sempre presente na nudez durante os interrogatórios, nos choques elétricos na barriga e seios e no que cada um dos torturadores achava de 'melhor' ou 'pior' no meu corpo; e todos foram unânimes em achar 'terrivelmente feio' um corpo de mulher grávida. Nessas condições, a mulher pode dar uma resposta inesperada — à ameaça de morte, podemos responder com uma nova vida".

A guerrilha urbana também contou com a participação da mulher. Suzana Lisboa, militante da ALN (Ação Libertadora Nacional) na década de 1970, considera que "era vantajosa, do ponto de vista do desempenho da organização, a integração de mulheres na luta armada". Ela afirma que numa "sociedade machista em que a mulher não era reconhecida e considerada, o próprio regime militar não a via, de imediato, como uma possível adversária na guerra.

De início, os militares estavam preparados para combater guerrilheiros barbudos e armados, mas não mulheres, jovens, que pudessem sair facilmente de uma ação militar e se confundir na multidão, com outras milhares de brasileiras que frequentavam as ruas e logradouros públicos".

A mulher tinha mais facilidade de obter documentos falsos. Não precisava de atestado de reservista. E, com isso, tornava-se mais fácil conseguir um emprego e manter uma "fachada legal".

Suzana conclui: "Eu mesma usava uma minissaia e os homens da repressão olhavam muito mais para as minhas coxas do que para minha barriga, onde as armas estavam escondidas".[3]

As mulheres que trabalhavam nos organismos de repressão política também eram usadas, como no caso das organizações de esquerda, para preparar emboscadas nas atividades externas, integradas nas "equipes de busca". Era comum usar um "casal de namorados" para espionar, perseguir e prender militantes da esquerda. As equipes responsáveis pelos interrogatórios eram formadas exclusivamente de homens. Eles não confiavam na capacidade das mulheres de exercer a violência até as últimas consequências.

---

3   Os depoimentos de Criméia e Suzana Lisboa foram dados à autora.

As mulheres da periferia em São Paulo

Com a intensificação do crescimento industrial o número de trabalhadores aumentou rapidamente. Para as empresas, o importante era contar com uma força de trabalho abundante e barata, que permitisse produção de um excedente elevado. A aceleração do fluxo migratório iria permitir a formação de um excedente de força de trabalho na cidade, tornando desnecessária a fixação do trabalhador na empresa. Por outro lado, o crescimento da população trabalhadora intensificou a pressão sobre a oferta de habitações populares. Ao mesmo tempo, valorizam-se os terrenos, tanto fabris como residenciais, tornando-se inconveniente para as empresas a construção de vilas operárias.

As empresas transferiram assim o custo da moradia (aquisição, aluguel, conservação do imóvel) e os de transporte para o próprio trabalhador e os custos dos serviços urbanos básicos, quando existentes, para o âmbito do Estado. Deste momento em diante, as vilas operárias tendem a desaparecer e a questão da moradia passa a ser resolvida pelas relações econômicas no mercado imobiliário. Surge no cenário urbano o que será designado 'periferia'.[1]

A partir dos primeiros anos da década de 1970, mulheres da periferia, principalmente em São Paulo, não se resignaram mais a ficar silenciosas diante da si-

---

1   Cândido Procópio Ferreira de Camargo (org.) São Paulo, 1975. *Crescimento e pobreza.* São Paulo: Loyola, 1976.

tuação. Grupos de mães e donas-de-casa, organizadas em clubes de mães, associações ou sociedades de amigos de bairro, começaram a se movimentar, por meio de abaixo-assinados e questionários, junto aos moradores de seus bairros para levantar seus principais problemas e decidir juntos como encaminhá-los. Suas primeiras preocupações foram manifestadas em cartas públicas, lidas primeiramente em algumas paróquias, durante as missas de domingo. Falavam do custo de vida, dos baixos salários e da creche. Esses grupos de mães chegaram a ir até a algumas autoridades para exigir as soluções necessárias. Foram mal recebidas e muitas vezes policiais "infiltrados" passaram a rondar os bairros onde elas moravam. Todo cuidado era pouco. Elas receberam o apoio de alguns padres e freiras. As organizações políticas de esquerda também procuravam dar orientação política a esses movimentos e deslocaram alguns militantes dos centros para as periferias. Mas o importante é que elas, corajosamente, começaram a falar de seus problemas. O principal deles era a necessidade de trabalhar fora, para ajudar na manutenção da família. Foi assim que apareceu a reivindicação de creche para a mãe trabalhadora.

Esses movimentos de mulheres surgiram em diversas regiões, num processo sempre crescente, em que a luta por seus direitos dava lugar prioritariamente às reivindicações da comunidade. Por exemplo: as mães da zona Sul de São Paulo começaram a se reunir em 1973 e dessas reuniões nasceu a luta por escolas para seus filhos, quando chegaram a fazer uma manifestação com mais de 500 mulheres na Assembleia Legislativa do Estado de São Paulo, em 1976.

Assim organizadas, começaram a se articular na luta contra a carestia, criando o Movimento do Custo de Vida — que desencadeou uma das maiores mobilizações de massa do pós-1964. Em alguns bairros levantaram a luta por creche e começaram a escrever cartas para as autoridades. Chegaram a protocolar pedidos de creche junto aos órgãos públicos. Mas essa reivindicação só vai se desenvolver com maior força política no fim da década de 1970.

Essas mulheres começaram a ter contato com feministas, que passaram a frequentar os bairros, vinculadas a grupos políticos de esquerda ou ao trabalho de paróquias. Se assuntos como aborto, sexualidade e lesbianismo são ainda hoje polêmicos, o que dizer daqueles anos que precederam 1980? Mas as mulheres da periferia começavam a se sensibilizar por seus problemas específicos, cada vez mais agravados pelas condições de vida e trabalho.

Entretanto, havia dificuldades nessa tarefa; dirigentes políticos ou religiosos do bairro cercavam as feministas para impedi-las de falar sobre sexualidade, violência sexual e doméstica, aborto e, enfim, tudo o que envolve mais de perto a condição feminina, a pretexto de que tais questões só "dividem o movimento operário", enfraquecendo a luta conjunta pelas transformações sociais. Na realidade só se permitia o debate limitado ao trabalho doméstico, à educação das crianças, à discriminação no trabalho e, no mais, a questões gerais. O estupro era uma palavra quase proibida, só usada nos meios policiais. Os próprios militantes de esquerda chegavam a afirmar que ele ocorria apenas nos países da Europa. No Brasil não havia motivo para dar tanta ênfase ao tema. Comentavam ainda que as feministas preocupadas com esse assunto estavam na verdade sendo influenciadas por ideias europeias.

Mas a feminista e a mulher da periferia conseguiram romper essa barreira e, muitas vezes, terminavam suas reuniões falando dos tais assuntos tachados de "sexistas". Era comum na época dizer que esses assuntos eram sexistas porque dividiam os homens e as mulheres, desviando-os da luta politica.

A outra dificuldade era traçar planos conjuntos de ação. Levantado o problema específico, tomara-se necessário tomar iniciativas para enfrentá-lo, o que exigia uma atuação coletiva e organizada. Nesse caso os obstáculos criados por razões ideológicas eram agravados acentuadamente pela ausência de liberdades políticas, de expressão e manifestação, já que o país vivia ainda sob a ditadura militar.

Os congressos de mulheres contribuíram significativamente para romper a barreira. Mas a necessidade de tratar dos temas feministas, como sexualidade e controle da fertilidade, por exemplo, era tão fortemente sentida por essas mulheres que muitas vezes elas compareciam espontaneamente às reuniões preparatórias das manifestações do 8 de Março, surpreendcndo até mesmo as feministas.

Numa dessas reuniões, num clube de mães, no Conjunto Lar Nacional (próximo ao bairro de Sapopemba), as mulheres começaram a falar da falta de liberdade. "Mas que liberdade a mulher tem que ter? ", perguntou uma delas. E a que começou o assunto foi logo dizendo: "Não é a liberdade de ser igual a esse homem que anda pelos bares, bebendo e mexendo com todo rabo de saia que vê pela frente. Nós queremos uma liberdade diferente, uma liberdade que a gente possa viver sem preconceito de ser mulher". Acreditamos que com essa discussão elas queriam saber sobre a identidade feminina, sobre como preservar nossas diferenças, sem, contudo, sermos discriminadas.

Movimento do Custo de Vida

Este movimento ficou conhecido nacionalmente por ter sido o primeiro movimento popular e de massas após o AI-5.[1] No início, o chamado Movimento do Custo de Vida era dirigido por mulheres da periferia e por setores da Igreja. Mais tarde mudou seu nome para Movimento contra a Carestia e nessa época já se encontrava principalmente sob a direção de sindicalistas e de agrupamentos políticos de esquerda.

Na sua primeira fase, esse movimento se expandiu por diversos estados e passou a ser um canal de expressão de todos os que procuravam lutar por seus direitos a moradia, escola, transporte, reforma agrária e melhores salários. Canalizou também os anseios de diversos segmentos impedidos de se expressar politicamente em outros espaços.

Em Brasília, no dia 27 de agosto de 1978, foi entregue ao presidente da República — general Figueiredo — um abaixo-assinado com 1,3 milhão de assinaturas, que exigia medidas de congelamento dos preços dos gêneros de primeira necessidade, aumentos reais de salários e reforma agrária. O presidente alegou que as assinaturas eram falsas e não deu nenhuma resposta.

---

1   A edição do AI-5 se deu no dia 13/12/1968. Conforme escreve o historiador Joel Rufino dos Santos, no livro *História do Brasil* (São Paulo: FTD, 1991): "O pretexto foi um discurso do deputado Márcio Moreira Alves, do MDB: ele sugeriu, em setembro, que em protesto contra a ditadura, as moçoilas não dançassem com os cadetes na festa de Independência. Os chefões militares pediram a cabeça do deputado. Em 12/12, o congresso nega a licença para processar o parlamentar. Os militares responderam com o AI-5: repressão total, intervenção nos estados e municípios, novas cassações, demissões e fechamento do Congresso".

As mulheres da periferia foram as pioneiras desse movimento e as principais protagonistas dessa iniciativa, *que* incorporou milhares de pessoas e fortaleceu as lutas em busca da democracia. Num dos documentos elaborados por elas mesmas, há um relato de como tudo começou: "(…) aos poucos, as mães, conversando umas com as outras, foram percebendo que o seu problema é o problema da vizinha também e que diante disso a gente não encontra solução sozinha. (…) Se juntar um grupo de mães de um bairro com outro, uma região com outra, *é possível* fazer com que todo o povo compreenda esses problemas, e assim encontrem uma verdadeira solução". Isso se deu ainda no ano de 1973, no governo Médici — de intensa repressão política. O movimento ia crescendo, até que essas mães aproveitaram a declaração oficial de que 1975 era o Ano Internacional da Mulher para pôr as "manguinhas de fora".

Justamente neste ano elas redigiram a primeira Carta das Mães às autoridades do país, que dizia: "Sendo o Ano Internacional da Mulher, nós, mulheres de São Paulo, nos unimos e fizemos uma pesquisa sobre o custo de vida, porque é um dos principais problemas do povo. O resultado de 2 mil pesquisas feitas por nós mostrou que, nos bairros onde moramos, as famílias têm pouco mais de cinco pessoas em média, sendo que duas trabalham e ganham em média cruzeiros 1.688,53 por mês. Só com a comida, gás e sabão, a família gasta cruzeiros 992,29. De agosto de 1974 até agosto de 1975, só a comida subiu 49%. Para conseguir sobreviver, o pai de família é obrigado a trabalhar quase dia e noite, faz muitas horas extras e quase não vê os filhos. Também a mãe trabalha. Muitas crianças em idade escolar têm que fazer biscates, como: carreto de feira, engraxar sapatos, vender bugigangas nas ruas, em vez de ir à escola. Isso tudo está prejudicando as nossas famílias".

Mais adiante, nessa mesma carta, elas escreveram: "Para aguentar essa situação, nós mulheres precisamos trabalhar, mas não temos creches para deixar nossos filhos. Eles ficam trancados em casa, se queimando, se machucando, comendo sujeira, ou soltos na rua, sem nenhuma proteção, correndo o risco de serem marginais". E concluem, com as reivindicações: controle do custo de vida, melhores salários e creches e escolas para os seus filhos.

Dessa forma, as mulheres da periferia ergueram suas vozes contra a carestia e pelas creches.

Breve história do feminismo no Brasil e outros ensaios

À medida que cresceu o movimento, entraram os sindicatos e outras instituições. A direção ficou nas mãos dos homens. E a reivindicação creche desapareceu. Mas na primeira grande assembleia do movimento, em junho de 1976, uma dessas mulheres falou: "Começamos a luta pela creche, com abaixo-assinados, já faz dois anos. Fomos à Secretaria do Bem-Estar Social, andamos de um lado pro outro, gastando dinheiro de condução, sem comer. As firmas são obrigadas por lei a ter creche. Mas não têm. A gente sente muito, porque vê as crianças judiadas, a gente fica quase o dia todo fora de casa e não tem condições de dar carinho".

Uma de suas formas de luta foi fazer mutirões para colher assinaturas de adesão ao movimento. A cada um desses mutirões se juntavam mais mulheres, que se redistribuíam nos bairros, favelas, portas de fábrica e centro da cidade. Um dia as mulheres chegaram à praça da Sé, o centro político de São Paulo, para colher assinaturas. No começo eram poucas, mas depois de algum tempo já eram mais de cem. Populares começaram a ficar curiosos para ver os cartazes carregados por elas, como um que dizia: "O preço do custo de vida sobe pelo elevador, enquanto nosso salário sobe pela escada".

No princípio, as pessoas na rua não davam muita importância àquelas mulheres e até mesmo estranhavam. "Afinal, há muito tempo que o povo não pode se manifestar", disse um dos transeuntes. Outros ficavam com medo: "Será que assinar isso não traz problemas pra gente?". As mulheres insistiam: "Pessoal, esse problema do custo de vida todos nós sentimos. Quantos de nós não deixam de comer carne porque não temos dinheiro para comprar! E quem não tá precisando de aumento de salário ?". "Ah, se esse movimento é para aumentar o salário, então é claro que eu assino", disse um rapaz. E depois que um começou, não parou mais de chegar gente para assinar. Só naquele dia, colheram mais de 16 mil assinaturas. A polícia ficou o tempo todo acompanhando o movimento. Para dimensionar o significado político dessa ação, é necessário lembrar que até aquela época as únicas manifestações nas ruas eram feitas por estudantes. E geralmente eram reprimidas por forte violência policial. E aquela, ocorrida na praça da Sé, em 22 de junho de 1978, foi a primeira manifestação popular de uma série que culminaria com o fim da ditadura militar.

Anistia ampla, geral e irrestrita

Essa palavra de ordem foi ouvida pela primeira vez por volta de 1974. Com a imprensa sob forte censura, alguma notícia sobre anistia é vazada nos jornais alternativos, por meio da palavra da Igreja. Em 1968, com a prisão dos estudantes em Ibiúna, formou-se uma comissão de mães pela libertação de seus filhos. Essa iniciativa foi o embrião da luta pela anistia.

Essa luta começou, então, pelas mulheres. No início mobilizaram-se aquelas mais próximas dos presos políticos, irmãs, esposas, companheiras e mães. Foram criadas comissões de familiares de presos e desaparecidos políticos. Mas logo receberam adesão de outras mulheres. No Ano Internacional da Mulher, elas prepararam um abaixo-assinado, acompanhado do "Manifesto da Mulher Brasileira", em favor da anistia.

Esse manifesto correu por todo o Brasil, de norte a sul, com adesões de estudantes, advogados e outros profissionais liberais, mães de família e trabalhadoras. Criou-se assim o Movimento Feminino pela Anistia.

De imediato, essa iniciativa teve repercussão mundial. Na conferência do Ano Internacional da Mulher, ocorrida no México, com a participação de duas mil mulheres do mundo inteiro, foi aprovada a moção em prol da anistia, encaminhada pela brasileira Terezinha Zerbini, uma das principais lideranças desse movimento. Todos esses movimentos passaram a integrar mais tarde o Comitê Brasileiro pela Anistia, do qual participaram mulheres e homens e que contribuiu decisivamente para a aprovação da Lei da Anistia, em 28 de agosto de 1979.

No Congresso Nacional pela Anistia, realizado em janeiro de 1979, uma comissão de mulheres sugeriu a unificação da campanha pela anistia com os movimentos que tratavam das reivindicações específicas da mulher. Para uma atuação imediata, a comissão definiu os seguintes pontos:

- levantamento de todas as mulheres brasileiras atingidas pela repressão, lutando pelas liberdades democráticas;
- uma campanha de verdadeira comemoração do Ano Internacional da Criança (1979), com a denúncia de todas as violências e arbitrariedades cometidas contra menores;
- denúncia dos problemas das crianças impossibilitadas de possuir registro de nacionalidade e as crianças atingidas, juntamente com seus pais, pelos órgãos de repressão;
- uma campanha de assistência às presas políticas.

Considerando ainda que a brutalidade policial contra a população brasileira tem como objetivo a intimidação do povo, a comissão de mulheres também propôs que os atos de repressão em geral fossem denunciados por:

- levantamento de casos de violência em locais de trabalho;
- divulgação de casos de violência sexual;
- levantamento de casos de mulheres que sofreram violência policial;
- levantamento de menores presos, torturados e mortos pela repressão.

1975, o Ano Internacional da Mulher

O ano de 1975, por iniciativa da ONU (Organização das Nações Unidas), foi considerado o Ano Internacional da Mulher. No Brasil, algumas mulheres já se encontravam de certa maneira organizadas — com muitas dificuldades, é claro. Com a repressão política nas fábricas e nos sindicatos, os bairros populares de periferia transformaram-se em espaços de resistência, estimulados pelas mulheres, que constituíam a própria vida desses bairros.[1]

São elas que geralmente reclamam da falta de escola, do custo de vida, dos salários baixos, das crianças desnutridas. Assim é que nos clubes de mães, enquanto teciam o tricô, elas falavam "do governo distante do povo". As mulheres parentes dos presos políticos, com o apoio de advogados, religiosos e estudantes, começaram a dar seus primeiros passos para reivindicar a anistia.

Graças ao desempenho das mulheres, 1975 tornou-se de fato o marco histórico para o avanço das ideias feministas no Brasil. Sob uma ditadura militar, mas com o apoio da ONU, a mulher brasileira passou, então, a ser protagonista de sua própria história, em que a luta por seus direitos específicos se fundia com as questões gerais. Respondia de maneira forte aos anseios da época: de se expressar, de falar, de enfrentar, de agir.

No começo, poucas e tímidas, mais intuitivas do que conscientes, as primeiras mulheres encontravam outras, muito assustadas, que tentavam resistir-lhes ao apelo, mas acabavam cedendo. Encontrando-se e desencontrando-se, as mulheres criaram condições para um feminismo vinculado aos interesses

---

1 No dia 25 de outubro de 1975 é preso e assassinado sob torturas, nas dependências do DOI-Codi/SP (Operação Bandeirante), o jornalista e diretor da TV Cultura, Wladimir Herzog.

populares, particularmente dos trabalhadores. Antes de 1975, algumas mulheres, pertencentes a universidades e centros de pesquisa, já começavam a estudar a condição feminina sob um prisma feminista. Em 1969, Heleieth Saffioti escrevera o livro *A Mulher na Sociedade de Classes: Mito e Realidade*, que muito contribuiu para abrir horizontes. Mas é em 1975 que as ideias feministas, de exigir a igualdade de direitos e questionar o papel de submissão da mulher, vão começar a ter ressonância junto à opinião pública.

Enquanto as mulheres dos países europeus e norte-americanos viam com desconfiança a iniciativa da ONU, no Brasil ela cai como uma luva: excelente instrumento legal para fazer algo público, fora dos pequenos círculos das ações clandestinas.

Maria Moraes afirma no seu livro *Mulheres em Movimento* que o Ano Internacional da Mulher constituiu "um ponto de referência fundamental para a compreensão do movimento de mulheres. A iniciativa da ONU foi particularmente importante para as mulheres brasileiras por ter propiciado um espaço de discussão e organização numa conjuntura política marcada pelo cerceamento das liberdades democráticas".

Em dezembro sai outro número do jornal. A editorialista Joana Lopes aproveita a oportunidade para fazer um breve balanço do Ano Internacional da Mulher e um apelo para dar continuidade ao "empenho de homens e mulheres em prol da emancipação feminina e daqueles que se encontram mutilados por qualquer forma de discriminação".[2]

Mas o jornal só vai usar a palavra feminismo na edição nº 2, publicada no início de 1976, quando diz: "O Brasil está, pouco a pouco, timidamente, entrando para os países onde o feminismo — Movimento de Libertação da Mulher — se afirma e se organiza".

O uso do termo feminismo incomoda muitas mulheres, incluindo algumas que compõem a própria equipe de elaboração desse periódico.

Se hoje há ainda um grande estigma contra a palavra feminismo, o que dizer, então, daquela época?

---

2   Jornal *Brasil Mulher*, 1975- 1980

Até mesmo intelectuais de vanguarda tinham dificuldades em se assumir como feministas. Heleieth Saffioti fala sobre isso numa entrevista ao jornal *Mulherio* (nº 6, de março e abril de 1982):

> Na verdade, eu sempre relutei em me dizer feminista no Brasil. No passado, esse termo tinha uma carga ideológica muito grande e ainda apresenta uma carga razoável. Eu gosto de dizer: eu sou feminista, mas o meu feminismo é este (...) porque eu tenho muito medo que tomem o meu feminismo através dessa adulteração que se fez do termo que interessa muito à ditadura, de entender que esta é uma luta das mulheres contra os homens, e eu não quero de maneira alguma ser interpretada dessa forma. Tenho muito respeito pelos homens. Acho que eles também são vítimas dessa sociedade, embora nós sejamos mais vítimas do que eles.

O *Brasil Mulher* se propunha principalmente a defender a Anistia a todos os presos e perseguidos políticos. E com isso ele rapidamente se afirma frente às forças políticas de oposição ao regime militar. Exemplares desse jornal chegavam a vários estados. Em diversos deles, como Bahia, Rio de Janeiro, Paraíba e Maranhão, além de São Paulo, as mulheres se organizavam para lê-lo, distribuí-lo e enviar notícias para a próxima edição.

No final de 1975, estão tecidos os primeiros fios de uma rede que vai se estender por todo o território nacional, e a questão da mulher se transformará em temas de debates e de discórdias político-partidárias, eleitorais e públicas.

O jornal *Brasil Mulher* saiu de outubro de 1975 a março de 1979. Começou a ser editado por Joana Lopes, de Londrina, no Paraná, com uma equipe de sete mulheres, que depois se ampliou para 25. A partir do seu segundo número, foi transferido para São Paulo. Sua tiragem oscilava entre 5 mil e 10 mil exemplares e sua periodicidade era irregular, ora bimestral, ora trimestral. Em 1977, Joana Lopes deixa a equipe do jornal por divergências internas.

Jornal Nós Mulheres

Em junho de 1976, foi publicado o primeiro número do jornal *Nós Mulheres*[1] Esse jornal contribuiu de forma decisiva para o avanço das ideias feministas e para o combate à discriminação. No seu primeiro editorial, está escrito:

> Achamos que Nós Mulheres devemos lutar para que possamos nos preparar, tanto quanto os homens, para enfrentar a vida. Para que tenhamos o direito à realização. Para que ganhemos salários iguais quando fazemos trabalhos iguais. Para que a sociedade como um todo reconheça que nossos filhos são a geração de amanhã e que o cuidado deles é um dever de todos e não só das mulheres. É possível que nos perguntem; Mas se as mulheres querem tudo isto, quem vai cuidar da casa e dos filhos?. Nós responderemos: o trabalho doméstico e o cuidado dos filhos é um trabalho necessário, pois ninguém come comida crua, anda sujo ou pode deixar os filhos abandonados. Queremos, portanto, boas creches e escolas para nossos filhos, lavanderias coletivas e restaurantes a preços populares para que possamos junto com os homens assumir as responsabilidades da sociedade. Queremos também que nossos companheiros reconheçam que a casa em que moramos e os filhos que temos são deles e que eles devem assumir conosco as responsabilidades caseiras e nossa luta é por torná-las sociais. Mas não é só. Nós mulheres queremos, junto com os homens, lutar por uma sociedade mais justa,

---

[1] O primeiro número do jornal *Nós Mulheres* foi financiado pela cantora Elis Regina, falecida em 19/1/1982.

> onde todos possam comer, estudar, trabalhar em trabalhos
> dignos, se divertir, ter onde morar, ter o que vestir e o que cal-
> çar. E, por isto, não separamos a luta da mulher da de todos,
> homens e mulheres, pela sua emancipação

E as responsáveis pelo jornal concluem o editorial proclamando-se feministas: *"Para que possamos ter um espaço nosso, para discutir nossa situação e nossos problemas. E também, para pensarmos juntas nas soluções"*.

Nós Mulheres e *Brasil Mulher*, juntos, fortaleceram as reivindicações femininas e ajudaram as mulheres a tomar consciência da sua condição. Cada um a seu modo, é claro. Ao se colocarem a serviço das mulheres das camadas populares, esses jornais trouxeram para o debate, ainda incipiente, a necessidade da transformação econômica e social, para que as condições de vida e trabalho de ambos os sexos se tornassem adequadas.

Assim, o novo feminismo, que surgiu no decorrer da Década da Mulher, trouxe no seu bojo compromissos com ideais democráticos e socialistas. Mas as dificuldades encontradas foram muitas, mesmo entre mulheres e homens reconhecidos como portadores de ideais progressistas, que resistiam a discutir o feminismo como algo necessário. Grande parte das lideranças da esquerda (homens e algumas mulheres) afirmava que "o feminismo tem um caráter divisionista e pretende favorecer as classes dominantes".

A proposta de *Nós Mulheres* de socializar o trabalho doméstico pela criação de equipamentos sociais, como creches, lavanderias e refeitórios públicos, era considerada absurda também por ativistas de esquerda, pois a maioria do povo brasileiro tinha problemas mais prioritários, como a fome e a falta de liberdade. Mas as ideias do jornal propiciavam debates nas escolas e bairros de periferia.

No seu primeiro número, o jornal *Nós Mulheres*[2] publicou o depoimento de uma mulher negra carioca que denunciava o racismo no Brasil.

A equipe do jornal era composta da jornalista responsável, Marisa Correa, e mais uma equipe de quase trinta colaboradoras. Ele deixou de circular em 1978 e sofreu oscilações na tiragem e na periodicidade.

---

2 São Paulo, junho de 1976.

Mulherio

Mais tarde, em 1981, um grupo de mulheres feministas lançou, em São Paulo, um jornal bimestral tendo como jornalista responsável Adélia Borges. A sede do jornal ficava na Fundação Carlos Chagas. O seu conselho editorial era composto de pesquisadoras, professoras e jornalistas engajadas com a problemática feminista. Era o *Mulherio*.

O *Mulherio* foi uma iniciativa extremamente oportuna, já que era a única publicação nacional que podia responder a algumas indagações sobre as atualidades do feminismo na época. Pois a divisão do movimento de mulheres em São Paulo, que ocorreu naquele ano, deixou perplexas e indagativas feministas espalhadas por este Brasil afora e até mesmo algumas que se encontravam no exterior.

Houve leitoras que reclamaram do nome do jornal por considerá-lo por demais "poluído", como Naomi Vasconcelos, que escreveu uma carta publicada na edição de setembro/outubro de 1981 do jornal. O jornal foi fartamente consumido e já no seu terceiro número possuía cerca de mil assinantes. Era também vendido em livrarias e distribuído por entidades e grupos de mulheres.

Tratava de temas candentes do feminismo: a extensão da licença-maternidade para os pais (o jornal foi precursor dessa ideia no Brasil), a democracia doméstica, a situação da mulher negra e a existência de um movimento de mulheres negras.

Em 1982 divulgou as propostas das candidatas para o Legislativo que se declaravam defensoras das "bandeiras feministas", tais como:

- o direito a creche para que o Estado também assuma a responsabilidade dos encargos da maternidade;
- a descriminalização do aborto;

- o direito à aposentadoria aos 25 anos de serviço.

O jornal *Mulherio* teve uma duração bem maior do que os anteriores, que vai de 1981 até os idos de 1987. Era um jornal estruturado sob um esquema profissional e recebia financiamentos da Fundação Ford e da Fundação Carlos Chagas. Mesmo assim enfrentou sérias crises financeiras. A edição nº 15 (setembro e outubro de 1983) estampava um apelo na capa — "*Mulherio* não pode parar". Ficou sete meses fora de circulação. Mas voltou no final da campanha das "Diretas, Já" (mobilização pelo voto direto para presidente da República) — edição de maio/junho de 1984. Voltou preocupado com a crise do feminismo mas sem perder a picardia e o entusiasmo. Adélia Borges escreveu o artigo "Vamos que vamos", que destrincha os recuos das pioneiras contemporâneas do feminismo. Falou de Betty Friedan, que escrevera outro livro, *A Segunda Etapa*, onde propõe a volta das mulheres para a família. Uma guinada fantástica para trás, particularmente para quem, em 1963, "construíra as bases do feminismo americano com *A Mística Feminina*, um retrato doloroso do enclausuramento da dona-de-casa".

Adélia mostrou também que as crises "não estão só nos livros" mas também no cotidiano dos grupos feministas. Segundo o artigo, em São Paulo "muitas líderes do movimento, aquelas que organizaram as comemorações do 8 de Março, estão sem motivação para a militância". Citou também um grupo do Rio Grande do Sul, Costela de Adão, que não se reunia havia uns dois anos "por motivo de autodissolução".

Adélia quis buscar as causas. Pegou o exemplo de dona Maria, que "não saiu do tanque e ao mesmo tempo saiu para fazer todas as outras coisas, num esforço desesperado e cansativo de travestir-se de mulher-maravilha e, dá-lhe culpa, não conseguiu eficiência em tudo". E tem mais: à entrada das mulheres no "mundo masculino" não correspondeu uma entrada dos homens no "mundo feminino". As tarefas domésticas continuam sendo "coisas de mulher". Muitas vezes, as mulheres repetem o comportamento masculino. E numa dessas, é como escreveu Rosiska de Oliveira, a proposta de igualdade transformou-se "em apenas semelhança, ou melhor, caricatura".

8 de março, Dia Internacional da Mulher no Brasil

A partir da retomada do feminismo, o movimento de mulheres e grupos autônomos começaram a se reunir e realizar atividades públicas no dia 8 de março – dia internacional da mulher, para celebrar e trazer à memória histórica e política o significado da data.

No texto original deste livro, eu conto a história que nós feministas ouvimos nos anos de 1970 sobre a origem do 8 de março, como dia internacional da mulher e a divulgamos por décadas, em falas públicas, panfletos e textos. Mantenho o texto original, mas obviamente coloco a versão atualizada da origem desta data. Quanto à primeira versão, não há nenhuma documentação que confirme os fatos, enquanto a história da origem do 8 de março, que só vai se tornar conhecida no século XXI, quando este livro já tinha sido publicado, traz a luta das mulheres russas no processo revolucionário, com provas contundentes.

Algumas feministas, estudiosas sobre o tema, passaram a contestar a versão até então apresentada sobre a origem do dia internacional da mulher – 8 de março – devido à falta de registro sobre o incêndio numa fábrica naquele dia no ano de 1857, em Nova York, com a morte de 128 ou 129 operárias.

Há registros e estudos sobre o incêndio em Nova York, em 1911, no dia 25 de março, ocorrido na "Triangle Shirtwaist Company", uma fábrica de confecção de roupas. Na ocasião 146 trabalhadores morreram, sendo 125 mulheres. Esse fato está devidamente comprovado e faz parte, sem dúvida, da história das mulheres.

No entanto, não explica a origem da data do dia 8 de março como dia internacional da mulher. [1]

Portanto, aqui reproduzo, primeiramente, a versão original do meu livro, publicado em 1993.

A história dessa data se refere à greve das operárias têxteis da Fábrica Cotton, ocorrida em Nova York (EUA) em 1857. Na ocasião as forças policiais atearam fogo à fábrica para reprimir aquelas que insistiam na greve, quando então morreram 129 operárias queimadas. Elas reivindicavam a redução da jornada de trabalho para dez horas diárias e o direito à licença-maternidade. No II Congresso de Mulheres Socialistas, realizado em Copenhague (Dinamarca), a comunista alemã Clara Zetkin propõe que se consagre o dia 8 de março como o Dia Internacional da Mulher, numa homenagem àquelas operárias.

História semelhante tem o 1º de Maio — Dia Internacional do Trabalhador. Em Chicago (EUA), em 1886, operários entraram em greve pela redução da jornada de trabalho para oito horas diárias. Na ocasião, alguns de seus líderes foram condenados à morte e enforcados em praça pública. Por isso essa data passou a ser consagrada como o Dia Internacional do Trabalhador. Em diversos países do mundo, é feriado nesse dia. Mas o 8 de Março ainda não recebeu tratamento idêntico, nem mesmo por parte dos trabalhadores, o que por si só indica o quanto tem sido tortuoso o caminho em defesa da libertação da mulher.[2]

Agora apresento a versão atualizada.

---

[1] Informações extraídas do texto: 8 de março: conquistas e controvérsias, por Eva Alterman Blay, abril de 2004, acessado em 29/04/2013, em http:www.piratininga.org.br/2004/01/blay-8demarco.html.

[2] Na Grande São Paulo, desde 1979, no 1º. de Maio, uma representante do movimento de mulheres tem tido direito à palavra nas manifestações públicas. No 1º de Maio de 1989, no ato realizado na praça da Sé, em São Paulo, promovido pela Central Única dos Trabalhadores (CUT) —, as mulheres não tiveram direito à palavra.

Em 2005, foi lançado em portuguê, o livro de Ana Isabel Álvarez: As origens e a comemoração do Dia Internacional das Mulheres", que nos esclarece a origem da data inclusive com documentos anexados de Alexandra Kollontai[3] que revelam como nasceu o "dia da mulher".[4]

No, início do século XX, nos idos de 1910, o direito ao voto era a principal bandeira das mulheres em várias partes do mundo. As mulheres comunistas, como Alexandra Kollontai e Clara Zetkin[5], entendiam que o avanço de conquistas no sentido da emancipação das mulheres estava vinculado ao reconhecimento do voto feminino.

Clara Zetkin propôs a criação de um Dia Internacional da Mulher durante a 2ª. Conferência Internacional de Mulheres Socialistas, que ocorreu em Copenhague, em 1910. É muito provável que ela tenha se inspirado nas socialistas dos Estados Unidos que desde 1908, realizavam uma manifestação de mulheres, *Woman's Day*. Tratava-se de uma comemoração pela conquista do sufrágio feminino.

As celebrações do *Woman's Day* eram realizadas em diversas cidades e a sua data foi estabelecida para o último domingo de fevereiro. Mas devido a fatores locais, houve comemorações que ocorreram em outras datas próximas àquela designada. Tiveram tanto sucesso que se decidiu para que se tornasse um evento anual.

Mas o que determinou a escolha de uma data unificada em torno do 8 de março foi a manifestação das mulheres na Rússia, em 1917, ano da revolução russa. Alexandra Kollontai, comunista que participou do evento, escreveu um documento, no qual ela descreve assim a indignação das mulheres:

> Em 1917, no dia 8 de março (23 de fevereiro), no Dia das
> Mulheres Trabalhadoras, elas saíram corajosamente às ruas

---

3   ALEXANDRA Kollontay (1872-1952). Militou na Revolução Russa de 1917, com atuação voltada principalmente junto às trabalhadoras.

4   GONZALEZ, Ana Isabel Álvarez. *As origens e a comemoração do Dia Internacional das Mulheres*. São Paulo: SOF – SempreVia Organização Feminista e Expressão Popular, 2005.

5   Clara Zetkin (1857-1933) foi militante marxista alemã e se destacou por sua atuação feminista socialista.

de Petrogrado. As mulheres – algumas eram trabalhadoras, algumas eram esposas de soldados – reivindicavam "Pão para nossos filhos" e "Retorno de nossos maridos das trincheiras". Nesse momento decisivo, o protesto das mulheres trabalhadoras era tão ameaçador que mesmo as forças de segurança tsaristas não ousaram tomar as medidas usuais contra as rebeldes e observavam atônitas o mar turbulento de ira do povo. O Dia das Mulheres Trabalhadoras de 1917 tornou-se memorável na história. Nesse dia as mulheres russas ergueram a tocha da revolução proletária e incendiaram todo o mundo. A revolução de fevereiro se iniciou a partir desse dia.[6]

De fato houve um incêndio de grande repercussão e, registrado e lembrado pelo movimento feminista, que foi o da fábrica de confecções Triangle Shirtwaist Company, em Nova York. Mas o incêndio ocorreu em 25 de março de 1911, portanto 6 dias depois de ter sido comemorado o primeiro Dia Internacional da Mulher, no Estados Unidos, realizado em 19 de março de 1911. Nessa tragédia, foram mortas, queimadas, 142 trabalhadoras.

Esta contribuição da autora é de extrema importância, em primeiro lugar, porque recupera a história de luta das mulheres. E também valoriza e reconhece o marco teórico socialista, o qual, na época, se chamou "a questão da mulher", que deu grandes impulsos à luta contra a opressão das mulheres.[7]

Antes de 1964, o 8 de Março era comemorado no Brasil.

Em 1976, ocorre a primeira comemoração pública dessa data após 1964. No auditório do Masp (Museu de Arte de São Paulo) reuniram-se por volta de 300 pessoas, convidadas pelo jornal *Brasil Mulher* e pelo Movimento Feminino pela Anistia. Havia uma maioria de homens no plenário. Ao que parece, havia

---

6   GONZALEZ, Ana Isabel Álvarez – *As origens e a comemoração do Dia Internacional das Mulheres*, 2005, p. 198.

7   A autora destaca a contribuição de Friederich Engels, com o livro: *A origem da família, da propriedade privada e do Estado*, em 1884, e August Bebel em *A mulher e o socialismo*, em 1879.

Breve história do feminismo no Brasil e outros ensaios

também alguns outros grupos de mulheres. Na oportunidade foram levantadas algumas reivindicações da mulher, mas a questão da anistia teve maior destaque. Uma representante das mulheres negras, homossexual, pediu a palavra para denunciar a discriminação que sofrem os homossexuais e principalmente a lésbica. Fato que causou espanto e mal-estar, pois ninguém naquela época falava sobre homossexualiadade, muito menos em público. Além disso, as mulheres que iniciaram a luta feminista eram, como às vezes o são até hoje, chamadas de lésbicas ou "sapatão" (o termo mais popular). Por isso ninguém comentou o que falou a lésbica, para que o assunto caísse no esquecimento. Aliás, a fala dessa negra incomodou mais do que a presença dos policiais que procuravam intimidar as manifestantes. Com eles, as militantes já estavam "acostumadas".

Essa manifestação no 8 de Março teve uma importância fundamental, pois a data e o seu significado já começavam a cair no esquecimento, mesmo dos revolucionários da época.[8]

Nos anos seguintes, o 8 de Março, sua preparação e sua manifestação passaram a ser fator de aglutinação e articulação das mulheres, de encontro de donas-de-casa, operárias e intelectuais na defesa de lutas gerais e específicas.

Em 1977, no auditório da Fundação Getúlio Vargas, em São Paulo, dobra o número de participantes. Desta vez são mais de 600 pessoas, entre elas muitos homens.

Mulheres de vários setores fizeram uso da palavra. Falavam do custo de vida, da necessidade das creches, das condições precárias de moradia. Uma operária têxtil, Olga, defendeu a aposentadoria para a mulher aos 25 anos de tempo de serviço. E finalizou assim o seu discurso: "E isso não é privilégio ne-

---

8   No 8 de Março de 1973, numa das celas situada no porão do antigo DOPS (Departamento de Ordem Política e Social, órgão estadual usado para repressão política, fechado mais tarde pelo governo Montoro em 1983 e transformado em órgão da polícia estadual), em São Paulo, eu, Maria Amélia de Almeida Teles, a única presa política naquele local, gritei através das grades: "Viva o 8 de Março – Dia Internacional da Mulher". Os outros presos políticos, originários das diversas organizações de esquerda, PCdoB, ALN, POC, PCB etc, pensaram que eu estivesse usando de algum pretexto para me comunicar com eles, recurso comum de que todos nós lançávamos mão. Na verdade, eles nunca tinham ouvido falar dessa data.

nhum, pois 25 anos de trabalho na fábrica mais 25 anos de trabalho em casa são 50 anos de trabalho; portanto onde está o privilégio?"

Uma trabalhadora a domicílio também trouxe à manifestação os problemas que enfrentava: "Sou esposa de um operário, moro na periferia, meu marido ganha pouco mais de um salário mínimo, tenho quatro filhos, por isso não foi possível arrumar trabalho fixo, pois tenho que cuidar das crianças. Assim, tive que pegar serviço de costura para fazer em casa. Trabalhamos muitas horas, até emendar a noite. Não temos direito à aposentadoria, assistência médica, abono, porque não somos registradas, e ainda temos a responsabilidade de transportar as peças para costurar. Se perdemos uma que seja, temos que pagar".

A representante do Clube das Empregadas Domésticas denunciou: "Nós trabalhamos até 17 horas por dia e ninguém toma providências. As empregadas domésticas são moças que chegam do interior e normalmente não são tratadas como seres humanos. Até pra namorar, elas têm que namorar longe da casa onde trabalham".

É interessante destacar a reação da grande imprensa. O *Jornal da Tarde* publicou uma reportagem de página inteira, com a seguinte manchete: "Nossas irrequietas feministas e todos seus pedidos. Um deles: um lugar para namorar", assinada pela repórter Sheila Lobato.[9] Sem dúvida, essa matéria era uma tentativa de desmoralizar o movimento, que já começava a demonstrar sua força. A reportagem tentou isolar as feministas, buscando impedir novas adesões.

Ainda no ano de 1977, no Rio de Janeiro, o Centro da Mulher Brasileira promoveu o 1º Encontro da Mulher que Trabalha. Essa entidade estava voltada para a situação das creches e o atendimento da mulher na área da família.

Sob os mais diversos temas e com um grande elenco de bandeiras, o 8 de Março passou a ser um momento de encontro das mulheres, com diferentes propostas políticas, cujo denominador comum é o combate à discriminação milenar.

---

9 LOBATO, Sheila. *Jornal da Tarde*, 9/3/1977.

A questão feminista vai além do 8 de Março

No Brasil, principalmente no Rio e em São Paulo, o movimento de mulheres veio acumulando força e experiência. A presença da mulher começou a incomodar dentro dos sindicatos, na Igreja e nos movimentos sociais e políticos. Em quase todas as reuniões, uma mulher pedia a palavra e falava sobre a especificidade feminina.

As questões surgidas nos 8 de Março passaram a ser levantadas também em outras diferentes ocasiões. A luta da mulher por suas questões específicas ganhou caráter cotidiano.

Em 1977, o governo anunciou a abolição da proibição do trabalho noturno para as mulheres. Estas, incluindo muitas sindicalistas, se organizaram para protestar contra o projeto de lei do governo Geisel.

Foi implantado também pelo governo o Programa de Prevenção à Gravidez de Alto Risco. Profissionais de saúde e feministas protestaram com veemência contra esse programa.

Elas viam nessa iniciativa governamental uma farsa para impedir o controle da natalidade. Os critérios adotados por esse programa eram uma forma de discriminar ainda mais as mulheres das camadas populares.

As mulheres com mais de 30 anos, mais de três gestações, cardíacas e desnutridas estavam incluídas na gravidez de alto risco. Ou seja, 70% das mulheres brasileiras em idade fértil se encontravam nessa situação. Porém o programa orientou também as mulheres a usar a pílula, método anticoncepcional que devido às diversas contra-indicações, talvez fosse o menos adequado nesse caso, pois provocaria riscos ainda maiores, conforme nota emitida pela Associação de Médicos do Estado do Rio de Janeiro.

O divórcio transformou-se em lei, finalmente, num momento em que o Congresso estava fechado e novas cassações eram feitas.

No mercado de trabalho, continuou crescendo o número das mulheres. Dos 40 milhões de trabalhadores, 28,9% eram mulheres, ou seja, quase 12 milhões de trabalhadoras.

Mesmo sob censura, apareciam denúncias na imprensa. A *Folha de São Paulo* de 7 de julho de 1977 alertou sobre as péssimas condições de trabalho das castanheiras, que podiam levá-las à loucura.

O *Brasil Mulher* de junho de 1977 mostrou a situação da professora no Estado do Paraná, que durante as suas férias trabalhava de boia-fria para garantir a sobrevivência de sua família.

Enquanto isso, na favela da Rocinha, Silvana, dona-de-casa e mãe de quatro filhos, era eleita presidente da Associação de Moradores da Rocinha.

As empregadas domésticas, que só em 1973 tinham conseguido o direito a férias, se organizavam em suas entidades.

Ainda em 1977, no dia 28 de abril, foi instalada no Congresso Nacional a CPI (Comissão Parlamentar de Inquérito) da Mulher. Mas a mulher trabalhadora foi impedida de participar. Só pôde falar quem apresentava um "currículo" previamente aprovado pelos integrantes da comissão. Alegou-se ainda que as mulheres trabalhadoras são inibidas, o que as impedia de fazer uso da palavra no Congresso.

Na reunião da Sociedade Brasileira para o Progresso da Ciência (SBPC), houve pesquisadoras que apresentaram trabalhos sobre a condição da mulher. Foram feitas duas comunicações, foi realizado um simpósio sobre "Implicações das Pesquisas sobre Problemas da Mulher no Brasil" e foi ministrado um curso sobre Mulher e Trabalho. O movimento estudantil foi barbaramente reprimido em São Paulo e duas mulheres ficaram queimadas no Tuca, teatro da PUC (Pontifícia Universidade Católica), por bombas atiradas pela polícia sob o comando do coronel Erasmo Dias.[1]

---

1   O coronel Erasmo Dias, na época secretário de Segurança do Estado de São Paulo, elegeu-se deputado estadual. Em depoimento prestado à CPI dos Desaparecidos Políticos (de 17/9/1990 a 5/5/1991) na Câmara Municipal de São Paulo, o coronel justificou a queimadura das moças da seguinte forma: "A culpa foi delas, que foram a uma manifestação proibida — porque era ilegal — de meias, calcinhas e sutiãs de náilon. E todo mundo sabe que esse tipo de tecido é altamente inflamável. Eu tinha que jogar as bombas porque os estudantes estavam proibidos de protestar. O que eu aconselho é para as moças não usarem esse tipo de tecido quando forem em manifestações proibidas".

Movimento de luta por creche

A falta de creche foi e é ainda um assunto sempre presente nas reuniões de mulheres da periferia e de algumas sindicalistas. E uma das bandeiras prioritárias. Em alguns bairros de São Paulo, a luta por creche adquiriu tanta força, que a prefeitura implantou um convênio para fazer creches comunitárias, experiência que se revelou muito significativa para o movimento.

Foi, no entanto, o I Congresso da Mulher Paulista, em 1979, que permitiu a criação do Movimento de Luta por Creche, abrangendo a totalidade dos interessados: bairros, sindicatos e grupos feministas. Nesse evento, a creche apareceu como a reivindicação mais elaborada e eleita como principal. "Creches totalmente financiadas pelo Estado e empresas, próximas aos locais de moradia e trabalho, que não sejam meros depósitos de crianças e que contem com a participação dos pais na orientação pedagógica", exigiram as participantes desse congresso.

À medida que o movimento foi crescendo, surgiram coordenações centrais e regionais, para dar maior mobilidade e facilitar a participação do pessoal do bairro, que lutou mais fortemente. Os dirigentes sindicais, afinal, tinham outras prioridades, como a estabilidade e os salários.

Rapidamente outras cidades paulistas e outros estados (Rio de Janeiro e Rio Grande do Sul) aderiram ao movimento. A luta por creche levou a um grande debate ideológico a respeito do papel da mulher e da família. A creche é mesmo o lugar ideal para educar as crianças? O desempenho das feministas foi valioso para combater a ideia de que o filho só será bem criado com a participação direta da mãe. "O filho não é só da mãe" é o primeiro *slogan* do movimento unificado, uma contribuição das feministas.

A seguir, veio o combate ao caráter de orfanato ou de depósito de crianças que caracterizava as poucas creches existentes. O movimento exigiu que a creche devia ser encarada, tanto pelo Estado como pela sociedade, como um direito da criança à educação, pois "os nossos filhos podem e devem ser educados desde bebês". A participação de adultos especializados em educação é conveniente e necessária para "que nossos filhos não fiquem abandonados, sem receber os cuidados adequados".

Quando o movimento foi à prefeitura, outra palavra de ordem apareceu: "Creche e eleição têm que ser diretas". A creche deve ser pública e gratuita, porque "somos trabalhadores, construímos as riquezas do país e pagamos impostos ao Estado. Nada mais justo que o Estado reverta a favor dos nossos filhos, futuros trabalhadores do país", é o que prega o Movimento de Luta por Creche. Na época, o prefeito de São Paulo (e de outras capitais) era nomeado pelo governador e não eleito diretamente pelo povo.

A partir desse momento, foram inúmeros os abaixo-assinados, acompanhados do desenho da área onde poderia ser construída a creche no bairro. As músicas infantis transformaram-se no brado de guerra do movimento. Nas manifestações junto ao gabinete do prefeito, as centenas de mulheres, acompanhadas de seus filhos, cantavam essas músicas com letras adaptadas: "Eu fui à Prefeitura/ buscar creche, não achei/ achei tanta promessa/ quase que eu desanimei./ Olhe, seu prefeito/ eu sou uma criança/ mas sei meus direitos. /O meu pai trabalha duro/ o dinheiro nunca dá/ eu preciso de uma creche/ pra mamãe ir trabalhar" (paródia da cantiga de roda *Eu fui no Itororó*).

Quando o prefeito construía uma creche no bairro, as mulheres logo emendavam mais um verso à cantiga de roda: "Essa creche vai ser boa/ mas só vai caber uns cem/ e tem mais de mil no bairro/ esperando a vez também".

O movimento conseguiu, no início da implantação das creches, fiscalizar a qualidade dos serviços prestados, o que garantiu um bom atendimento e fez com que moradores de outros bairros passassem a dar mais crédito à iniciativa e se empenhar mais na luta.

Esse movimento trouxe à tona a situação da criança filha da família trabalhadora. Mais do que isso, rompeu com o estigma do conceito de creche, visto antes somente como instituição assistencialista e não um "lugar onde a criança poderia desenvolver de maneira saudável suas potencialidades".

Com essa luta foi criada a primeira rede municipal de creches no Brasil: havia na cidade de São Paulo quatro creches diretas; elas passaram a ser 134. Cresceu também o número de creches conveniadas.

Mais tarde, em 1984, o Conselho Estadual da Condição Feminina de São Paulo fez um levantamento da situação das creches nas empresas privadas. Constatou-se que, das 60 mil indústrias do Estado de São Paulo, apenas 38 mantinham berçários e creches nos locais de trabalho. E a grande maioria dessas creches foi construída a partir de 1979, o que demonstra a força desse movimento.

Em maio de 1982, foi introduzido na Constituição paulista um dispositivo que dispunha sobre a criação de creches para os filhos de funcionárias públicas até sete anos de idade. A regulamentação desse dispositivo pelo governador Montoro possibilitou a criação de mais de uma centena de Centros de Convivência Infantil. Essa denominação se deveu à existência de preconceito contra o termo creche por parte dos funcionários públicos.[1]

No 1º de Maio de 1979, diante de milhares de trabalhadores, no Estádio da Vila Euclides, em São Bernardo do Campo, na Grande São Paulo, as mulheres lançaram um importante manifesto, onde denunciavam as condições do trabalho feminino e reivindicavam a criação de creches nos bairros e locais de trabalho.

---

1   Na Constituição Federal, promulgada no dia 5/10/1988, ficou estabelecido o direito de creche para os filhos dos trabalhadores, com o seguinte enunciado: "Assistência gratuita aos filhos e dependentes desde o nascimento até seis anos de idade em creches e pré- -escolas". Capítulo II, Dos Direitos Sociais, inciso XXV, artigo 7º.

Mulher, sindicato e greve

Nos dias 21 e 28 de janeiro de 1978, ocorreu o I Congresso da Mulher Metalúrgica, no Sindicato dos Metalúrgicos de São Bernardo do Campo, no Estado de São Paulo.[1] Participaram do encontro 300 mulheres. Mas na mesa que dirigiu os trabalhos só havia homens: Lula, Almir Pazzianoto, entre outros.

O congresso sofreu bastante repressão por parte dos patrões, que demitiram diversas operárias participantes. E, mesmo antes da sua realização, houve demissões, para impedir a participação das trabalhadoras. Eva Elza Rodrigues, operária de 19 anos, foi demitida da Blindex (indústria de autopeças) antes do congresso, por ter dado uma entrevista sobre o evento a um jornal da região. E Maria Helena, da Arteb, foi demitida depois da realização do congresso, por ter denunciado as condições de trabalho da empresa.[2]

Na ocasião, as metalúrgicas levantaram as seguintes bandeiras:

- Salário igual para trabalho igual;
- Acesso a cursos profissionalizantes e a cargos de chefia sem discriminação por sexo;
- Iguais oportunidades de trabalho;
- Contra o trabalho noturno;
- Contra o abuso de autoridade pela chefia, consequência de maior submissão da mulher;
- Contra o controle de tempo para ir ao banheiro;

---

1   Jornal *Brasil Mulher*, nº 13, julho de 1978.

2   Jornal *Brasil Mulher*, nº 11, março de 1978.

- Pela criação de equipamentos públicos que permitissem a redução da dupla jornada de trabalho;
- Por creches e berçários nas fábricas;
- Por restaurantes coletivos;
- Pelo direito de amamentação durante o período de trabalho;
- Pela estabilidade e segurança para a mulher casada e gestante;
- Por melhor assistência médica;
- Por uma maior participação política e sindical;
- Pela criação do departamento feminino nos sindicatos.

Como resultado desse congresso, foi desencadeada a luta contra o trabalho noturno para as mulheres.

Em encontros posteriores, as trabalhadoras reafirmaram essas reivindicações. Mas a proposta da criação do departamento feminino nos sindicatos foi sempre a mais polêmica: enquanto as mulheres simpatizavam com a ideia, os dirigentes sindicais a repeliam, alegando que iria dividir os trabalhadores. Enquanto as trabalhadoras viam o departamento como instrumento de participação e mobilização das mulheres na vida sindical, os homens, dirigentes sindicais, continuaram realizando as assembleias da categoria com a participação majoritária de homens. O que de fato evidencia a divisão da classe é que na vida sindical as mulheres continuam ausentes.

Apesar de todos esses obstáculos, em 1977 a mulher trabalhadora já começava de alguma forma a aparecer no sindicato. Houve uma assembleia dos metalúrgicos de São Paulo com 40 mulheres presentes. As bancárias pleitearam a inclusão de mulheres na lista de candidatos para a nova direção do Sindicato dos Bancários em São Paulo.

Em 1978, eclodiram as greves operárias, centradas na região do ABC paulista, com participação de cerca de 200 mil trabalhadores. Sem reivindicações femininas, a não ser salário igual para trabalho igual. Nesse mesmo ano em São Paulo, 7 mil trabalhadores da Philco entraram em greve. A maioria era de mulheres. Cruzaram os braços diante das máquinas. No pátio, elas faziam tricô enquanto tomavam sol, aguardando a resposta dos patrões. As operárias mães reclamavam que não podiam faltar quando seus filhos adoeciam e a empresa não tinha creche para seus filhos. Mas a grande reivindicação unitária era o aumento do salário.

No Brasil, numa fábrica de carburadores, 800 mulheres puxaram a greve e fizeram uma comissão de operárias para negociar com os patrões. Na Rowmet, indústria eletrometalúrgica de Santo André, as mulheres entraram em greve.

Nos dias 29 e 30 de abril de 1978, 70 mulheres químicas realizaram o seu primeiro Congresso.[3] O setor químico contava, na época, com 59 mil trabalhadores, sendo 11 mil mulheres (37%). A mulher química ganhava cerca da metade do que os homens recebiam. Eles ganhavam Cr$ 6.300,00, e elas, Cr$ 3.200,00. Por isso as firmas "até trocaram os homens por mulheres, porque elas dão mais produção e ganham menos", explicou uma das congressistas. Além de pagarem menos, "quando a mulher procura emprego, olham se ela é casada, solteira, se é bonita ou feia". As trabalhadoras químicas correm constantemente o risco de sofrer acidentes e doenças profissionais.

Muitas congressistas reclamaram das condições de trabalho, pois faltam até os equipamentos de proteção. "Só depois que um caco de vidro furou o olho de uma menina da seção é que eles deram óculos de proteção", denunciou uma das participantes. As "químicas" concluíram que deveriam participar da Comissão Interna de Prevenção de Acidentes (CIPA), para evitar esses problemas frequentes. E se mantiveram organizadas numa comissão de mulheres eleita nesse congresso.

Em meados de agosto de 1978, as operárias da De Millus, no Rio de Janeiro, fizeram até passeatas contra a revista obrigatória exigida pela fábrica no fim do expediente.[4] A propaganda "De Millus, feito com amor" escondia como, de fato, eram produzidas as calcinhas e sutiãs. Uma das operárias denunciou que a produção se dava "com muito trabalho, muita paciência, habilidade, salários mais baixos e muita repressão e humilhação. E se a peça sai com defeito, a operária responsável tem que pagá-la".

Em 1988, haveria novamente uma greve das operárias da De Millus. Na ocasião, o Conselho Estadual dos Direitos da Mulher (Cedim) do Estado do Rio de Janeiro fez o seguinte cartaz, amplamente divulgado:

---

3   Jornal *Brasil Mulher*, nº 14, novembro de 1978.

4   Jornal *Brasil Mulher*, nº 14, novembro de 1978.

> *Calcinhas De Millus fazem mal à mulher.*
>
> *As mulheres que trabalham na fábrica de lingerie De Millus, no Rio de Janeiro, são obrigadas a tirar a roupa e a calcinha diante de seguranças para provar que não estão levando nada para casa.*
>
> *Isto é uma indignidade, isto é uma afronta, isto é um estupro moral.*
>
> *Nós, mulheres, podemos fazer mais do que simplesmente ficarmos vermelhas de raiva com isso. Nós podemos tirar as calcinhas, os sutiãs, e tudo mais que a De Millus fabrica. Para sempre.*
>
> *Cedim — Conselho Estadual dos Direitos da Mulher*

As operárias grevistas da De Millus eram jovens. A maior parte delas tinha de 14 a 18 anos.

Ainda em 1978, as empregadas domésticas fizeram uma reunião, em Belo Horizonte, onde realizaram o terceiro congresso da categoria, com representantes de São Paulo, Rio Grande do Sul, Pernambuco e Paraná. Pescadoras da Paraíba reclamaram da falta de direitos. O principal problema era a poluição do rio Goiana, em Barreira Grande, pelas usinas de açúcar, que "está acabando com os peixes".

As mulheres queriam e precisavam participar do sindicato. Afinal, uma metalúrgica de São Paulo comentava naquele ano: "A gente vê hoje que as mulheres da classe operária têm problemas próprios que não são sentidos por toda a classe. Sentimos mais os problemas dos filhos, a falta de creches e de refeitórios nas fábricas. Trabalhamos mais e somos mais desvalorizadas. A gente tem que trabalhar na fábrica e ainda tem que assumir um mundo de tarefas em casa. As mulheres são mais controladas pelos chefes e sempre recebem cantadas deles".

Em agosto de 1978, ocorreu ainda o I Congresso da Mulher Metalúrgica, promovido pelo Sindicato dos Metalúrgicos de São Bernardo do Campo.

Corajosa, ativa, a trabalhadora dá seus primeiros passos para romper as barreiras que impedem sua participação efetiva nos sindicatos, mas suas dificuldades foram maiores. Muitas grevistas foram demitidas. Houve marido que apoiou a demissão, porque "lugar de mulher não é nos sindicatos, nem nas greves". E o Lula, presidente do Sindicato dos Metalúrgicos de São Bernardo na época, ainda afirmava que, "quanto a esse negócio de equiparação da mulher ao homem, no caso do trabalhador, eu acho que o homem é que tem que brigar para se equiparar à mulher. Porque a lei protege muito mais a mulher que o homem".[5]

Esses encontros e congressos repercutiram de maneira significativa no movimento sindical. Diversos sindicatos passaram a ter com frequência encontros e reuniões de mulheres Isso não quer dizer que o atual sindicalismo tenha absorvido de fato as reivindicações das mulheres. Mas aumenta a participação da mulher nas direções das entidades sindicais. Por exemplo, em 1989 o Sindicato dos Trabalhadores da Indústria Química de São Paulo é dirigido por uma mulher. O Sindicato das Costureiras e Alfaiates de São Paulo, dirigido por um mesmo homem por mais de 27 anos, em 1989, passou a ter como presidente uma mulher.

Entretanto, as reivindicações apresentadas pelas mulheres às pautas das campanhas salariais são incorporadas nos últimos itens, fator que indica a falta de respeito dos homens pela luta das mulheres. Mesmo em sindicatos que organizam categorias novas, como o dos trabalhadores em processamento de dados, a mulher é ainda tratada como instrumento de adorno, ou seja, as mulheres diretoras não foram afastadas da empresa para assumir de fato a direção do sindicato, como ocorreu com os homens em 1988.

As centrais sindicais têm se proposto a organizar algum trabalho com as mulheres. A Central Única dos Trabalhadores (CUT) criou em 1986, durante a realização do seu II Congresso, a Comissão da Questão da Mulher Trabalhadora. A Central Geral dos Trabalhadores (CGT) criou no mesmo ano, em janeiro, quando realizou o I Congresso Nacional da Mulher Trabalhadora, com a participação de 4 mil pessoas, o Departamento Nacional para Assuntos da Mulher. Por sinal, na ocasião, o grande homenageado foi Antonio Rogério Magri, na época presidente dos eletricitários. Do que sabemos, apenas a iniciativa da CUT tem tido funcionamento regular, com a realização de frequentes atividades com as trabalhadoras urbanas e rurais.

---

5   Luíz Ignácio Lula da Silva, em 1989, candidato a presidente da República, defendeu os direitos da mulher em sua campanha, inclusive a descriminalização do aborto.

Mas, como afirma Isabel Conceição da Silva, presidente do Sindicato dos Químicos de São Paulo no período de 1988 a 1991, "há ainda muita dificuldade de trabalhar a questão da mulher no sindicato".

Mulher: assunto proibido

A revista *Realidade* de janeiro de 1967 (nº 10) teve sua edição apreendida pela censura sob a alegação de ser ofensiva à moral e aos bons costumes. Tratava-se de um número especial, todo ele dedicado à mulher brasileira. Nele havia uma pesquisa sobre a mulher brasileira com 1.200 entrevistas. Carmem da Silva criticava as seções de "Conselho Sentimental" das revistas femininas. Foram feitas reportagens com mulheres em diversas situações. Desde uma freira que dirigia uma paróquia até uma jovem mãe solteira que assumia publicamente sua condição. Abordaram-se também temas sobre parto e desquite (o divórcio ainda não era reconhecido no Brasil).

Em 1976, o jornal *Movimento*, semanário da imprensa democrática, que sobrevivia com dificuldades por constantes problemas de censura,[1] teve seu nº 45 totalmente vetado, por realizar uma edição especial dedicada exclusivamente ao tema "O Trabalho da Mulher no Brasil". A apreensão de publicações por agentes da Polícia Federal como forma de exercer a censura no país era frequente na época da ditadura militar. No caso dessa edição *Movimento*, das 305 laudas que compunham os 50 artigos sobre o assunto, 283 foram proibidas. Até mesmo as tabelas com os dados estatísticos apresentados pelo Instituto Brasileiro de Geografia e Estatística tiveram sua publicação impedida: de 12, apenas 2 tabelas foram liberadas pelo serviço de censura. O editor responsável pelo jornal, Raimundo Pereira,

---

1   A atuação da censura comumente impedia a divulgação de notícias, análises políticas e dados estatísticos. Em 1973, uma letra de música do cantor e compositor Erasmo Carlos foi vetada porque ele pedia à sua namorada que deixasse as reuniões feministas, para assim ter mais tempo de se encontrar com ele.

em entrevista ao *Brasil Mulher*[2], falou sobre a edição apreendida. "Nosso objetivo era informar as pessoas sobre algumas coisas importantes. Que o trabalho doméstico é limitado e o país que não libera a força produtiva da mulher perde muito. Mostraríamos concretamente também a discriminação salarial que existe entre homens e mulheres, segundo as estatísticas do IBGE, de 1973: de zero a um salário mínimo, existem 39,4% de homens contra 54,8% de mulheres".

Ainda segundo o próprio editor, a edição especial do *Movimento* baseava-se nos seguintes pontos:

1. Traçar um quadro do que é o trabalho da mulher no Brasil hoje, em setores significativos que foram identificados e em seguidas ouvidas.

2. Discutir os feitos dessa situação sobre a mulher, o homem e o país, partindo do fato de que a mulher está restrita ao mundo doméstico das panelas e fotonovelas, deixando de lado uma força produtiva essencial ao desenvolvimento da economia.

3. A luta existente no país, no sentido de incentivar o trabalho produtivo, é suficiente para retirar a mulher do estado atual, além de outras formas de participação (questionamento das feministas).

4. Debater o trabalho da mulher ligado às suas reivindicações essenciais para dar cumprimento a essa tarefa, ou seja, existência de creches, restaurantes populares e outros serviços que libertem a mulher dos encargos domésticos como obrigatoriedade individual, tornando-os serviços de ordem social.

---

2 Edição n° 2, 1976.

A época dos congressos paulistas

O primeiro congresso, realizado em 1979, foi o melhor de todos e o que causou maior impacto. Foi o melhor porque havia cooperação e muito entusiasmo entre as mulheres. A opinião pública ficou impressionada com a existência de feministas também no Brasil. Foi organizado majoritariamente por mulheres feministas que se encontravam nas seguintes entidades: Associação de Mulheres, Centro de Desenvolvimento da Mulher Brasileira, Associação das Donas-de-Casa, Departamento Feminino da Casa de Cultura de Guarulhos, Clube de Mães, Movimento do Custo de Vida, Oposição Sindical da Sabesp/Cetesb (Companhia de Saneamento Básico do Estado de São Paulo/Companhia de Tecnologia de Saneamento Ambiental), Serviço de Orientação Familiar, Nós Mulheres e Brasil Mulher.

Esse foi o ano da anistia, da volta de muitas exiladas — entre as quais, algumas se tornaram feministas —, da formação de novos partidos políticos. O ano de 1979 conta, desde o seu início, com um clima de expectativa e agitação.[1]

E foi nesse clima que nos dias 4, 5 e 8 de março realizou-se o Congresso da Mulher Paulista, com 900 participantes, no Teatro Ruth Escobar. Foi um marco na luta das mulheres em todo o Brasil. Repercutiu até mesmo no exterior.

A dona-de-casa, a operária e a intelectual se encontraram e, num gesto de solidariedade e confraternização, falaram de si e dos problemas que mais as afligiam. Uma a uma, as mulheres que falavam eram ouvidas pelas outras. Pela primeira vez falou-se publicamente do direito ao prazer sexual, que as mulheres ainda não têm. Denunciou-se a educação diferenciada que as mulheres recebem

---

1   No dia 25 de outubro de 1979, foi assassinado o operário metalúrgico Santo Dias, numa manifestação grevista em frente à fábrica Silvana.

da sociedade, e foi invocado o direito de terem os filhos que desejam. O documento aprovado pelo congresso tornou-se um referencial para a luta da mulher.

Trechos desse documento deixam transparecer a emoção das mulheres nesse encontro: "Pela primeira vez e juntas conseguimos, em público, conversar mais íntima e profundamente sobre o nosso dia-a-dia, percebemos o quanto esse cotidiano é comum a todas nós."(…) "Sentimo-nos orgulhosas de nossa condição de mulher — já não mais mulheres isoladas e impotentes ante a situação que nos é imposta, mas mulheres decididas a mudar a sorte".

O congresso foi tratado de maneira positiva pela grande imprensa, rádio e televisão. As feministas, eufóricas, comentaram a vitória: o movimento de mulheres adquiriu afinal visibilidade até mesmo na grande imprensa. E a luta ganhou um novo impulso. As mulheres se sentiram mais encorajadas a levar a sua especificidade para o interior dos partidos políticos, sindicatos e movimentos sociais.

No elenco das reivindicações aprovadas, destacou-se a anistia ampla, geral e irrestrita a todos os presos e perseguidos políticos. Mas a bandeira que vai ligar mais estreitamente essas mulheres é a creche. Nesse congresso é que nasceu o Movimento de Luta por Creche.

Mas nem todas as mulheres se uniram. O Movimento Feminino pela Anistia de São Paulo comemorou o 8 de Março com uma manifestação à parte: na Câmara Municipal. A grande maioria das mulheres, entretanto, ficou com o congresso: enquanto na Câmara Municipal de São Paulo o Movimento Feminista pela Anistia reunia quase 100 mulheres, o encerramento do congresso contou com mais de duas mil.

O II Congresso da Mulher Paulista

Em 1980, foi organizado o II Congresso da Mulher Paulista, por 52 entidades. Entre elas, sindicatos, sociedades de amigos de bairro, entidades estudantis e também os grupos de mulheres feministas que haviam organizado o I Congresso. Por dois dias consecutivos, reuniram-se aproximadamente 4 mil mulheres, desde donas-de-casa, faveladas, operárias e empregadas domésticas até estudantes e profissionais liberais.

Definitivamente, o movimento de mulheres se ampliava. Nenhuma força organizada de esquerda se encontrava fora desse processo de aglutinação. Mesmo aquelas que não consideravam o feminismo algo sério e inovador iam até lá para observar e participar das discussões. Falava-se de tudo: sexualidade, trabalho doméstico, aborto, meios contraceptivos e política de controle da natalidade, discriminação no mercado de trabalho, saúde, educação, creche, violência, lesbianismo e, timidamente, do problema da mulher negra. Um serviço de infraestrutura garantiu transporte, alimentação e creche, para o qual os homens que apoiavam as feministas e as lésbicas contribuíam voluntariamente, e de maneira efetiva.

Entretanto, ocorreram tumultos durante o congresso, que impediram a conclusão de deliberações importantes para travar os rumos de uma atuação unitária. A disputa da hegemonia do movimento pelas diversas forças políticas presentes, os partidos políticos legais (PMDB e PT) e os clandestinos (PCdoB, PCB e MR-8), gerou os conflitos. Mas é principalmente com esse congresso que a questão feminista atingiu os partidos políticos. A luta ideológica (que levantou questões como: a mulher tem de ser feminista ou feminina? se a luta é geral, por que, então, ter uma especial para as mulheres? por que discutir o aborto? isso não irá afastar a esquerda da ala progressista da Igreja?) aprofundou-se dentro do próprio movimento de mulheres, ao passo que as feministas tornaram-se militantes inoportunas em seus partidos políticos. Estes tentavam impor sua linha programática ao movimento, desconsiderando por inteiro as singularidades das mulheres que se apresentam na família, no casamento, em relação à maternidade, ao aborto, à sexualidade, no trabalho, no processo de profissionalização e de educação.

As feministas propunham autonomia para que as mulheres pudessem expressar sua luta, seus desejos e sentimentos. Para conseguir autonomia, é necessário se desvincular dos partidos políticos? Era a pergunta que as feministas e outras mulheres se faziam. Mas muitas delas insistiam em participar dos partidos. E a partir desse momento, travou-se uma luta que se perpetua até os dias de hoje, se bem que com menos intensidade. Como participar do encaminhamento dos problemas comuns a todos os cidadãos sem se omitir nas questões específicas do universo feminino?

São contraditórios estes aspectos da luta: o geral e o específico? A contradição está particularmente naqueles que indicam apenas a luta geral (combate à ausência de liberdades políticas, aos baixos salários etc.) como a proposta que irá equacionar todos os problemas, até mesmo a discriminação da mulher. Quando as mulheres têm nos programas de ação reivindicações específicas, como lavanderias e restaurantes populares, creches, salário igual para trabalho igual, direito à licença-maternidade para empregadas domésticas ou ao parto humanizado, direito de decidir ser ou não ser mãe, elas não só procuram meios de melhorar suas condições de vida e trabalho, mas de construir uma sociedade em que todos serão beneficiados.

A partir do II Congresso da Mulher Paulista, as entidades feministas organizaram o Encontro de Valinhos, no Estado de São Paulo, para discutir a questão da autonomia e suas prioridades para o momento. Cerca de 150 feministas participaram deste encontro, em junho de 1980. Elegeram duas prioridades: a luta contra a violência doméstica e contra o controle da natalidade, afirmando o direito da mulher de decidir o número de filhos. Algumas entidades tornaram-se grupos de reflexão, dissolvendo-se mais tarde, como é o caso do *Brasil Mulher* e do *Nós, Mulheres*. Outras iniciativas se desenvolveram e deram origem a novas organizações de mulheres. O ano de 1981 foi marcado pelo aparecimento de várias entidades feministas ou simplesmente de mulheres.

Algumas organizações feministas tiveram como objetivo estabelecer uma prestação de serviços alternativos em determinadas especialidades. É o caso do Coletivo Feminista Sexualidade e Saúde, do Centro de Informação Mulher (CIM), do SOS-Mulher e da Casa da Mulher da Bela Vista. Outras nasceram para garantir um espaço mais permanente para a mulher se mobilizar em defesa dos seus direitos e ter sua presença de forma caracterizada nos movimentos gerais. É o caso da União de Mulheres do Município de São Paulo, do Comitê de Mulheres de São Bernardo do Campo da Casa da Mulher do Grajaú, entre outras. Algumas entidades surgiram com o objetivo de arregimentar massas femininas com propósitos partidários ou, mais que isso, eleitoreiros, sendo o exemplo mais expressivo a Federação das Mulheres Paulistas.

De qualquer maneira, nas entidades feministas em que participavam mulheres de partidos políticos (de esquerda), havia sempre uma polêmica: "Até onde submeter a autonomia das mulheres aos limites impostos pelos partidos?". Refiro-me particularmente às que eram, como eu, militantes do PCdoB (Partido Comunista do Brasil). Os dirigentes do partido não admitiam que suas militantes discutissem questões como sexualidade, aborto e o direito de a mulher decidir sobre seu próprio corpo. Eram também contrários aos encaminhamentos de lutas contra a violência doméstica e sexual. Diziam-se temerosos de que tais questões pudessem provocar "divisões no seio da classe operária". Argumentavam que tais bandeiras satisfaziam apenas uma elite de mulheres e não "galvanizavam as amplas massas femininas". Em que pese o nosso desejo de ver os partidos políticos e os sindicatos respeitarem a autonomia do movimento feminista, a prática dessas instituições tem demonstrado o quanto é difícil a incorporação de nossos projetos aos delas. Oxalá as feministas que ainda militam nessas instituições consigam algum êxito.

A divisão do movimento:
o III Congresso da Mulher Paulista

Às vésperas do III Congresso da Mulher Paulista, o movimento de mulheres se dividiu.

A cisão ocorreu entre os grupos que preparavam o congresso. Militantes do MR-8 (Movimento Revolucionário 8 de Outubro, organização política que atua dentro do PMDB) arregimentaram entidades de bairro e de classe, inclusive a Associação de Mergulhadores de Santos, para combater grupos feministas.

Logo as discussões internas, ocorridas nas reuniões preparatórias do congresso, chegaram à imprensa. As militantes do MR-8 falavam aos jornais que não permitiriam a entrada de lésbicas no movimento. Uma das militantes, Márcia Campos, declarou à *Folha de S.Paulo* (11/2/1981) que "a lésbica nega a sua própria condição de mulher, e não pode fazer parte de um movimento feminino".

Aproveitavam do preconceito existente contra a feminista e a lésbica para obter a simpatia popular e ganhar a hegemonia do movimento, esvaziando-o de seu conteúdo – as reivindicações das mulheres. E de imediato ganharam a simpatia dos dirigentes partidários, particularmente, os do PC do B e PCB, que passaram a pressionar suas militantes para que se aliassem ao MR-8. Dadas as divergências no interior desses partidos, eles tiveram uma atuação ambígua e participaram das duas articulações políticas então formadas que, com a cisão, passaram a organizar dois congressos.

Chegou-se ao absurdo da direção do PC do B convocar suas militantes para participar dos dois encontros. "Resta às mulheres conscientes participar de ambos os encontros. E neles levar a questão da unidade do movimento de mulheres, criando condições para o IV Congresso seja realizado de forma unitária", dizia um texto publicado pelo PC do B. Com essa atitude, esse partido não só legitimou a divisão criada pelo MR-8, como definiu a cisão dentro da sua própria organização, expulsando suas militantes feministas.

Ocorreram dois congressos nos mesmos dias 7 e 8 de março de 1981. Felizmente em locais distintos, o das feministas, na PUC, e o outro no Pacaembu, em São Paulo.

As militantes do MR-8 pretendiam, como de fato fizeram, formar a Federação das Mulheres do Brasil, dirigidas pelos comunistas no final da década de 1940.

A divisão ocorrida em São Paulo repercutiu nas organizações de mulheres de outros estados brasileiros. No Rio de Janeiro durante a realização do II Congresso da Mulher Fluminense (também em 1981), as mulheres repeliram a formação de "Federação de Mulheres". Atitudes semelhantes tiveram mulheres de outros estados: Pernambuco, Bahia, Rio Grande do Sul, Paraná, Minas Gerais e Goiás. Recusaram-se a participar de uma federação.

Mesmo no Congresso das feministas e suas aliadas, o clima foi de insegurança emocional e política. Algumas se intimidaram até com a bandeira da "constituinte livre e soberana". Havia ainda a falta de prática de exercitar a autonomia e de conviver com as diversidades entre as próprias mulheres.

Marcas profundas ficaram nas ativistas.

Houve mulheres que se afastaram, outras que aderiram à linha de cooptar e manipular os desejos e sentimentos e por último as que passaram a procurar o caminho da autonomia.

O motivo principal da divisão foi, sem dúvida, a participação dos partidos políticos e a sua disputa pela hegemonia do movimento, sem respeitar a dinâmica, a organização, o funcionamento e as decisões do conjunto das mulheres. Sem considerar a autonomia do movimento, esses partidos contribuíram para que ocorresse a cisão. Mas havia também, por parte desses partidos, a não-aceitação de bandeiras específicas, como, por exemplo, a que se refere ao direito de a mulher decidir sobre seu próprio corpo.[1]

---

1   O PC do B, partido no qual eu militava na época, considerava essa proposta de caráter eminentemente burguês, individualista, na qual se colocava o corpo da mulher acima do interesse coletivo. (N. A.)

Referimo-nos aqui apenas aos partidos políticos de esquerda porque eram os que se faziam presentes. Daí o interesse das mulheres em se incorporar a eles, enquanto os de direita, na condição de conservadores, não participavam das reuniões e encontros do movimento.

Autonomia

Até hoje tem sido muito difícil para os partidos políticos de esquerda absorver a ideia de incluir como uma de suas prioridades a política de defesa das mulheres e seus direitos. Até hoje não compreenderam que as mulheres, ao se deparar com a luta de classes, enfrentam outra contradição que, embora menos visível, não é menos aguda: a relação homem-mulher. Na sociedade de ideologia patriarcal,[2] o homem submete a mulher e a sua própria família à sua dominação, por considerar que ele tem mais responsabilidade e condições para decidir sobre a companheira e os filhos, chegando muitas vezes a usar da violência.

Assim, por exemplo, o trabalhador que frequenta o sindicato não incentiva a participação de sua própria companheira. Reforça-se então a divisão sexual dos trabalhadores, com atitudes preconceituosas que desvalorizam e colocam a mulher num plano inferior, como se esta tivesse menos capacidade que o homem. A sociedade de classes estabelece para a mulher o papel de reprodutora e mantenedora da força de trabalho. Assim justifica o seu lugar no exército de mão-de-obra de reserva e a "eterna" divisão entre homens e mulheres. Portanto, a necessidade da autonomia da mulher se explica pela própria história da condição da mulher — estando milenarmente à margem do processo de decisão, ela tem acatado as opiniões dos homens e se submetido às suas vontades e decisões. Isso ocorre tanto na área privada como na pública: família, Igreja, Estado, partidos políticos, sindicatos etc. Daí a necessidade de propiciar à mulher o direito de falar por si, tomar suas próprias decisões, buscar, enfim, sua identidade.[3]

---

2   Ideologia patriarcal: um conjunto de ideias que justificam a organização da sociedade em torno do poder do homem.

3   Identidade feminina: "um conjunto de características singulares que diferenciam a mulher do homem e que devem ser preservadas enquanto diferenças (todavia é essencial não confundir essa identidade com a chamada 'psicologia feminina', um complexo de fenômenos historicamente condicionados, que expressa a manipulação das diferenças

A autonomia do movimento é uma exigência histórica da luta de libertação da mulher. Mas no movimento devem participar tanto mulheres autônomas como militantes de partido. Esse movimento deve ter uma estrutura que garanta a democracia interna, impedindo a manipulação. A atuação feminista, tanto no movimento autônomo como nos partidos políticos, tem sido por demais difícil.

O movimento autônomo de mulheres significa uma organização temporária ou permanente para discutir e decidir sobre manifestações e outras atividades em defesa das mulheres. Nesse espaço, em São Paulo, reúnem-se mulheres de partidos e sindicatos, além de feministas organizadas e independentes. Há diferenças entre elas no discurso e nas maneiras de se manifestar. Mas isso não torna impossível a convivência política desde que os laços organizativos sejam flexíveis.

Como militante, considero que já temos experiência suficiente para minimizar essas dificuldades. As feministas podem estabelecer algumas regras para definir organizações abertas, mesmo que isso implique certos riscos, que serão enfrentados democraticamente.

O importante é discutir com franqueza e sem medo, não só a autonomia como a questão do poder. Há feministas que temem — até por razões históricas — a presença dos partidos no movimento, pois estes poderão instrumentalizar a mulher e desviá-la das suas lutas específicas. Por sua vez, os partidos políticos consideram-se vanguardas de todas as lutas, até mesmo a das mulheres, perdendo de vista o princípio fundamental da revolução: a libertação dos explorados e oprimidos só será possível com a iniciativa e a ação dos mesmos.

Cabe a estes o papel de sujeito de suas próprias lutas e conquistas. O mesmo deve ser aplicado ao movimento de mulheres:

> As mulheres necessitam de um instrumento próprio de organização, instrumento que lhes possibilite usar um método de

---

femininas em benefício dos interesses de quem detém o poder. Um exemplo bastante ilustrativo desses preconceitos forjados em 'ciência' são as definições da 'mulher frágil', 'passiva', 'submissa', 'obediente', um tanto burra — ou mesmo o reverso da medalha: a mulher 'maliciosa', 'mentirosa', 'falsa', 'pérfida')". Entrevista de Lúcia Bruno Monteiro, *Revista Educação e Sociedade,* São Paulo: Editora Cortez, setembro de 1980. In: Leite, Rosalina Santa Cruz, *A operária Metalúrgica,* 2ª ed., São Paulo: Editora Cortez, 1984, p. 17.

> interpretação da vivência feminina a partir da própria condição de mulher enquanto tal. Uma organização que também lhe permita a superação do seu isolamento, historicamente formado, assim como de sua marginalização em sociedade. Enfim, que lhe permita tomar consciência de sua condição de explorada e oprimida, através da análise política de dados extraídos de seu cotidiano e de sua vivência feminina.[4]

Os partidos políticos de esquerda só poderão contribuir positivamente para o movimento das mulheres desde que respeitem a formulação teórica elaborada pelas próprias mulheres e a autonomia do movimento.

Mas hoje o grande desafio a ser enfrentado pelo movimento é o problema organizativo e político entre as próprias feministas que se propõem ser autônomas. A questão da mulher — um macroproblema a ser resolvido — não poderá ser encaminhada de forma fragmentada, uma característica das disciplinas acadêmicas e das políticas governamentais. Não se pode tratá-la como um mero problema técnico-profissional ou apenas se especializando em alguns temas.

Uma metodologia fragmentada está sendo empregada em demasia, às vezes com um aparente sucesso, por feministas profissionais, especialistas, e tem tido como resultado a fragilidade do movimento na sua ação cotidiana de combate à opressão e à ideologia patriarcal. Pois estas estão solidamente estruturadas de uma maneira global, atingindo às mulheres em todos os aspectos (econômico, social, político, cultural) da vida, do trabalho e da afetividade. A prática da feminista profissional tem sido mais individualizada e, se não se voltar para o movimento, reduz a capacidade deste.

As mulheres não podem perder de vista as ações coletivas e a construção de um projeto global de transformação da sociedade. Mas esta é uma questão ainda a ser amadurecida pelo movimento feminista.

---

4 ALAMBERT, Zuleika. "Partidos Desrespeitam Autonomia do Movimento", Voz da Unidade, março de 1981.

Violência

O movimento feminista brasileiro começou a colocar em destaque a questão da violência contra a mulher em 1980, mais precisamente no II Congresso da Mulher Paulista.

A partir do Encontro de Valinhos foi criado o SOS-Mulher, em São Paulo, logo em seguida no Rio de Janeiro e Pernambuco. Em Minas foi criado o Centro de Defesa da Mulher. Todas essas entidades eram autônomas e tinham como objetivo atender a mulher vítima de violência, com um serviço voluntário de psicólogas e advogadas. Além de atender a mulher, faziam grupos de reflexão sobre a questão da violência e procuravam os meios de comunicação para promover o debate junto à opinião pública.

Podemos citar dois fatos extremamente importantes para que essa causa ganhasse credibilidade, até mesmo junto ao próprio movimento de mulheres, que começava a se expandir pelo território brasileiro.

O primeiro ocorreu em São Paulo, quando uma mulher de classe média alta, casada com um professor universitário, branco, bastante considerado nos meios intelectuais, foi por ele espancada. Num momento em que não se falava na violência doméstica, pois um ditado popular até diz que "em briga de marido e mulher, não se mete a colher", essa mulher decidida foi à luta. Numa carta carregada de emoção, denunciou o crime praticado contra ela, ainda mais dolorido porque era cometido pelo homem amado.

A mulher brasileira até então se mantinha calada frente à violência doméstica. Capaz de denunciar corajosamente as torturas e assassinatos cometidos pela polícia, omitia a violência praticada contra ela própria pelo seu marido ou companheiro. As feministas denunciavam a violência doméstica e sexual, sem, contudo, mostrar casos concretos, como uma mulher assassinada pelo companheiro ou uma mulher visivelmente espancada, o que fazia com que jornalistas e lideranças de esquerda alegassem que elas apenas copiavam as europeias, porque "lá, sim, é que tem esse tipo de violência".

Portanto, a denúncia daquela mulher da classe média foi um fato histórico na luta contra a violência. No Brasil, fazia-se crer que somente os homens negros e pobres espancavam as mulheres, devido ao alcoolismo ou à extrema pobreza. Tratava-se da questão da violência contra a mulher como um fenômeno[1] de caráter meramente econômico. Transformada a sociedade brasileira, as desigualdades econômicas e sociais seriam eliminadas e tais problemas se equacionariam. Até lá, a mulher deveria permanecer calada.

Quando o tal professor foi acusado pela própria companheira, a denúncia teve grande repercussão. Pois ele não era negro, não era pobre, não era alcoólatra e, muito menos, não era ignorante. Desse episódio nasceu o slogan inicial de uma campanha: "O silêncio é cúmplice da violência". Várias mulheres se dispuseram a denunciar as violências sofridas por parte de seus companheiros. E o SOS-Mulher, de São Paulo, em menos de um ano de funcionamento, registrou 700 atendimentos de casos de violência contra a mulher.

O segundo fato se deu quando o milionário Doca Street matou sua companheira, Ângela Diniz, em Cabo Frio, litoral do Estado do Rio de Janeiro. As feministas cariocas foram às ruas para exigir a punição do assassino.

Na Justiça brasileira é comum os assassinos de mulheres serem absolvidos sob a alegação de defesa da honra. Segundo a jurista Florisa Verucci, "embora a lei seja silenciosa, não havendo qualquer referência a esse tipo de atenuante, muitos homens foram absolvidos do crime sob alegação de o terem cometido em legítima defesa da honra. Esse artifício foi criado por brilhantes advogados, que exerceram o mandato de defensores dos inúmeros réus que, com isso, se livraram da cadeia, conspurcando muitas vezes de forma execrável a memória

---

1   Hoje eu não escreveria a palavra fenômeno para se referir a violência contra as mulheres. Usaria o termo: questão, por se tratar de uma construção histórica e não um fenômeno da natureza.

Breve história do feminismo no Brasil e outros ensaios

das vítimas, para que estas, aparecendo como traidoras, infiéis, ninfomaníacas, ou o que seja, transformassem o réu em vítima e a vítima em ré".[2]

Mas as feministas cariocas tanto batalharam que a Justiça condenou Doca Street, o que, sem dúvida, representou um novo passo nessa luta contra a violência. O Poder Judiciário, graças à pressão dos grupos de mulheres e à atuação de alguns advogados esclarecidos, passou a dar novo tratamento à questão. Esse episódio repetiu-se em alguns outros estados, onde os grupos feministas organizados fizeram pressão no decorrer do julgamento de assassinos de mulheres, particularmente dos oriundos das classes altas, o que dá maior repercussão junto à imprensa.

No decorrer dessa luta, evidenciou-se não só a violência praticada contra a mulher como também a conivência da sociedade e das autoridades constituídas, policiais e judiciárias, em relação a esse tipo de crime.

De um modo geral, os trabalhos realizados pelo SOS-Mulher e pelo Centro de Defesa da Mulher encontravam diversos obstáculos, a começar pelo tratamento dado pelo delegado de policia ao receber a mulher vítima de violência. Costuma-se tratar as agressões como meras desavenças familiares. Sugere-se até mesmo que a mulher queixosa deve ter tido alguma culpa para que o homem se torne tão agressivo. "Será que você não preparou o jantar dele e ele ficou aborrecido?" ou "não será porque você anda na rua de minissaia?" Esse tipo de comentário é frequente nas delegacias de polícia, o que não só constrange a vítima, como incentiva o agressor.

O tratamento na área jurídica não tem sido diferente. A defesa dos acusados é feita da forma mais sórdida, como, por exemplo, a de um advogado no Estado de Alagoas que pediu a absolvição do réu que espancava e ameaçava de morte a esposa com considerações do tipo: "Em incidente doméstico no qual o agente agrediu a companheira causando-lhe levíssimos ferimentos (…) aconselha o interesse social a sua absolvição em vez de uma condenação".[3]

---

2   VERUCCI, Florisa. *A Mulher e o Direito*, São Paulo: Editora Nobel, 1987.

3   Conselho Nacional dos direitos da mulher. *Quando a vítima é mulher.* Brasília: CNDM, 1ª ed., dezembro de 1987, p. 5

Há ainda uma insistência, por parte das autoridades competentes, em promover a reconciliação. Em certos casos, vítima e acusado — casados ou vivendo maritalmente — são chamados à delegacia antes da abertura do inquérito policial, para que se reconciliem. Não se considera que o espancamento da mulher pode se transformar numa escalada perigosa da violência, principalmente quando as agressões se repetem, e que um homicídio poderá destruir definitivamente aquela família. Todo esse comportamento faz parte de um jogo em que a conivência da sociedade, da vítima e das autoridades converge para a manutenção do silêncio, da impunidade e da continuidade da relação Outro ponto importante no trabalho das feministas foi a denúncia do estupro como forma de violência que atinge prioritariamente a mulher. Mas não apenas a ela. Atinge também a homens e crianças. Em São Paulo, de 1985 a 1990, foram registrados 162.463 boletins de ocorrência de lesões corporais, tentativa de estupro e mesmo de estupro em mulheres, conforme dados da Assessoria Especial das Delegacias de Defesa da Mulher.

Até então, o estupro, corriqueiro nas páginas policiais dos diários mais lidos, recebia um tratamento sadomasoquista, em que o crime era praticado por "tarados" ou "anormais" contra mulheres de conduta suspeita, que se vestiam sem nenhum decoro e se encontravam em lugares pouco recomendáveis. O tratamento policial e jurídico foi quase sempre traçar o perfil da vítima como a mulher que provoca o acusado a praticar de forma agressiva o ato sexual, colocando-a na condição de prostituta ou de alguém que busca a "vingança" contra o homem.

O estupro é visto na lei brasileira (art. 213 do Código Penal) da seguinte forma: "constranger mulheres a conjunção carnal, mediante violência ou grave ameaça". O crime fica restrito à mulher, pois se entende por conjunção carnal a penetração vaginal, não sendo julgado estupro o coito anal, qualificado como atentado violento ao pudor (art. 214, do Código Penal). E é ainda considerado, pela atual legislação brasileira, crime contra a moral e os costumes, e não contra a pessoa.[4]

---

4   Com a promulgação da lei 12.015 de 07/08/2009, o art. 214 do Código Penal Brasileiro (CPB) foi revogado e o crime de atentado violento ao pudor foi incorporado ao artigo 213 do CPB que trata dos crimes de estupro. No Título VI do CPB, foi substituída a expressão: "Dos Crimes contra os Costumes" para nova denominação: "Dos Crimes contra

Assim, as feministas, ao denunciar o crime de estupro, passaram a reivindicar que este seja considerado crime contra a pessoa e que a defesa não possa usar a clássica alegação de que a mulher teria provocado o crime. Na realidade, a vítima de estupro pode ser também uma criança ou um outro homem. Em todos esses casos, o estupro deve ser considerado crime contra a pessoa e deve ser punido.

A criação da delegacia de defesa da mulher

Nas eleições de 1982, quando, ainda sob a ditadura militar, os governadores voltam a ser eleitos diretamente, os movimentos de mulheres propõem que suas reivindicações sejam incorporadas aos programas dos candidatos democráticos. Destacou-se a questão da violência contra a mulher.

Algumas feministas vinculadas ao PMDB, partido que conquistou o governo do Estado de São Paulo, reivindicaram a formação do Conselho Estadual da Condição Feminina, órgão voltado para a questão da mulher. Criado em 1983, apresenta em seu programa quatro prioridades: creche, saúde, violência e trabalho.

No dia 6 de agosto de 1985, o governador Montoro criou, por decreto, a Delegacia Policial de Defesa da Mulher. Ele já havia criado o Centro de Orientação Jurídica e Encaminhamento Psicológico (Coje), que atendia as mulheres vítimas de violência. A prática desse serviço e o trabalho desenvolvido pelo SOS-Mulher constataram mais uma vez, e agora em nível oficial, o constrangimento que as mulheres enfrentavam nas delegacias comuns de polícia.

A Delegacia Policial de Defesa da Mulher (DPDM) foi estruturada com um corpo de funcionárias, incluindo equipe interna e externa, de busca e captura. Já com quase um ano de funcionamento, passou a dar atendimento diário e durante as 24 horas[5], como as demais delegacias. Similares foram também

---

a Dignidade Sexual" e os crimes sexuais não têm como vítimas apenas as mulheres, mas as pessoas, mulheres ou homens.

5 Segundo o próprio site do governo do Estado: A cidade de São Paulo acaba de ganhar a 1ª Delegacia de Defesa da Mulher (DDM) que passará a funcionar 24 horas por dia, durante os sete dias da semana. O governador Geraldo Alckmin inaugurou nesta segunda-feira (22) a ampliação do atendimento na unidade localizada na Rua Bittencourt Rodrigues, 220, Sé"

criadas no interior do Estado de São Paulo e em quase todos os outros estados brasileiros. No Estado de São Paulo foram implantadas 69 unidades de DPDM.[6]

Com a criação dessas delegacias, a demanda, antes reprimida, começa a aflorar nas estatísticas policiais de norte a sul, permitindo trazer à tona uma realidade anteriormente oculta. Surgiu a possibilidade de estabelecer com maior precisão os diferentes tipos de crimes contra a mulher. "Esta importante iniciativa contribuiu, decisivamente, para trazer à luz do dia um fenômeno historicamente oculto e considerado 'normal' pela sociedade: a violência doméstica. Violência esta até então não desvendada, principalmente pela resistência das próprias mulheres vitimadas, que sempre tiveram enorme dificuldade de expor as agressões e humilhações sofridas a um policial do sexo masculino, pela falta de imparcialidade e respeito desses policiais."[7]

Com a sua criação, as DPDM passaram a provar talvez para o mundo que tais instituições não são discriminatórias, mas, pelo contrário, colocam a nu a realidade oculta e permitem medidas concretas de combate a esse tipo de violência, assunto proibido até então. Sem dúvida, passou-se a dar ênfase à violência doméstica, encoberta há séculos no nosso país sob o manto da sagrada família, que visa a proteger a mulher e oferecer o seu bem-estar. A atuação dessa delegacia passou a desnudar o espaço doméstico como perigoso, à medida em que é nele que se estabelece o confronto subjetivo e cotidiano entre, de um lado, a imposição da disciplina e, do outro, a resistência.

É justamente nesse espaço, onde estão em jogo homens e mulheres em suas relações privadas, que o abuso físico, psicológico e sexual por parte dos homens contra as mulheres ocorre com uma frequência maior do que costuma-

---

(www.saopaulo.sp.gov.br/spnoticias/lenoticia2.php?rd=247288, acesso em 12/09/2016). Esta notícia foi publicada em 22/08/2016 como uma iniciativa pioneira do governador. Na realidade esta conquista já havia sido implementada há 30 anos, em 1986. Isso nos faz ver que as políticas públicas em defesa das mulheres não são permanentes de fato, estão sempre ameaçadas e precisam ser reivindicadas o todo tempo.

6 Esse dado se referia a março de 1992 e, em 2016, são 132 delegacias de atendimento às mulheres no Estado de São Paulo

7 "Um Retrato da Violência contra a Mulher", Fundação SEADE (Sistema Estadual de Análise de Dados) e Conselho Estadual da Condição Feminina, agosto de 1987, apresentação de Zuleika Alambert.

vam apontar as estatísticas oficiais. Mas não foi só a violência doméstica que a Delegacia de Defesa da Mulher mostrou. Apareceram casos em que as trabalhadoras eram vítimas de violência sexual em seu local de trabalho, pelo abuso de autoridade exercido pelos chefes.[8]

O levantamento e o estudo feitos pelo Conselho Estadual da Condição Feminina – de 2.038 boletins de ocorrência emitidos de agosto a dezembro de 1986 — indicam que 71,3% dos casos atendidos acontecem no âmbito doméstico. Observou-se ainda que a maior incidência das ocorrências, 38,7%, acontece à noite, vindo a seguir a tarde, com uma porcentagem bem menor, de 18,2%, e o domingo, com 19,2%.

A Constituição Federal passa a reconhecer a violência doméstica e a necessidade do Estado de criar mecanismos para coibi-la.[9]

Há ainda a registrar a reação do homem, o acusado, que, muitas vezes, se sente envergonhado por ser preso por uma mulher. Um morador de São Luís, no Maranhão, preso por uma investigadora por ter agredido sua mulher, declarou: 'Essa foi a maior vergonha de minha vida, ser pela primeira vez preso e ainda por cima por uma mulher".[10]

Hoje, no Estado de São Paulo, o fundamento e a eficiência das DPDM caíram em qualidade. As atuais delegadas e demais funcionárias não se encontram preparadas adequadamente para atender à demanda. Buscam justificar a violência doméstica apenas pelos motivos econômicos. A ausência de equipamentos e particularmente de casas de abrigo para dar segurança às vítimas ameaçadas de morte por seus companheiros piora as circunstâncias para as mulheres que denunciam a violência doméstica. Por exemplo, no dia 9 de fevereiro de

---

8   Embora, nesses casos, a atuação da DPDM só surtisse algum efeito quando a vítima estava acompanhada do representante do sindicato.

9   Art. 226, Capítulo VII, Da Família, da Criança, do Adolescente e do Idoso, parágrafo 8: "O Estado assegurará a assistência à família na pessoa de cada um dos que a integram, criando mecanismos para coibir a violência no âmbito de suas relações". *Constituição: da República Federativa do Brasil*, Brasília, Senado Federal, Centro Gráfico, 1988.

10   Entrevista feita com a delegada titular da Delegacia Policial de Defesa da Mulher de São Luís, Maranhão, dra. Daisy Marques, em 22/7/1988, por Maria Amélia de Almeida Teles.

1992, Maria Aparecida Donizete de Oliveira foi assassinada pelo seu ex-marido depois de ter dado queixa na Delegacia de Defesa da Mulher em Santos.

Em São Paulo, alguns serviços de atendimento à mulher vítima de violência foram criados durante o governo municipal da prefeita Luíza Erundina. São eles:

- Casa Eliane de Grammont (assassinada pelo ex-marido, o cantor Lindomar Castilho): é um centro de atendimento social e psicológico;
- Casa-abrigo Helenira Rezende de S. Nazareth (guerrilheira da região do Araguaia assassinada pelos militares durante a ditadura): serve para abrigar mulheres com risco iminente de serem assassinadas por companheiros ou maridos;
- Aborto legal, para casos de gravidez resultante de estupro, no Hospital Municipal do Jabaquara;
- Programa de atendimento médico e psicológico às vítimas de violência sexual, implantado em cinco postos municipais de saúde.

Trabalhadora rural

A partir da década de 1980, as trabalhadoras rurais passaram a promover encontros regionais e mesmo nacionais, levantando as dificuldades de seu trabalho e fazendo reivindicações.

Minha militância feminista tem se dado principalmente na cidade de São Paulo. Mas, ao longo desses anos, tive oportunidade, também, de me relacionar com trabalhadoras rurais, as boias-frias, que moram nas cidades e trabalham na roça. Muitas dessas mulheres começaram a se integrar nos encontros feministas, como o III Encontro Feminista Latino-Americano[1] e os encontros nacionais feministas, e no Encontro Nacional da Mulher pela Constituinte.

No III Encontro Feminista Latino-Americano, camponesas brasileiras e peruanas puderam trocar suas experiências. O momento mais emocionante foi quando um grupo de peruanas subiu ao palco para falar da Marcha contra a Fome, que percorreu várias regiões do Peru até chegar a Lima. As brasileiras, trabalhadoras rurais de Pernambuco e Ceará, ouviram silenciosas, procurando entender a língua e a luta daquelas mulheres de tranças, com cara de índias.

Elas pediam solidariedade, ao falar de suas crianças desnutridas e famintas e daqueles que morreram durante a longa caminhada; e de seus maridos que há meses não recebiam nenhum salário, mesmo trabalhando nas minas. Parece que, naquele momento do encontro, o mundo cresceu para as trabalhadoras rurais. E, de repente, elas descobriram outras mulheres que também enfrentavam uma vida difícil de viver.

---

1   Realizado em Bertioga (SP), em agosto de 1985.

Segundo a Confederação Nacional dos Trabalhadores na Agricultura (Contag), há 12 milhões de trabalhadores rurais, sendo que 40% são mulheres. No Estado de São Paulo há quase 650 mil trabalhadoras rurais.[2] Os principais assuntos dos encontros de trabalhadoras rurais, ocorridos no Estado de São Paulo, foram: participação sindical, guarda dos filhos, saúde da mulher, previdência social, infraestrutura no local de trabalho e reforma agrária.

Nos encontros, as mulheres se misturavam umas às outras para conversar de suas vidas e da violência que sofrem no campo e em casa. No Encontro Nacional da Mulher pela Constituinte, uma camponesa da região do Bico do Papagaio, no Estado de Goiás, denunciou corajosamente as atrocidades cometidas contra mulheres e crianças por pistoleiros a mando dos fazendeiros e latifundiários.[3]

As camponesas e trabalhadoras rurais contam sua vida. Em seus depoimentos, discorrem sobre seu cotidiano, sempre sofrido. Mas têm muita certeza de que, unidas, vão descobrir uma forma melhor de viver. Começam a lida cedo: às 3 ou 4 horas da manhã, se levantam, fazem a comida e preparam as marmitas. Só depois disso é que vão acordar os maridos e filhos. Falam da gravidez e de como é duro, quando se está grávida, conciliar o trabalho de cortadeira de cana, colhedora de café, catadora de laranja ou mesmo "carpir" com a barriga pesada. Doem as costas, as pernas e às vezes elas sentem-se fracas. Mas não podem desanimar. Algumas trabalham até a hora a do parto, outras não conseguem. Mas é comum muitas voltarem a trabalhar bem antes de terminar o período de "resguardo". A licença-maternidade não era um direito reconhecido legalmente até a promulgação da atual Constituição. Mesmo assim, houve pouca mudança na prática. E há um veto a esse direito encaminhado pelo presidente Collor no Congresso Nacional, em 1992.

A vida com os homens é semelhante à das mulheres que vivem nas áreas urbanas. Muitas apanham dos maridos; outros "largam" as mulheres com os

---

2   BRUSCHINI, Cristina. *Diagnóstico da situação da mulher no Brasil e em São Paulo (1976 a 1985)*. *Mulher e Trabalho*, São Paulo: Editora Nobel.

3   "Violência contra Mulheres e Menores em Conflitos de Terra", Coordenadoria de Conflitos Agrários (Ministério da Reforma Agrária), Conselho Nacional dos Direitos da Mulher, 1987. De acordo com esse documento, 29 mulheres e 11 menores foram assassinados em 1985 e 1986.

filhos pequenos, e elas têm de ir trabalhar para sustentar a família, sendo ainda mais discriminadas. Os olhos de muitas se enchem de lágrimas quando contam que se veem obrigadas a levar os filhos para o trabalho na roça. Quando isso acontece, o filho de 4 ou 5 anos vai cuidar do irmão que é ainda menor que ele. Ficam todos expostos ao tempo, seja chuva, seja sol. Nas lavouras, não há nenhum abrigo para se protegerem, nem sanitários, nem fogão. Comem o que levam na marmita sem ao menos esquentar a comida — são as boias-frias. Mas não gostam de ser chamadas assim. Consideram-se, com razão, trabalhadoras rurais. Outras mães não conseguem trabalhar porque estão com os filhos pequenos. Outras, mesmo sozinhas, mas grávidas, são barradas pelo "gato", o intermediário entre os patrões e os boias-frias.

Nas cidades há poucas creches e estas funcionam em horários que não coincidem com o horário de trabalho das mães. Os trabalhadores rurais têm de pegar o caminhão às 5 horas da manhã e as creches começam a atender as crianças às 7 horas.

Por não haver sanitários na roça, as mulheres são obrigadas a fazer suas necessidades fisiológicas, ou mesmo trocar o absorvente higiênico, escondidas numa rodinha feita por elas mesmas. Depois enterram o absorvente usado, com a ajuda de uma enxada ou facão — seus instrumentos de trabalho. A aposentadoria é outro problema. Só a conseguem quando completam 60 anos, isso se não forem casadas, pois, nesse caso, só o marido terá direito de se aposentar. Muitas mulheres não têm suas carteiras profissionais assinadas pelos patrões, o que as impede de usufruir de direitos trabalhistas. "Menos de 6% das trabalhadoras no campo tinham carteira assinada. Mesmo em São Paulo, esse contingente era inferior a 14% em 1980."[4]

---

4   A atual Constituição brasileira, promulgada em 5/10/1988, estabelece no seu artigo 202: "É assegurada aposentadoria, nos termos da lei, calculando-se o benefício sobre a média dos trinta e seis últimos salários de contribuição, corrigidos monetariamente mês a mês, e comprovada a regularidade dos salários de contribuição de modo a preservar seus valores e obedecidas as seguintes condições: I. aos sessenta e cinco anos de idade, para o homem, e aos sessenta, para a mulher, reduzido em cinco anos o limite de idade para os trabalhadores rurais de ambos os sexos e para os que exerçam suas atividades em regime de economia familiar, neste incluídos o produtor rural, o garimpeiro e o pescador. (...)".

Hoje elas reivindicam, pelo menos, a obrigatoriedade de se construírem galpões, com sanitários e um fogão, para que os trabalhadores possam ter um mínimo de abrigo, na hora do almoço e em caso de emergência. Mas sonham mesmo é com a reforma agrária. "Que a terra seja de quem é criado nela e sabe criar com ela", é o que elas falam. "Se a gente pudesse morar na terra onde a gente trabalha, a vida era melhor. Não vamos precisar de comer boia-fria, os filhos estavam por perto e a gente sempre pode plantar para comer. Resolve assim o problema da nação, que é a falta de alimentos. Mas é necessário uma reforma agrária, com garantia de sementes, máquinas e produtos para tratar a terra. Tudo isso poderia ser repassado aos trabalhadores rurais através de cooperativas, onde todos nós pagaríamos coletivamente."[5]

---

5 *Mulher Suplemento Rural*, Conselho Estadual da Condição Feminina de São Paulo, 1985.

A mulher e a constituinte

Em 1986, elegeram-se os deputados para o Congresso Constituinte. Há 40 anos, uma outra Assembleia Nacional Constituinte, considerada a mais democrática de nossa história, não contou com uma única mulher. Em 1986, dos 559 deputados federais eleitos, 26 eram mulheres.

A mobilização das mulheres foi marcante — tanto no período que antecedeu as eleições como durante os trabalhos da Constituinte — e facilitada pela criação de órgãos públicos específicos para as questões da mulher. A partir de 1983, foi fundado em São Paulo o Conselho Estadual da Condição Feminina, exemplo que passa a ser seguido por diversos outros estados. Em 1985, o governo federal criou o Conselho Nacional dos Direitos da Mulher, que se tornou, em determinado momento, um instrumento de mobilização das mulheres por suas reivindicações. Dessa forma, elas conseguem acompanhar o trabalho dos constituintes e debater, polemizando em torno de seus direitos, as novas leis que estão sendo elaboradas.

Em 26 de agosto de 1986, houve, em Brasília, o Encontro Nacional da Mulher pela Constituinte, promovido pelo Conselho Nacional dos Direitos da Mulher. Contou 1.500 participantes, de variadas condições, desde trabalhadoras rurais, aposentadas, negras, posseiras e operárias até profissionais liberais e candidatas a deputada constituinte. Dada a amplitude do evento, as propostas aprovadas unificaram os anseios das mulheres do país inteiro. Praticamente todas as reivindicações levantadas foram apresentadas pelos constituintes, que as incorporaram ao texto constitucional. Feministas e grupos de mulheres exerceram pressão constante, percorrendo durante todo o processo constituinte as dependências do Congresso para debater com os políticos e tentar convencê-los.

A única exceção, ou a principal, diz respeito ao direito de aborto. E mesmo nesse caso, a participação das feministas impediu que houvesse um retrocesso na lei brasileira. Deputados evangélicos e católicos pretendiam introduzir "o direito à vida desde a concepção", proibindo até aqueles casos já previstos na lei (Código Penal de 1940): o direito de interromper a gravidez resultado de estupro e a que provoca risco de vida materna. As feministas reagiram de maneira decisiva, exigindo a legalização do aborto. Aproveitaram a oportunidade oferecida pelo regimento interno e colheram mais de 30 mil assinaturas para a Emenda Popular nº 65; e no dia 26 de agosto de 1987, uma representante do movimento feminista subiu à tribuna para fazer a defesa dessa emenda.[1]

---

1   Essa representante foi Maria Amélia de Almeida Teles.

Saúde, mulher e movimento

Em meados da década de 1970, quanto mais as feministas saíam ao encontro das mulheres nos bairros, fábricas e favelas, mais a reivindicação saúde ia ganhando corpo. Elas se reuniam para um bate-papo. Começava-se a falar da vida cotidiana e rapidamente derivavam para as questões da maternidade, do parto, de como evitar filhos ou de como tê-los e criá-los com dignidade.

Toda essa conversa vinha carregada de denúncias das dificuldades que enfrentavam: ausência de serviços públicos de assistência à saúde, tanto para as grávidas como para seus filhos pequenos. Para as outras então, o alcance do atendimento médico era ainda mais difícil. Só conseguiam quando estavam trabalhando ou com carteira profissional do marido ou companheiro.

E essa situação se complicava ainda mais com a falta de esgotos, de água, enfim, de um serviço de saneamento básico. As cidades se estendiam cada vez mais para as periferias, enquanto os governantes só investiam nas áreas centrais. Incentivavam o crescimento da indústria, à custa da poluição do meio ambiente. Construíam modernas rodovias, sem, contudo, tomar iniciativas que garantissem os transportes coletivos urbanos e a infraestrutura necessária às grandes massas populares que se encontravam cada vez mais concentradas em torno das regiões industriais.[1]

---

1 No início da Década da Mulher, a expansão da economia brasileira estava se fazendo à custa do empobrecimento da população assalariada. Em 1974, o valor real do salário mínimo era 54% do que havia sido em 1960. Conferir *A Saúde da Mulher*, de Carmem Barroso, na coleção "Década das Nações Unidas para a Mulher. Diagnóstico da Situação da Mulher no Brasil e em São Paulo entre 1976 e 1985", Conselho Estadual da Condição Feminina de São Paulo.

Nessa mesma época, as mulheres começavam a delinear uma proposta política de saúde. Sem dúvida, muitos profissionais da área também colaboraram para formular as premissas dessa política. Surgiram reivindicações para construir postos de saúde nos bairros da periferia. Exigiam também rede de água e esgoto.[2]

Pode-se até dizer que atrás de cada luta havia um grupo organizado de mulheres. Eram donas-de-casa, faxineiras e mães que iam às autoridades reivindicar. E voltavam para as reuniões, às vezes com alguma promessa de que iam ser atendidas, outras vezes sem sequer terem sido recebidas pelas autoridades. E ainda eram ameaçadas com intimidações policiais. Quando chegavam em casa, muitos maridos ou companheiros negavam apoio. Não queriam que suas mulheres participassem. Mas foi assim que os bairros populares começaram a ter seu posto de saúde e o atendimento pré-natal e infantil.[3]

As mulheres, entretanto, queriam mais. Precisavam evitar filhos, começavam a reivindicar, no começo tímidas e depois mais à vontade, o seu direito ao prazer sexual, desvinculado da reprodução. A sexualidade e o planejamento familiar passaram a ser um dos assuntos principais dessas reuniões.[4]

Os jornais feministas da época acusavam a aspiração das mulheres a uma sexualidade livre. "É preciso também optar por não ter filhos, já que sexo e procriação não andam necessariamente juntos. Isso quer dizer que todas as mulheres devem ter todas as informações sobre os métodos anticoncepcionais que

---

2   Idem, ibidem: "(...) mas em São Paulo, no ano de 1976, 29,5% dos domicílios permaneciam fora da rede de água".

3   Lembro-me da Girce (já falecida), da Vila Remo, no bairro de Campo Limpo, em São Paulo. Um dia ela enfrentou seu marido, que, irritado com a sua liderança, gritou-lhe: "Você tem que escolher: ou eu ou a luta". E ela decididamente lhe respondeu: "Não tenho dúvidas, fico com a luta".

4   "E o que os maridos pensam?" Uns acham que está certo elas se reunirem e discutirem os problemas do bairro. Eles dizem que não podem fazer nada, são operários e são mais observados. Outros não ligam que a mulher participe, mas não dão valor. E tem alguns que acham que é coisa de quem não tem o que fazer. O meu marido acha que é tudo putaria, reclama das associadas" ("O trabalho da Associação das Donas-de-Casa", jornal *Brasil Mulher,* nº 12, maio de 1978).

existem. Saber quais são os problemas que podem causar, como controlar erros, possíveis efeitos, enfim, como funcionam."[5]

---

5   "No começo foi difícil, o pessoal tinha vergonha de falar. Conversando, elas descobriram que a maioria das mulheres não sente prazer numa relação sexual. Descobriram que a falta do prazer é decorrência da educação de ser inferior ao homem. 'Porque casou, tem obrigação de dar', disse a outra. E outra arrematou: 'Mas não pode ser assim'" (jornal *Brasil Mulher*, nº 8, maio de 1978).

Sexualidade

E as mulheres sentiam mais e mais o apelo à sexualidade livre e prazerosa. É claro que havia, como ainda há, resistência à discussão. Muitas mulheres das camadas populares, organizadas, estavam em permanente contato com grupos políticos vinculados à Igreja ou à esquerda. A Igreja procurava desviar a discussão para questões também relevantes, como a carestia de vida, os baixos salários e as condições de trabalho. Algumas forças de esquerda negavam energicamente a necessidade de abordar temas ligados à sexualidade: "É um desvio da luta de classes, o que interessa ao proletariado é a firme oposição ao regime militar". Usavam também outro argumento: "Para que falar de sexualidade se o povo não tem onde morar e o que comer?". Não percebiam que a defesa da liberdade do corpo se opõe frontalmente ao autoritarismo e se integra plenamente na luta por melhores condições de vida e trabalho.

As feministas insistiam em travar a polêmica. O jornal *Nós Mulheres* cobria os principais debates. Uma de suas edições publica: "A vida sexual das mulheres é só para agradar o marido e procriar? A sexualidade é muito mais do que isso: é uma fonte inesgotável de prazeres físicos e psicológicos, de enriquecimento e ampliação da afetividade"[1]

Paralelamente a essa discussão, travava-se uma luta contra a política de controle da natalidade.[2] Nesse caso, o leque de alianças era ampliado. A esquerda, uma ala da Igreja e profissionais de saúde repudiavam essa imposição. O *Nós Mulheres* alertava: "O importante é que a possibilidade de controlar o número

---

1 Edição nº 6, agosto/setembro de 1977.

2 *Clínicas de Esterilização: A Quem Servem ?* Caderno nº 2. Conselho Estadual da Condição Feminina de São Paulo, 1986.

de filhos, separando assim o prazer sexual da procriação — que é um direito da mulher —, não seja transformado em política de controle da natalidade".

Debatendo a sexualidade, abordavam-se muitos outros pontos: desde as noções mais elementares sobre o corpo das mulheres até as que facilitam o entendimento das complexas relações de poder na sociedade. Quando as mulheres podem conhecer e decidir sobre seu próprio corpo, passam a exigir os meios seguros para o controle da sua fertilidade e começam a separar as questões referentes à sexualidade daquelas concernentes à procriação. Inicia-se um processo importante de libertação, que inclui outras pessoas com as quais ela se relaciona. O próprio prazer sexual da sua parceira ou do seu parceiro será muito mais pleno se as mulheres tiverem condições para vivenciá-lo intensamente.

Uma das dificuldades encontradas até mesmo pelas mulheres organizadas foi a de compreender o lesbianismo como um direito à orientação sexual das próprias mulheres. As lésbicas denunciam que há uma imposição social que admite somente a prática heterossexual para as mulheres e tratam o homossexualidade como algo pornográfico.

Por isso, os grupos de lésbicas tiveram um papel importante para trazer o debate sobre o feminismo e o lesbianismo. Um deles, o Grupo de Ação Lésbico-Feminista, produzia um jornal, *Chana com Chana*, que contribuiu para abrir os horizontes, sobre a sexualidade feminina.

A questão atual é a retomada da discussão sobre a sexualidade, sua livre manifestação frente aos riscos pela contaminação do vírus HIV (Aids). Crescem os casos de Aids entre a população feminina. O Boletim da Rede Nacional Feminista de Saúde e de Direitos Reprodutivos, de outubro de 1992, alerta as mulheres para "a ausência de métodos femininos (que evitem a contaminação pelo vírus HIV no Brasil), o que devolve, ou pelo menos recoloca, o controle de sexualidade da mulher na esfera do poder masculino". O condom feminino ainda não está à disposição das brasileiras. O boletim propõe que seja feito o trabalho de prevenção da Aids "através do caminho de redescoberta do prazer e da vida. Dessa forma, as mudanças exigidas pela epidemia perdem o seu caráter negativo e os ganhos serão, sem dúvida, muito maiores."

Assistência integral à saúde da mulher

Os serviços de saúde se propunham (e ainda hoje é assim) apenas a atender aos chamados programas materno-infantis. Mas as mulheres começaram a exigir um atendimento mais amplo. Reivindicaram não só o atendimento à sua saúde no período da gravidez, mas em todas as fases de sua vida — infância, adolescência, idade adulta e terceira idade. Elas reclamavam da falta de um serviço de planejamento familiar[1] e de acesso à informação e a todos os métodos contraceptivos.

Em 1984, o governo brasileiro, através do Ministério da Saúde, propõe o Programa de Assistência Integral à Saúde da Mulher (PAISM). Num primeiro momento, só tem o nome, porque se pretendeu apenas abranger as mulheres da faixa etária compreendida entre 15 e 49 anos. De imediato as feministas reagiram, insistindo num programa que atendesse a todas as fases da vida, que já era uma proposta gestada pelo movimento. "Por que o governo se propõe a atender apenas a faixa etária que corresponde ao período da fertilidade? Não estará a fim de impor a política do controle de natalidade?"[2], indagavam as feministas.

---

1   Planejamento familiar: essa expressão tem sido usada particularmente pelas feministas com o significado de garantir o direito de a mulher (ou o casal) decidir o número de filhos que deseja ter. Há algumas feministas que preferem usar a expressão "regulamentação da fertilidade", isso porque o planejamento familiar significa mais do que regulamentar a fertilidade. Planejamento familiar deveria ser usado para uma política mais ampla, que incluiria planejar a vida e o trabalho da família, o que implicaria mudar as condições globais da infraestrutura da família brasileira.

2   Controle da natalidade: essa expressão tem sido interpretada como a imposição do Estado de decidir pela mulher ou pelo casal o número de filhos que se deve ter.

Assim pressionado, o Ministério da Saúde acabou por acatar a proposta que contempla as reivindicações feministas.

O Programa de Assistência Integral à Saúde da Mulher (PAISM) começa a ser implantado em Goiás, com a participação de algumas feministas, profissionais da área de saúde, inclusive a coordenadora, Ana Costa. Em São Paulo, o governo Montoro, em 1983, pressionado pelas mulheres e pelo Conselho Estadual da Condição Feminina, assumiu o programa, mas deixou de lado o planejamento familiar, para evitar atritos com a Igreja, que só aceita o uso dos métodos contraceptivos naturais, como o de "Billing" e a "Tabelinha".[3] Criou-se assim o impasse à implantação do PAISM. E até hoje tem sido moroso o desenvolvimento desses serviços. Às barreiras de natureza ideológica, soma-se a ausência de infraestrutura: falta de consultórios gjnecológicos devidamente equipados, de diafragma e outros métodos contraceptivos, de maternidades e hospitais. No governo Quércia (1987-1990), os serviços de planejamento familiar foram anunciados pela televisão, como forma de propaganda (agosto de 1988). Mas quando as mulheres iam procurá-lo nos centros de saúde, os próprios funcionários ironizavam: "Você viu na televisão e acreditou que tinha mesmo o serviço?". Um representante da Secretaria Estadual de Saúde esclareceu, num canal de televisão, que a propaganda tinha por objetivo levantar a demanda reprimida, pois os Centros de Saúde ainda não estavam devidamente aparelhados para prestar o serviço de planejamento familiar à população. Dos 332 Centros de Saúde, apenas 16 ofereciam algum tipo de atendimento.

Em relação aos serviços prestados pela prefeitura do município de São Paulo, a situação não é muito diferente. Dos 136 postos de saúde, apenas 10 contemplam de alguma forma a saúde da mulher, segundo declarações dadas em março de 1989 pelo então secretário municipal de Saúde, o médico Eduardo Jorge. Entretanto merece destaque a implantação, na rede pública municipal, dos serviços de aborto no caso de gravidez resultante de estupro e de atendimento especial às vítimas de violência sexual.

---

3 Billing: método (natural) que consiste em examinar o muco vaginal diariamente e, quando se constata que ele se apresenta como a clara do ovo cru, é o período da ovulação (período fértil). Tabelinha: modelo (natural) que se baseia na contagem dos dias do ciclo menstrual para controlar os dias férteis.

As autoridades, quando pressionadas por não atenderem às exigências do PAISM, responsabilizam os profissionais de saúde, que, segundo elas, têm forte resistência ideológica em relação à especificidade da saúde da mulher. Na verdade, há falta de vontade política ou mesmo falta de responsabilidade frente aos compromissos assumidos publicamente.

Foi inegável o crescimento político das mulheres ao elaborar sua proposta. Conquistaram a adesão de muitos, mas têm vivido até agora a ansiedade e a frustração de, na prática, não conseguirem ver atendidas suas reivindicações. É preciso vincular a questão da saúde à estrutura econômica e social do país, que impede o desenvolvimento saudável do povo brasileiro.

Pela crise aguda que atravessa o país, somada à ineficácia dos governantes, sabemos que há ainda um caminho tortuoso a ser perseguido. Nem mesmo o antigo programa, que atendia somente na fase da gravidez, funciona a contento.

Mesmo assim há grupos feministas que continuam a realizar serviços alternativos de atendimento à saúde da mulher, mostrando que é possível oferecer uma assistência médica adequada às mulheres.

Os encontros feministas

Os encontros nacionais feministas se sucederam conforme a cronologia abaixo:

- Julho de 1979, encontro em Fortaleza (CE)
- Julho de 1980, encontro no Rio de Janeiro (RJ)
- Julho de 1981, encontro em Salvador (BA)
- Julho de 1982, encontro em Campinas (SP)
- Julho de 1983, encontro em Campinas (SP)
- Julho de 1984, encontro em São Paulo (SP)
- Abril de 1985, encontro em Belo Horizonte (MG)
- Agosto de 1986, encontro Nogueira (RJ)
- Setembro de 1987, encontro em Garanhuns (PE)
- Setembro de 1989, encontro em Bertioga (SP)
- Setembro 1991, encontro em Caldas Novas (GO)

Os primeiros encontros ocorriam no mesmo local em que se realizavam as reuniões anuais da Sociedade Brasileira para o Progresso da Ciência (SBPC). O espaço político e a presença de mulheres de quase todos os estados brasileiros propiciavam a oportunidade do encontro.

A partir de 1985, as mulheres passaram a realizar seus encontros em espaços independentes.

Esses encontros têm sido, na medida do possível, bienais. Neles se reúnem mulheres de sindicatos urbanos e rurais, de universidades, de entidades autônomas e de órgãos governamentais, além de feministas independentes. Nos últimos três encontros a média de participantes foi de aproximadamente 700 mulheres, que discutiram os rumos do feminismo, a questão racial e o lesbianismo. Começam a fazer parte do temário as novas tecnologias de reprodução, a ecologia e a Aids. Frente à realidade social e econômica do país, há também necessidade de tratar dos temas antigos do movimento, particularmente no que se refere à implementação de políticas públicas. Tanto assim que, no último encontro, as mulheres aproveitaram a coincidência de estar ocorrendo na cidade também um congresso de secretários municipais de Saúde do Estado de Goiás para denunciar os altos índices de esterilização feminina e reivindicar a implementação do Programa de Assistência Integral à Saúde da Mulher (PAISM). o 12. Encontro será no Estado do Pará, provavelmente em 1994.

As mulheres latino-americanas e caribenhas que tiveram participação significativa nos movimentos históricos, mas na condição de sujeito de apoio, estão se rebelando contra o patriarcalismo e construindo suas organizações e formas de expressão.

Espalhados pelos continentes, grupos de mulheres — feministas ou não –, permanentes ou temporários, perseguem suas metas: denúncia de violência sexual e doméstica, criação de serviços alternativos, proposição de políticas públicas e manifestações nas datas significativas do movimento feminista.

De 1981 até hoje, as mulheres já realizaram cinco encontros feministas latino-americanos. Nesse ano de 2017, de 23 a 25 de novembro vai ocorrer em Montevidéo, Uruguai, o XIV Encontro feminisna latino americano e do Caribe .

Os encontros tiveram a seguinte cronologia:

- I Encontro, em julho de 1981, em Bogotá, Colômbia.
- II Encontro, em julho de 1983, em Lima, Peru.
- III Encontro, em agosto de 1985, em Bertioga (SP), Brasil.
- IV Encontro, em outubro de 1987, no México.
- V Encontro, em novembro de 1990, em San Bernardo, Argentina.
- VI Encontro, em 1193, em El Salvador.
- VII Encontro, em 1996, no Chile.
- VIII Encontro, em 1999, na República Dominicana.
- IX Encontro, na Costa Rica, em 2002.
- X Encontro, no Brasil, em 2005.
- XI Encontro, no México, em 2008.
- XII Encontro, em Bogotá (Colômbia), em 2011.

- XIII, Em Lima (Peru), em 2014.

No último desses encontros, as mulheres decidiram organizar-se em redes — espaços autônomos com mulheres das diferentes regiões dos continentes —, como forma de divulgar e fazer ações continentais em defesa dos seus direitos. Muitas dessas redes foram criadas com base nos temas tratados: legalização do aborto, saúde, contra a violência sexual e doméstica, comunicação, participação política, questão racial, entre outros.

Mas o momento mais impressionante foi quando as mulheres saíram em passeata pelas ruas de Buenos Aires. Manifestaram-se contra o indulto (perdão aos militares que torturaram e assassinaram os opositores da ditadura militar argentina) e contra a violência sexual e doméstica. As cinco mil mulheres, as mães da Praça de Maio, as negras, as lésbicas, as jovens e as idosas gritavam alegremente a favor de seus direitos. Era o dia 25 de novembro, Dia Internacional contra a Violência à Mulher. O jornal da grande imprensa argentina *Clarín* registrou a passeata. "Os homens não podiam crer no que seus olhos viam e, muito menos, no que escutavam seus ouvidos: 'Mulher que não se organiza segue passando camisa.'" A avaliação do IV Encontro (México) mostrou o crescimento do feminismo quando mulheres de vários setores sociais se proclamaram feministas. As mulheres do Coletivo Ven Seremos consideraram que o mais gratificante do encontro "foi ver que o feminismo vem atingindo setores que há dez anos era impensável. Ao ouvir, numa plenária, companheiras de outros países, em pé de guerra, que hoje se denominam feministas, ao ouvir religiosas reivindicarem uma Teologia Feminista de Libertação e defender o direito ao aborto, e ao ver igualmente a participação das mulheres do movimento urbano popular reconhecerem a necessidade da dupla luta, a de classe e a de gênero, constatamos que o feminismo está vivo e crescendo, adotando novos rostos e fisionomias". A palavra gênero é usada pelas feministas para estabelecer que os sexos feminino e masculino constituem categorias não só biológicas, mas cultural e socialmente construídas.

O III Encontro aconteceu no Brasil e foi pela primeira vez que muitas brasileiras puderam conhecer feministas de outros países. Nele foram introduzidas novas formas de expressão e de linguagem que não necessariamente o discurso. As mulheres se expressaram por mímica e outras atividades corporais, por máscaras e por representações teatrais. A partir desse encontro, as mulheres passaram a criar novas dinâmicas de trabalhar entre elas próprias os temas do feminismo, onde razão e emoção pudessem ter uma expressão equilibrada.

Conclusões

A história da condição da mulher brasileira não foge à regra universal de opressão da população feminina ao longo dos tempos.

No Brasil Colônia, as índias, as negras e as brancas, cada uma com sua especificidade, foram exploradas pelos colonizadores e pela população masculina. Ingenuamente serviram ao pai, ao patrão e ao marido, manipuladas pela Igreja. Ocuparam um lugar secundário na incipiente sociedade brasileira da qual foram, desde o início, excluídas. Não sem rebeldia e resistência: as mulheres negras, com ações coletivas; e as brancas, quase sempre individualmente.

No Brasil Imperial, a condição da mulher permaneceu imutável no seu papel de mãe, esposa e dona-de-casa. Os centros de decisão política eram exclusivos dos homens. Mesmo assim, houve mulheres que se destacaram, ao lado de escravos e intelectuais, em lutas sangrentas pela Independência e pela abolição da escravatura.

Com o desenvolvimento das cidades, iniciou-se uma ínfima participação das mulheres nas poucas escolas existentes. Algumas raras, entretanto, chegaram até a ingressar na universidade.

No final do século XIX despontaram as primeiras ideias feministas, abolicionistas e republicanas. A imprensa feminista da época, verdadeiro fenômeno, impressiona até hoje os estudiosos do assunto.

As primeiras manifestações das mulheres trabalhadoras e o surgimento de iniciativas feministas ainda que isoladas correspondiam às novas condições criadas no país. O avanço do movimento revolucionário na Europa trouxe reflexos nas ações dos trabalhadores no Brasil. O mesmo ocorreu com o movimento feminista que na ocasião lutava pelo direito ao voto secreto extensivo às mulheres. Essa luta pelo direito ao voto feminino foi a principal bandeira feminista no Brasil no início do século XX, e desencadeou pela primeira vez uma ação articulada entre mulheres de vários estados. Era uma iniciativa nitidamente de caráter feminista, uma vez que os homens já tinham esse direito. A essa campanha, agregaram-se outras reivindicações de caráter especificamente feminino.

Durante a II Guerra Mundial, as mulheres exerceram intensa atividade, tanto para sua sobrevivência quanto nas lutas antifascistas. Mas, mesmo assim, não viram recompensados seus esforços. Na defesa da paz e na luta pela estabilidade democrática e pela soberania nacional, a mulher representou uma força expressiva, sem que, contudo, seus direitos fossem considerados.

Em 1964, assinalou-se o ponto de inflexão da crise política, social e econômica que vinha se gestando no país entre as forças retrógradas e as progressistas. A solução da crise se deu em nível de cúpula, o que garantiu a vitória a favor das forças mais retrógradas, via golpe militar. O Golpe de 1964 se propôs a liquidar de vez com o movimento democrático e progressista no país, reprimindo-o com violência e terror.

Nesse processo, as mulheres foram duramente atingidas. Pela primeira vez, surgem no país organizações políticas de caráter eminentemente reacionário com o objetivo de manipular as mulheres para dar sustentação social às forças golpistas.

O terrorismo sistemático, instaurado pela ditadura militar, interrompeu bruscamente os projetos políticos da esquerda e o processo democrático em curso; impediu um regime político de caráter fascista. Acuados, os setores de esquerda se dividiram entre aqueles que buscavam a resistência por meio da luta armada e os que optavam por uma via pacífica. Num quadro de ausência total de liberdades políticas, sob uma censura férrea, os grupos de esquerda foram obrigados a atuar na clandestinidade. Momentos difíceis, que não permitiam conjugar ações políticas de massa com a resistência pela luta armada. Tornou-se necessário buscar novas formas de ação.

No que concerne às mulheres, algumas se movimentaram em função de parentes, presos políticos, outras atuaram nos partidos clandestinos e até mesmo na guerrilha urbana e rural. No confronto militar com o inimigo, as mulheres começaram a perceber que nossa revolução (das mulheres) deveria ser mais profunda e por isso mais longa. Mas esses ensinamentos ficaram perdidos e dispersos, porque muitas delas morreram ou se encontram até hoje na lista dos "desaparecidos políticos" durante o regime militar.

A participação das mulheres na luta armada teve um caráter ambíguo, devido à misoginia existente também no meio da esquerda e à impossibilidade de as mulheres formularem naquele momento suas reivindicações específicas. A solução para as questões da mulher não chegou a fazer parte dos objetivos da luta armada. Ao mesmo tempo, essa participação permitiu demonstrar, num momento excepcional, sua coragem e capacidade de luta, e a descobrir-se como mulher diante das discriminações de que era vítima.

O desenvolvimento industrial, acelerado a partir de 1964, determinou a criação de grandes centros urbanos cercados por uma vasta periferia, acarretando, como consequência imediata, o recrudescimento dos problemas econômicos e sociais já existentes (carestia e falta de habitação, escolas, saneamento básico etc.). Nesse contexto, as mulheres são as primeiras a tomar posição, criando movimentos femininos por melhores condições de vida.

Foram também as mulheres vinculadas aos agrupamentos de esquerda que articularam os primeiros passos para a anistia dos presos e perseguidos políticos. Foi mais uma iniciativa feminina de criar espaços de denúncia da violação dos direitos humanos no Brasil. Se bem que os seus discursos reforçassem o papel tradicional da mulher – de mãe, esposa e irmã dedicadas às causas do amor e da justiça. Mesmo assim foram colocadas nas várias reuniões e encontros, como proposta de divulgação dos casos de violência sexual.

A instituição do ano de 1975 como Ano Internacional da Mulher, promovida pela ONU, foi um pretexto suficientemente forte para desencadear a manifestação das ideias feministas e a ação das mulheres. Ressurgiu a imprensa feminista. O primeiro jornal, *Brasil Mulher*, mostrou-se tímido em assumir o feminismo. O segundo, *Nós Mulheres*, colocou com mais ousadia a questão da mulher. Entretanto, ambos cumpriam, com êxito, o seu papel de despertar a consciência social sobre a condição feminina. Atingiram, principalmente, a opinião pública formada pela esquerda. Denunciaram a condição de dona de casa e da operária. Formularam também questionamentos em relação ao "papel milagroso" do socialismo na solução de todos os problemas.

A partir de então, as mulheres começaram a lançar suas teias de articulação, organizando-se em diversos pontos do país. E nas comemorações do 8 de março, Dia Internacional da Mulher, os grupos feministas e de mulheres assinalavam os momentos mais expressivos de divulgação das suas ideias libertárias.

O depoimento de uma mulher negra, publicado no primeiro número do jornal *Nós Mulheres*, fazia crer que a questão racial seria assimilada com relativa facilidade pelo feminismo emergente. Grande equívoco: até mesmo nos dias de hoje o movimento feminista tem sido em geral refratário às questões raciais, particularmente quanto à raça negra, presença marcante na formulação e desenvolvimento da sociedade brasileira.

Reportagens da imprensa escrita e falada descreviam vigorosos atos públicos, com as mulheres reivindicando seus direitos e se identificando em suas ações. Havia repercussão nos espaços tradicionalmente masculinos, como os sindicatos e os partidos políticos, e também nos meios intelectuais. Ainda que de maneira bem ambígua, a condição da mulher passa a ocupar lugares até então inteiramente alheios e omissos. Aprovou-se uma tímida Lei do Divórcio, em 1977.

As mulheres da periferia retomam a luta por creche, com novos aliados, os grupos feministas e alguns sindicatos. Essa aliança proporcionou a popularização do feminismo. Obrigou também as feministas a traçar planos de ação imediata. Novos acontecimentos, fora do espaço dos 8 de Março, tornaram-se mais frequentes: I Congresso da Mulher Metalúrgica, em São Bernardo, de 1978, e outros encontros de trabalhadoras retomados depois do golpe de 1964. A participação das operárias nas greves passa a ser notícia na imprensa. Contudo, suas reivindicações específicas, com raríssimas exceções, têm ficado à margem das negociações de suas categorias.

Num primeiro momento, os congressos de mulheres foram espaços privilegiados de discussão e elaboração de uma teoria para o feminismo nascente, graças às experiências das próprias participantes. Precursores dos encontros de caráter feminista, esses congressos foram organizados por feministas, entidades de bairro, sindicatos e grupos políticos de esquerda.

Foi tão expressivo e simpático o I Congresso da Mulher Paulista que ele logo provocou uma reação nefasta por parte dos partidos políticos. Estes se viram no direito e obrigação de tomar a direção dos futuros encontros e conduzir o movimento para o caminho que consideravam "certo", convictos de que as mulheres, por si sós, não poderiam fazê-lo. Daí a divisão do movimento de mulheres nos dois congressos seguintes. Esses tiveram papel relevante. As mulheres ergueram bandeiras que, até o presente, unificam e ampliam a luta feminista, como a creche, o combate à violência sexual e doméstica, o programa de assistência integral à saúde, o controle voluntário da fertilidade, a livre manifestação da sexualidade e o direito ao trabalho assalariado.

Se, de um lado, a divisão do movimento de mulheres repercutiu negativamente, por outro lado, exigiu das militantes um maior aprofundamento de si mesmas e suas relações com a sociedade. Descobriu-se, a partir daí, o significado da autonomia política das mulheres, passando-se necessariamente pela compreensão da força histórica do patriarcalismo, que sempre excluiu as mulheres da vida social e política.

As mulheres têm tido dificuldade de agir conforme seu livre arbítrio, o que as impede de desenvolver suas próprias potencialidades. As instituições, mesmo as mais modernas, têm levantado barreiras ao pleno desenvolvimento da mulher. O fato de as organizações de mulheres terem se multiplicado na década de 1980 demonstra o avanço da consciência feminista. Quase todas foram criadas depois de 1981, ano do "racha" do movimento em São Paulo.

A prática autônoma das mulheres resultou na denúncia da violência doméstica e sexual, ocultada milenarmente ou estigmatizada como problema social decorrente da miséria e do alcoolismo, ou como característica das raças "inferiores". Ao trazer à tona os casos desse tipo de violência, evidenciou-se que a relação de homens e mulheres, independentemente da classe ou raça, tem se pautado no autoritarismo e agressividade. E isso causou um verdadeiro impacto, de forma que o Estado se viu obrigado a criar as Delegacias de Defesa da Mulher e a quebrar o eterno veredito do Poder Judiciário, que absolve os assassinos de mulheres sob a alegação de defesa da honra.

As feministas propiciaram também às trabalhadoras em geral falar de si mesmas e refletir sobre sua vida e trabalho. A trabalhadora rural passa a denunciar sua condição de trabalho sem nenhuma cobertura da legislação trabalhista. Ao se desenvolver rapidamente, o capitalismo no Brasil atingiu o campo, e os trabalhadores rurais tiveram de enfrentar novas relações de produção. As mulheres sofreram maior prejuízo, pois as mudanças sociais e econômicas não foram adequadas para absorvê-las e respeitar-lhes a dignidade. As mulheres passaram a atuar no movimento sindical, criando comissões específicas para tratar da questão. Com um trabalho assíduo e combativo, desnudaram os conflitos entre os sexos junto aos trabalhadores.

Um outro movimento significativo para a mobilização das mulheres e o avanço das ideias a respeito do seu papel foi o da Constituinte. Conquistou-se a igualdade jurídica em quase todas as áreas, no calor de grandes embates ideológicos. Pela primeira vez na história deste país, as mulheres foram às ruas, em diversos estados, colher assinaturas para apoiar a emenda popular em defesa da legalização do aborto.

As feministas que se tornaram profissionais de saúde, e vice-versa, são as primeiras a ocupar os espaços da administração pública, trazendo para o movimento as experiências de lidar com o complexo emaranhado do aparato do Estado. Mais tarde, algumas feministas, ao encaminharem a proposta de criação dos conselhos, órgãos específicos para tratar das políticas públicas voltadas às mulheres, conquistaram um espaço de articulação dentro do aparelho de Estado.

Atualmente, o movimento e as ideias feministas estão espalhados por todo canto do país. E multiplicam-se com facilidade e ocupam espaços diversos, nos sindicatos, nas universidades, nos partidos políticos, nos bairros populares, nos organismos governamentais e mesmo no parlamento.

Entidades autônomas de mulheres estão organizadas em vários estados. Umas estão bem equipadas, com pessoal profissionalizado, com sede própria e financiamento. Outras são constituídas de militantes não profissionalizadas, que voluntariamente se dedicam ao trabalho nos períodos disponíveis. Mas todas elas desenvolvem projetos de estudos e ações práticas que estimulam o progresso da luta da mulher.

Há, no entanto, questões candentes no movimento feminista. Uma delas, apresentada por Miriam Botassi, em 1988, em Salvador, no Seminário do NEIM (Núcleo de Estudos Interdisciplinares sobre a Mulher), da Universidade Federal da Bahia, aponta a necessidade de as feministas se preservarem como força independente tanto do ponto de vista da organização como dos ideais de transformação radical da sociedade. "Tenho sentido que todo debate e nossas propostas mais e mais passam pela instituição e que mais e mais perdemos nossa força independente". Miriam define o feminismo como "um conjunto de ideias e práticas radicais que tenham o poder de subverter, mudar, transformar as ideias e práticas patriarcais que vivemos. Se entendemos que o sistema se organiza por um conjunto de instituições sociais, econômicas, jurídicas e culturais que atuam para preservar o poder do patriarcado (seja no capitalismo ou no socialismo), temos de ir ganhando a noção de como nos relacionar com as instituições, mantendo nossa liberdade de pensar e exprimir ideias radicais e formas autônomas de organização."

Outra questão colocada, no momento, é o pós-feminismo, no sentido de que o feminismo está ultrapassado. Portadora dessas ideias, Camile Paglia, professora de humanidade na Universidade de Artes da Filadélfia (EUA), ganhou páginas e páginas na imprensa, ao lançar seu livro *Personas sexuais: de Nerfertite a Emily Dickinson*, que critica as feministas. Segundo ela, as mulheres são inerentemente conservadoras e se tivessem tido um papel preponderantemente no processo civilizatório, a humanidade ainda estaria vivendo nas cavernas e não teria alcançado o desenvolvimento tecnológico, que nada mais é do que uma "lista de desejos masculinos". Sem grande embasamento teórico, essas ideias só servem para atender, por algum tempo, aqueles que apostam no retrocesso do avanço teórico do feminismo.

E são as feministas que cobram a grande dívida social e econômica que tem o patriarcado perante a humanidade, em vista das injustiças milenares cometidas sob sua autoridade. A maior delas é a "imposição do grande silêncio histórico e cultural sobre as mulheres (heterossexuais e homossexuais); os papéis estereotipados que mantêm as mulheres à distância da ciência, da tecnologia e dos outros estudos 'masculinos', ligações sócio-profissionais masculinas que excluem as mulheres" (trecho da intervenção feita por Miriam Botassi).

No 11º Encontro Nacional Feminista, em Goiás, as mulheres reagiram contra o pós-feminismo. Uma mulher comentou: "Uai, gente, que negócio é esse de falar de pós-feminismo. Justamente agora que o feminismo tá pegando fogo na minha cidade". Ela tem razão. O feminismo chega agora em regiões distantes do país. Vai sendo introduzido de maneira dispersa, às vezes mesclado com propostas político-partidárias, sindicais ou mesmo de comunidades eclesiais de base. E as mulheres, estimuladas pelas ações feministas, sentem um forte anseio de mudar suas condições de vida, de exercer seus direitos e enfrentar o poder masculino, mesmo que seja ainda nas coisas miúdas do cotidiano.

Diante disso, podem as feministas se contentar em continuar bem comportadas, atuando simplesmente como meras profissionais, militantes de partido ou de órgãos governamentais?

Miriam se ressente da perda da capacidade das feministas de "agir como guerrilheiras, subverter, ousar". E propõe a retomada da autonomia como forma de "reconquistar o(s) nosso(s) feminismo(s)": "A autonomia seria a garantia de nossa possibilidade de criar novo pensamento, prática e ação — subvertendo, radicalizando e transformando a cada momento o poder patriarcal."

Parte II
Outros ensaios

A defesa do aborto na Constituinte

Exmo. Sr. Presidente da ANC (Assembleia Nacional Constituinte)
Exmo. Srs. Deputados Constituintes

Em nome do Movimento de Mulheres, conscientes de seus direitos, representando mais de 30 mil signatários da proposta popular de nº 65 perante essa Assembleia, venho fazer a defesa da reivindicação que unificou mulheres de norte a sul do país, por se tratar da saúde integral da mulher e da regulamentação de uma prática há muito usada no país, sem a devida assistência da rede pública de saúde e sem respaldo legal, que é a interrupção da gravidez indesejada.

PROPOMOS que:

Art. 1 – Compete o Poder Público prestar assistência integral à saúde da mulher, nas diferentes fases da sua vida, garantir a homens e mulheres o direito de determinar livremente o número de filhos, sendo vedada a adoção de qualquer prática coercitiva pelo Poder Público e por entidades privadas, assegurar acesso à educação, informação e aos métodos adequados à regulamentação da fertilidade, respeitadas as opções individuais.

Art. 2 – A mulher tem o direito de conceber, evitar a concepção ou interromper a gravidez indesejada até 90 dias de seu início. Compete ao estado garantir esse direito através da prestação de assistência integral às mulheres na rede de saúde pública.

PARÁGRAFO ÚNICO – Serão respeitadas as convicções éticas, religiosas e individuais.

Qualquer mulher, independente da classe social a que pertença, pode ser surpreendida por uma gravidez indesejada. Isso porque o desenvolvimento da ciência ainda não descobriu métodos 100% eficientes.

Essa situação se torna ainda mais grave frente à realidade brasileira, onde existem mais de 70 milhões de famintos, 30 milhões de analfabetos, onde o serviço de saúde pública, em muitas regiões no Brasil, não oferece recursos nem para salvar vidas de crianças vítimas de diarreia, sarampo ou qualquer outra infecção comum nessa faixa etária.

O que podemos dizer do atendimento à mulher, em idade fértil, na rede de saúde pública, quando procura evitar filhos? Se na rede de saúde pública, não se implantou até hoje uma política de saúde que a mulher seja atendida do ponto de vista integral. O PAISM (Programa de Assistência Integral à Saúde da Mulher), que é uma conquista a nível de princípios, na prática esbarra com entraves políticos que impedem sua aplicação. A mulher, hoje, tanto pelo trabalho dos grupos organizados de saúde, como através dos meios de comunicação de massa, conquistou direito à informação sobre métodos contraceptivos, sua eficácia, vantagens e desvantagens. Mas o que vale tudo isso, se no Posto de Saúde ela não dispõe desses recursos. Onde existe diafragma, só se encontra o de nº 70, e as geleias estão vencidas. Receita-se a pílula, mas não se faz o acompanhamento médico. Os DIUs aprovados pela Dimed não existem à disposição. Sequer o Papanicolau (teste para avaliar se há câncer de colo de útero) é feito na maioria dos Postos de Saúde, como exame de rotina, que deveria ser.

Os Postos de Saúde fazem precariamente o pré-natal, sem ter, contudo, garantia de leito-maternidade para essas mulheres.

O atendimento à saúde mental das mulheres é um ideal ainda longe de ser praticado.

Podemos afirmar, com toda certeza, que a grande maioria das mulheres que querem evitar filhos, não recebe nenhum atendimento, orientação ou informação a esse respeito. Ficam à mercê da própria sorte, sozinhas e desesperadas, são obrigadas a recorrer a meios abortivos, que as violentam e colocam sua própria vida em risco. São diversos os métodos usados pelas mulheres para fazer o aborto: agulha de tricô, talo de mamona, gargalo de garrafa e ervas e medicamentos tóxicos.

Segundo notícia do *Jornal do Brasil* (05/10/86), "um estudo recente da ONU mostrou que no Brasil, para cada cem partos, se realizam 50 abortos. Um cálculo conservador aponta a realização de 4 milhões de abortos anualmente no Brasil que provocam a morte de 400 mulheres e levam 800 mil a sofrer sequelas gravíssimas, como a esterilização."

O aborto é a 4ª causa mortis de mulheres em idade fértil.

A Fundação Carlos Chagas realizou pesquisa junto ao Inamps [Instituto Nacional de Assistência Médica de Previdência Social], que mostra que o aborto provocado é a causa de 22% de todas as internações e ocupa 40% dos leitos destinados à ginecologia e obstetrícia, representando um ônus econômico para o Estado muito maior do que seria a prática do abortamento legal.

Isso são apenas alguns dados da triste situação que enfrenta a mulher brasileira.

Entretanto, as mulheres com alto poder aquisitivo fazem o aborto, sem riscos de vida porque dispõem de dinheiro suficiente quando pagam de 15 a 35 mil cruzados para as clínicas particulares, que existem em abundância com a conivência das autoridades subordinadas. Essas clínicas são sobejamente conhecidas, o que faz com que a prática do aborto seja ilegal, mas não tão clandestina. Mantêm uma clientela definida economicamente e sem dúvida formam a rede paralegal do aborto.

Se essa prática paralegal ou clandestina não legaliza, entretanto, garante para algumas poucas mulheres o direito democrático à sua opção individual de não ter filhos indesejados, subordinando, assim, mais um direito democrático ao poder econômico.

Esses altos índices de aborto demonstram claramente que o mesmo tem sido usado como método contraceptivo.

Mas nós, do movimento de mulheres, nos recusamos a aceitar o aborto como método contraceptivo, e por isso queremos vê-lo tratado dentro de uma política global de assistência à saúde, onde homens e mulheres possam determinar livremente o número de filhos.

Por isso entendemos que o aborto deve ser legalizado, nos seguintes casos:

- livre opção da mulher, consciente e individual, sem a interferência de terceiros;

- riscos de vida da gestante;
- gravidez resultada de estupro;
- anomalias fetais graves incuráveis.

Entretanto setores da sociedade, a pretexto de defenderem a vida, querem nos impor leis, que criminalizam o aborto na futura Constituição. O curioso é que quando morre uma mulher, em consequência do aborto clandestino, não se encontra um partidário da vida protestando contra essa morte. Por que será? Será que a mulher que pratica o aborto, merece a pena de morte? Repudiamos esse ponto de vista:

1. Consta que na antiguidade o aborto era visto como questão privada, dizendo respeito apenas às mulheres que eram livres para fazerem sua própria escolha, não tendo nenhum homem o direito de interferir na questão. A escolha era delas, já que elas deviam dar a vida com alegria, para poder fazê-lo bem.

2. Por muito tempo, durante séculos, a Igreja católica seguiu pela teoria do teólogo São Tomás Aquino e outros, que sustentavam que não existe um ser humano no ventre durante as primeiras etapas da gravidez, pois consideravam que antes do feto tomar formas humanas e possuir os órgãos básicos, o embrião está vivo mas da mesma maneira que uma planta e um animal.

3. François Jacob, Prêmio Nobel de Medicina e Fisiologia, declarou em 1972 que assim como um ovo fecundado está vivo, um espermatozoide ou um óvulo isolados estão vivos. Nessa compreensão, se não podemos impedir o desenvolvimento de um ovo fecundado por estar vivo, não poderíamos também evitar filhos, uma vez que cada óvulo ou espermatozoide representam vidas.

4. Segundo Rosalin Petchesky, socióloga norte-americana, "nós temos obrigação moral com respeito ao que não são pessoas, os fetos, os animais, as árvores e toda vida orgânica … O problema é naturalmente que a sobrevivência dessas coisas vivas pode entrar em conflito com alguns direitos e necessidades importantes de seres humanos, e que em face de tais conflitos, temos que dar prioridade a seres humanos vivos e conscientes sobre as outras formas de vida."

Portanto, entendemos que o aborto não é crime, desde que praticado de forma livre e, consciente, sem a coação de terceiros. Criminosa é a sociedade que impõe à mulher que deseja ou não ter filhos a praticar o aborto em condições precárias ou ver seus filhos crescerem na miséria.

Deve-se respeitar a opinião dos que acreditam que o aborto é pecado, mas não se pode aceitar que essa opinião seja imposta a todos os brasileiros que pensem diferentemente. A proibição legal do aborto só teria sentido se no país como um todo houvesse uma posição unânime e definitiva sobre o momento em que o feto pode ser considerado como ser humano e sobre a sacralidade absoluta da vida do embrião.

Não basta defender a vida. É necessário defender a qualidade da vida. A luta pela legalização do aborto faz parte da luta pela maternidade livre, que por sua vez integra a luta pela dignidade da vida humana.

Como parte dessa luta é necessário evitar que muitas mulheres tenham que recorrer ao aborto. É necessário que o Estado, através dos seus serviços de saúde devidamente equipados para atender adequadamente à população, coloque à disposição das mulheres as informações e os meios anticoncepcionais necessários para evitar a gravidez indesejada.

Como parte dessa luta, é necessário coibir os abusos de empregadores que não respeitam as leis trabalhistas e dispensam empregadas grávidas e exigem o teste de gravidez antes da admissão.

Como parte dessa luta, é necessário que se combata o arrocho e a discriminação salarial para que as mulheres possam sustentar os filhos que desejarem.

Como parte dessa luta é preciso uma reforma agrária que garanta terra para quem nela trabalha e soberania nacional para evitar interferências estrangeiras nas decisões do povo.

Como parte dessa luta, é preciso mudar toda a mentalidade da sociedade que não apoia a mulher no exercício da maternidade.

SOBRE O ABORTO TERAPEUTICO

O Brasil é um país de agudas contradições.

Enquanto nascem milhares de crianças excepcionais, portadoras de deficiências físicas ou mentais, que, segundo os dados da OMS, atingem 10% da população, o Brasil é entretanto o primeiro país do hemisfério sul a introduzir as técnicas para acompanhar a saúde fetal desde o início da gravidez. Mas, infelizmente, diferente de outros países, essa tecnologia não está colocada no serviço de saúde pública de forma acessível a todas as mulheres.

A ultrasonagrafia (que identifica anomalias no feto) e amniocentese ou a amostra de vilo corial (estudo dos cromossomas do feto) são as técnicas mais avançadas e que já estão implantadas no nosso país. A fidelidade dos resultados desses exames atinge 100%, conforme experiências feitas pelos geneticistas da Escola Paulista de Medicina, segundo o médico cientista Dr. Thomaz Rafael Gollop.

Entretanto o Código Penal, feito em 1940, prevê o aborto necessário no artigo 128 somente nos seguintes casos:

Artigo 128 – Não se pune o aborto praticado por médicos:

I – Se não há outro meio de salvar a vida da gestante;

II – Se a gravidez resulta de estupro e o aborto é precedido de consentimento da gestante ou, quando incapaz, de seu representante legal.

Segundo observação desse mesmo geneticista, "é curioso observar que várias indicações de aborto para salvar a vida da gestante, que eram válidas em 1940, como a tuberculose materna, deixaram de existir hoje. Entretanto surgiram as técnicas de diagnóstico genético pré-natal, que permitem cerca de 800 afecções fetais". Por isso esse mesmo cientista propõe que se acrescente à lei o seguinte item, para ampliar o direito ao abortamento:

– Quando for diagnosticada doença fetal grave e incurável. Pois caso contrário o geneticista brasileiro está preparado para admitir a necessidade de aconselhar a interrupção de uma gravidez. Se a lei continuar a proibir o direito ao abortamento no caso de anomalia fetal, só restará ao médico a alternativa de fechar os olhos diante das contradições que lhe deparam, recomendando à paciente a prática de um ato criminalizado no nosso código penal.

De qualquer forma defendemos o direito para todas as mulheres de obter as informações solicitadas que dizem respeito a seu corpo, incluindo nesse conceito o embrião que traz em seu ventre, e o direito de optar pela interrupção da gravidez, tanto nesse caso como de modo geral, em função do direito inalienável das pessoas decidirem o que é melhor para o seu corpo e para si mesmas.

Chamamos a atenção para a discriminação sexual. Sabemos empiricamente que a preferência por filhos do sexo masculino é generalizada, em nossa sociedade patriarcal e com o desenvolvimento tecnológico, pode se saber com nove semanas de gestação o sexo do embrião. Não aceitamos que o aborto se realize para evitar o nascimento de um ser humano de sexo masculino. Nada justifica esse aborto.

INEFICÁCIA DA LEI EXISTENTE

A lei existente não tem tido função prática:

1. O aborto clandestino é prática nas clínicas particulares com a conivência das autoridades competentes. Milhares de mulheres praticam o autoaborto, violentando-se, mutilando-se com graves consequências para a sua saúde, onde muitos caso são fatais.

2. No caso da gravidez, resultada por estupro, o encaminhamento legal é extremamente moroso, inviabilizando sua prática.

3. As repressões policiais não estão vinculadas ao cumprimento da legislação, mas sim ao valor do suborno.

4. Se existe uma omissão ao cumprimento da lei, por uma prática corriqueira na vida de nosso país, por outro lado vem crescendo a prática, que já acontece em larga escala, dos abusos da esterilização, consequência de uma política que normatize criteriosamente os casos indicados como necessários. E a esterilização em massa, entendemos que é mais que um crime, é um genocídio. Há cidades nordestinas em que o percentual de mulheres esterilizadas em idade fértil atinge a espantosa cifra de 80%.

5. Na verdade a lei só funciona para reforçar o sentimento de culpa imposto por uma sociedade hipócrita que, a pretexto de defender a vida do feto, arruína e extermina a vida da mulher, ao invés de tomar medidas públicas que atendam as plenas condições para exercer o direito à vida do ser humano, como assistência integral à saúde, desde o nascimento até a velhice; educação pública e gratuita em todas as etapas da vida; reforma agrária, alimentação, moradia, trabalho, estabilidade, segurança, salário e aposentadoria digna.

Nenhuma lei acaba com o abortamento. A criminalização do aborto não o coíbe, apenas o coloca na clandestinidade.

Por último, concluímos que o abortamento deve ser um direito da mulher, decidir livremente o que lhe é mais conveniente. Direito não é obrigação. As pessoas devem agir conforme sua consciência, sua formação religiosa e moral. Direito não quer dizer em hipótese alguma imposição, obrigação ou dever. As pessoas e, particularmente, as mulheres brasileiras têm suficiente capacidade para tomarem suas decisões.

Maria Amélia de Almeida Teles –
representante do Movimento de Mulheres
Brasília, 26 de agosto de 1987.

A luta pela creche

Introdução

A creche, concebida como um espaço para a educação e cuidados de crianças pequenas, numa perspectiva social e pedagógica, se deu num processo de uma intensa e animada luta popular na cidade de São Paulo, com a participação de mulheres da periferia, trabalhadoras vinculadas ao movimento sindical, intelectuais e feministas dos jornais *Brasil Mulher, Nós Mulheres* e, mais tarde, do jornal *Mulherio*. Essas iniciativas populares tiveram na cidade de São Paulo um cenário privilegiado e se estenderam por diversas outras cidades brasileiras.

O Movimento buscou desde o primeiro momento interlocução com a Prefeitura, de forma constante e de difícil diálogo. Isso ocorreu nos tempos da ditadura militar (1975 a 1984), quando a intensa repressão política cerceava as liberdades políticas de expressão e organização, os partidos políticos eram proibidos e sindicatos e associações de classe estavam sob intervenção. A imprensa encontrava-se amordaçada sob censura e militantes da oposição política eram sequestrados e presos, torturados, exilados, mortos e desaparecidos pelos agentes militares do aparato estatal da repressão.

A partir da década de 1970, emergiram, nas grandes cidades, manifestações organizadas pela sociedade civil, que reivindicavam os direitos fundamentais, como congelamento dos preços dos gêneros de primeira necessidade o que teve sua expressão política mais significativa no Movimento do Custo de Vida. Outros movimentos se organizaram: pela saúde, por salários, transportes, moradia, creches, o que galvanizou forças sociais de resistência nos locais de moradia, os bairros da periferia, distantes dos centros urbanos e das preocupações dos governantes. Esses movimentos enfrentaram momentos tensos, pois a ditadura e todo o seu aparato repressivo perseguiam as pessoas que compunham as coordenações desses movimentos.

> O bloqueio dos canais institucionais de representação popular – como os partidos políticos, as câmaras legislativas, os sindicatos e associações de massas – estimulou o uso dos laços primários de solidariedade na sobrevivência diária da população. Relações de vizinhança, parentesco, compadrio ou amizade, permitiam a proteção imediata dos indivíduos diante de um clima social de medo. Foi em boa parte o desenvolvimento desses laços diretos entre as pessoas, que confiavam umas nas outras, que deu origem a vários movimentos de base.[1]

Na época, vários tipos de organização popular vinham ganhando certa força, impulsionados pela pauperização e marginalização das chamadas massas urbanas, subordinadas à indiferença e à negligência dos governantes que comumente empregavam os recursos a favor dos investimentos que beneficiavam o capital e as áreas "nobres" das cidades. Esses movimentos sociais urbanos, a partir dos anos de 1970, começaram, então, a atrair moradores de bairros populares e periféricos e também os trabalhadores impedidos de participar devido à repressão nos sindicatos, fábricas e demais locais de trabalho, escolas, entre outros. São movimentos que insurgiam contra os efeitos perversos da situação injusta e desigual, que se, muitas vezes, chegaram aos quebra-quebras de ônibus e trens, ocupações de terrenos vazios, reivindicações por escolas, postos de saúde e cobranças pela omissão do estado.

Castells[2] definia esses movimentos como "sistemas de práticas sociais contraditórias que subvertem a ordem estabelecida a partir de contradições específicas da problemática urbana".[3]

---

1   PAUL I. Singer e BRANT, Vinicius Caldeira (Orgs). São Paulo. *O Povo em Movimento*, Petrópolis, Vozes, Cebrap, 1980, p. 13.

2   Manuel Castells é sociólogo espanhol nascido em 1942 que tem se dedicado à sociologia urbana sob uma perspectiva marxista. Tem enfatizado o papel dos movimentos sociais na transformação conflitiva da paisagem urbana.

3   CASTELLS, Manuel. *Movimientos Sociales Urbanos*. Cidade do México, Siglo Veintiuno, 1991, p.03.

A reivindicação por creche na cidade de São Paulo

O município de São Paulo teve seu perfil bastante modificado entre 1940 e 1979, quando se unifica a luta por creche na cidade. Em 1940, sua população, era de 1.326.621 habitantes; passou em 1980 a ser de 8.493.226 de pessoas.

> um aumento de 540%, índice extremamente elevado, quando comparado com o aumento de 189% da população geral do Brasil no mesmo período (IBGE,1984:141). A população economicamente ativa do município passou de 503.014 pessoas em 1940 para 3.783.742 pessoas em 1980, um aumento de 652%, enquanto que a população economicamente ativa do Brasil aumentou 212% no mesmo período.[4]

O crescimento populacional nas cidades, de forma desordenada, como ocorreu em São Paulo em plena vigência da ditadura militar, com a falta de infraestrutura nas periferias, se deveu ao acelerado desenvolvimento capitalista, com a multiplicação de indústrias multinacionais, num contexto de um capitalismo dependente e concentrador de riqueza. Não se processou a necessária reforma agrária, o que levou um grande contingente da população rural para a área urbana, de maneira abrupta e violenta. Assim cresceram as periferias e subúrbios, favelas e cortiços. Em 1980, 45% da população de São Paulo vivia nas favelas e cortiços, sendo que 11,66% das famílias tinham renda familiar de até dois salários mínimos e 46,6% tinham na época rendimentos que chegavam no máximo a cinco salários mínimos.

As mulheres tiveram um expressivo aumento na população economicamente ativa (PEA) do município de São Paulo. Em 1940, eram 20,3% da PEA; e esse percentual foi aumentando, e em 1980 chegou a 34,7%.

> Além de ocupar uma situação desvantajosa em relação ao homem trabalhador, a mulher tem ainda que resolver a questão das tarefas domésticas, especialmente a da guarda de seus filhos menores enquanto trabalha. O problema se agrava particularmente nos grandes centros urbanos e entre

---

4   ROSEMBERG, Fúlvia (org). Temas em Destaque: Creche. Cortez Editora e Fundação Carlos Chagas, São Paulo, 1989, p. 113 e 114.

> a população migrante que procura tais centros, pois nesta população verifica-se o desmembramento das famílias extensas, características da zona rural e dos pequenos centros urbanos. Não tem assim a mãe o apoio de outros membros da família, como avós e tios, para ajudar a cuidar de seus filhos enquanto trabalha.[5]

Os dados do IBGE de 1979 mostravam que, em 1977, 14,5% das famílias da região metropolitana de São Paulo eram chefiadas por mulheres, o que reforçava a necessidade de ajuda para cuidar dos filhos pequenos. Outro dado a ser destacado: o crescimento da mortalidade infantil. Contrariamente a outras décadas, quando as crianças morriam mais no interior e no Nordeste brasileiros, esses índices passaram a ser maiores nos grandes centros urbanos, inclusive em São Paulo.

> Entre 1940 e 1950, a taxa de mortalidade infantil na região diminuiu de 30% e na década seguinte decresceu de 32%, contrastando com os últimos 13 anos, em que aumentou de 45%.[6]

Havia, naquele momento, a inflação alta, a deterioração do salário real e o agravamento da crise econômica que atingiram a maioria das famílias, causando pobreza extrema, o que fez aumentar a mortalidade infantil e criar sérios problemas para as crianças de 0 a 6 anos. A maior parte das mortes de crianças pequenas se deveu a doenças infecciosas, desnutrição e falta de instalações de água e esgoto.[7]

Em outubro de 1975, Ano Internacional da Mulher, na cidade de São Paulo, foi realizado o "Encontro para Diagnóstico da Mulher Paulista", na Câmara Municipal de Vereadores, uma promoção conjunta do Centro de Informações da ONU e da Cúria Metropolitana, no qual se destacou a questão da creche, que foi inserida na carta programática:

---

5 Idem, artigo: "Propostas para o Atendimento em creches no Município de São Paulo/ Histórico de Uma Realidade" 1986, p. 31 e 32, no qual cita a fonte dos dados: IBGE, 1980.

6 São Paulo, 1975 – Crescimento e Pobreza, São Paulo, Edições Loyola, 1976, p. 47.

7 Diagnóstico sobre o atendimento a crianças pequenas em creches e pré-escolas. Fulvia Rosemberg/Maria Malta Campos/Regina Pahim Pinto. Conselho Estadual da Condição Feminina/SP, 1985.

> É necessário que todas as mulheres, os representantes das
> sociedades amigos de bairro, clubes de mães e interessados
> em geral, desenvolvam juntos um programa que venha a re-
> solver o problema de creches na cidade de São Paulo[8].

Poucos dias depois desse encontro que colocou a creche como prioridade, em 23 de outubro de 1975, Marise Egger, uma de suas coordenadoras e
integrante do Centro de Desenvolvimento da Mulher, organização de defesa
dos direitos das mulheres, foi presa, juntamente com dezenas de militantes do
Partido Comunista Brasileiro (PCB), e levada para o DOI-Codi/SP (conhecido
também como OBAN). Ali ela foi torturada e estuprada:

> Eu estava arrebentada, o torturador me tirou do pau de ara-
> ra. Não me aguentava em pé, caí no chão. Nesse momento,
> fui estuprada. Na época, eu estava amamentando o meu fi-
> lho Tiago e recebi muitos choques nos seios. O leite descia.
> E ali se deu uma discussão entre os torturadores. Uns que-
> riam que parasse e outros que continuassem...
> Dois anos depois, não pude amamentar minha filha recém
> nascida porque os meus seios estavam necrosados.[9]

No ano de 1976, os movimentos de funcionários, estudantes e professores
da USP – Universidade de São Paulo organizaram uma manifestação pública em
defesa da construção de creche na cidade universitária noticiada pela imprensa.

Nesse mesmo ano, o jornal *Movimento* (jornal, tipo tabloide, da imprensa
alternativa, submetido à censura em todas suas edições) fez um número dedicado
à mulher que foi inteiramente censurado, sem sequer chegar às bancas de venda de
jornais. Um dos artigos vetados pela censura era sobre creches, assinado por Maria
Malta Campos (na época, ela era pesquisadora da Fundação Carlos Chagas).

O jornal *Nós Mulheres* trouxe, em sua primeira edição, junho de 1976, a
reivindicação creche, dentre outras:

---

8   Jornal *Brasil Mulher*, 1976, nº 5, p. 12

9   Ver no youtube: https://www.youtube.com/watch?v=gTmfSoSTj2M de 17 de dez de 2013
    quando Marise Egger deu seu depoimento para a Comissão da Verdade do Estado de
    São Paulo: "Rubens Paiva".

> Achamos que nós mulheres devemos lutar para que possamos nos preparar, tanto quanto os homens, para enfrentar a vida. [...] É possível que nos perguntem: mas se as mulheres querem tudo isto, quem vai cuidar da casa e dos filhos? Nós respondemos: o trabalho doméstico e o cuidado dos filhos é um trabalho necessário, pois ninguém come comida crua, anda sujo ou pode deixar os filhos abandonados. Queremos, portanto, boas creches e escolas para nossos filhos, lavanderias coletivas e restaurantes a preços populares.

Desde que a ONU realizou a 1ª. Conferencia sobre a Mulher, em 1975, na cidade do México, a reivindicação por creche em São Paulo apareceu de forma constante em reuniões, encontros populares, atos feministas, sejam publicações ou eventos.

Em 1977, ao celebrarem, publicamente, o Dia Internacional da Mulher, as bancárias manifestaram-se contra a alta do custo de vida, o crescimento do desemprego causado pelo avanço da crise econômica, contra a desigualdade salarial entre mulheres e os homens e pela construção e manutenção de creches próximas aos locais de trabalho, de estudo e nos bairros populares, pelo congelamento dos preços dos gêneros de primeira necessidade e pelas liberdades democráticas (jornal *Brasil Mulher* nº 6, abril de 1977, p. 2).

> Também nessa época, a imprensa divulga uma outra forma de atuação: mulheres das classes trabalhadoras, que moram num bairro da periferia de São Paulo, manifestam-se diante da prefeitura reivindicando creches.[10]

A bandeira da creche mobilizou grupos de mulheres, como os clubes de mães, e moradores de alguns bairros periféricos que criaram creches (precárias) em sistema de mutirão, o que obrigou a Prefeitura de São Paulo a fornecer algum subsídio financeiro para manutenção dos equipamentos. Outros grupos passaram a se manifestar junto à Prefeitura reivindicando creches.

---

10 ROSEMBERG, Fúlvia, (org.) "Creche", Cortez Editora e Fundação Carlos Chagas, SP, 1989, p. 97.

Breve história do feminismo no Brasil e outros ensaios

O assunto foi tratado na CPI da Mulher (Comissão Parlamentar de Inquérito sobre a discriminação contra a mulher) ocorrida em 1977, no Congresso Nacional, a partir do requerimento de nº 15 de 1976. Ali foi colhido o depoimento de Maria Malta Campos sobre a situação das creches.

A criação do Movimento de Luta por Creche

Em 1979, foi realizado o 1º Congresso da Mulher Paulista, nos dias 3 e 4 de março, no Teatro Ruth Escobar, no bairro da Bela Vista, em São Paulo.

Contou com a participação de mais de mil mulheres e se encerrou no dia 8 de março, "Dia Internacional da Mulher". Na ocasião foi lida a carta assinada pelas entidades organizadoras do Congresso: Associação de Mulheres, Centro de Desenvolvimento da Mulher Brasileira, Associação das Donas de Casa, Frente Nacional do Trabalho, Departamento Feminino da Casa de Cultura de Guarulhos, Movimento do Custo de Vida, Clube de Mães, Oposição Sindical Sabesp/Cetesb, Serviço de Orientação Familiar, *Nós Mulheres* e *Brasil Mulher*. Dentre as reivindicações apresentadas no documento, a creche foi considerada prioridade:

> Pela instalação de creches gratuitas próximas aos locais de trabalho e moradia.[11]

Marise Egger, uma das coordenadoras do evento, relata com entusiasmo a discussão sobre a creche no 1º Congresso da Mulher Paulista:

> No Congresso, então, no 1º Congresso da Mulher Paulista, ele foi feito com união, houve muita briga na preparação, mas não interessa. O resultado, o produto final dele, todo mundo foi, participou, as mulheres da periferia participaram, não houve uma cisão, quer dizer [...] foi no Congresso que a questão da creche saiu com força, porque a questão da creche era uma coisa que as mulheres nunca engoliram ter perdido no Movimento do Custo de Vida.[12]

---

11   Jornal *Brasil Mulher* nº 15, abril de 1979, encarte especial.

12   O Movimento do Custo de Vida iniciou-se com a participação de mulheres dos Clubes de Mães e, na medida que ganhou visibilidade política, passou a ter forte influência de

> Então, quando foi criado um espaço só da mulher, a cre-
> che saiu com força total. E saiu a creche totalmente gra-
> tuita, financiada pelo Estado, que não fosse um depósito
> de crianças.[13]

Dessa forma, o movimento feminista e os movimentos de mulheres populares criaram o Movimento de Luta por Creche, que unificou as diversas ações pela criação das creches.

> Este movimento conseguiu integrar feministas de diversas
> tendências, grupos de mulheres associadas ou não à Igreja
> Católica, aos diversos partidos políticos (legais ou clandes-
> tinos) e grupos independentes. E mais: conseguiu integrar
> grupos dispersos de moradores, que reivindicavam creche
> isoladamente em seus bairros. [14]

A primeira reunião do Movimento de Luta por Creche foi realizada no dia 20 de abril de 1979, na sede do Sindicato dos Bancários, e contou com mais de 200 participantes. Seguiram-se outras reuniões que definiram duas frentes de luta: uma no movimento sindical, para exigir creches nas empresas, e a outra junto à Prefeitura, para que esta implantasse, creches nos bairros conforme a proposta pedagógica do Movimento.

A luta unificada pelas creches teve seu lançamento no Largo São Bento, no centro de São Paulo, num ato alegre, simpático e muito descontraído.

"Enfim tornou-se pública a luta por creches", em 12 de outubro de 1979, lembra-se Marise Egger. Antes disso, uma representante do Movimento de Luta por Creche falou no 1º de maio, em São Bernardo do Campo, e também foi feita uma carta lida no "Dia das Mães", no mês de maio daquele ano.

---

homens sindicalistas e a bandeira da creche foi excluída por ter sido considerada uma bandeira assistencialista e não econômica ou política.

13 CAMPOS, Maria Malta; ROSEMBERG, Fúlvia; CAVASIN, Sylvia. "A Expansão da Rede de Creches no Município de São Paulo durante da década de 70". Volume II, p. 91, 1988. Pesquisa realizada no departamento de Pesquisas Educacionais da Fundação Carlos Chagas.

14 ROSEMBERG, Fúlvia. Creche, Editora Cortez, São Paulo, 1989, p. 98.

O Sindicato dos Bancários sofreu intervenção da ditadura e as reuniões do Movimento de Luta Por Creche passaram a ser realizadas no Sindicato dos Jornalistas. O Movimento funcionava respeitando as lutas nos bairros que eram independentes, pois cada uma se encontrava numa fase diferente, e, no Movimento se tratavam das ações conjuntas para toda a cidade de São Paulo.

Em 10 de outubro de 1979, o Movimento de Luta por Creche foi à Prefeitura para reivindicar a construção de creches diretas, públicas e gratuitas.

Vale destacar que as mobilizações iniciais para reivindicar creches surgem após o período do "milagre econômico", fruto de uma política econômica de centralização de renda e que trouxe consequências de uma urbanização sem infraestrutura para os bairros periféricos, o que agravou, sem dúvida, as péssimas condições da população pobre.

Em 1983, segundo Paul Singer, a parcela da renda total do país apropriada pelos 60% mais pobres da população era de 17, 7%, e a dos 10% mais ricos era de 47,9%.

> O Movimento de Luta por Creches cresce e se desenvolve. O Movimento não só reivindica, mas também zela pela qualidade do equipamento. Exige certos padrões na construção: discute o funcionamento da creche; participa da seleção de funcionários, inclusive das diretoras das 7 primeiras creches instaladas. Até 1982, são instaladas 120 creches na cidade de São Paulo.[15]

Quando no final da década de 1970, o Movimento de Luta por Creche se organizava e atuava no meio de tantas reuniões para socializar as informações e estabelecer metas e estratégias, havia um pessoal técnico da prefeitura que dava apoio e trazia informes atualizados de como estava sendo tratada a creche nos bastidores do gabinete do prefeito, o que facilitava as ações de pressão popular, de questionamento e principalmente de cobrança de uma resposta governamental.

A luta pelas creches produziu resultados impactantes. Foi criada, no território brasileiro, a primeira rede municipal de creches, na cidade de São Paulo. Pelo

---

15 ROSEMBERG, Fulvia, Maria Malta Campos e Regina Pahim Pinto. Diagnóstico sobre o atendimento a crianças pequenas em creches e pré-escolas. Conselho da Condição Feminina do Estado de São Paulo, 1985.

menos, nas primeiras creches implantadas, a comunidade participou do processo de seleção dos servidores que iriam trabalhar nelas e propôs e organizou critérios para matricula das crianças e de funcionamento e dinâmica do equipamento.

Como a prefeitura tratou a creche

Em 1979, o prefeito nomeado era Reynaldo de Barros[16]. De imediato, diante da presença do movimento, ele prometeu a construção de 830 creches, no valor de 9 bilhões de cruzeiros[17]. Um mês depois, o prefeito falava em 500 creches[18]. E na semana seguinte, o número de creches caía para apenas 26 unidades[19]. Por isso, multiplicavam-se as caravanas de mulheres e moradores de bairros periféricos para cobrar da prefeitura a construção de creches. O prefeito começou a hostilizar o movimento. Numa dessas idas à prefeitura, houve muita pancadaria. O prefeito colocou a polícia para receber o movimento e houve uma tremenda repressão contra mulheres e crianças que participavam da manifestação. Isso ocorreu no dia 12 de novembro de 1980.

A participação popular era inaceitável nos tempos de ditadura. Comentava-se à época que o então prefeito não entendia "dessa coisa de social". O prefeito anterior, Olavo Setúbal, já havia recomendado ao prefeito Reynaldo de Barros que tomasse cuidado com essa área social que era bem complicada. Aliás, segundo assistentes sociais da área municipal, o prefeito Olavo Setúbal também nunca entendeu essa "coisa de social". Ele teria feito um documento entregue ao seu sucessor, o prefeito Reinaldo de Barros, reconhecendo que a grande falha cometida por ele, era não ter entendido o social.[20] As assistentes sociais contam que Reinaldo de Barros havia sido nomeado prefeito após uma crise política que tinha obrigado o novo governador, Paulo Maluf, a encontrar um nome que tivesse alguma proximidade com o grupo que saía (o governador

---

16   *Jornal da República*, 11/10/1979.

17   *Jornal da República*, 11/10/1979.

18   *Folha da Tarde*, 13/11/1979.

19   *Folha da Tarde*, 20/11/1979.

20   "A Expansão da Rede de Creches no Município de São Paulo" – Fundação Carlos Chagas, 1988, p. 99.

Paulo Egydio Martins e o prefeito, Olavo Setúbal). Havia necessidade de que o governo se adequasse às ações frequentes e perseverantes de pressão social junto ao Poder Público pelos movimentos populares. De fato, foi feita, então, uma reestruturação na área social para responder à demanda da implantação das creches, ainda que de maneira bastante precária.

Em 1965, criou-se a regionalização administrativa da cidade como forma de impedir que as demandas populares chegassem até o prefeito. Em 1968, foi constituída a Coordenação das Administrações Regionais, o que estabeleceu uma barreira entre as reivindicações populares e o governo central. No período de maior repressão houve intimidação e cooptação de integrantes das Sociedades de Amigos de Bairro, o que garantia a atuação repressiva da autoridade da administração municipal local.

A estruturação das atividades da área do serviço social da prefeitura sofria constantes modificações. A Sebes (Secretaria Municipal do Bem Estar Social) foi criada em 18 de maio de 1966, pela lei 6.882[21], quando era prefeito José Vicente de Faria Lima, o brigadeiro Faria Lima[22]. O prefeito Olavo Egídio Setúbal[23] editou o Decreto 14.315 de 04/02/19977 que criou a Coordenadoria do Bem-Estar Social (Cobes) vinculada à Secretaria da Administração Regional (SAR) e deveria atuar primordialmente junto às Sociedades de Amigos de Bairro e demais movimentos sociais urbanos.[24]

---

21 BORTOLETTO, Maria Cecília Pimentel. *Recursos humanos na administração pública municipal: modelo gerencial na área de bem estar em São Paulo.* Dissertação de mestrado à Escola Brasileira de Administração Pública da Fundação Getúlio Vargas, Rio de Janeiro, 1988, 58.

22 Brigadeiro Faria Lima (1909-1969) foi prefeito em São Paulo no período de 1966 a abril de 1969. Era engenheiro militar e pertencia à Força Aérea Brasileira. Consulta feita no https://pt.wikipedia.org/wiki/Jose_Vicente_Faria _Lima, em 07/04/2016.

23 Olavo Egídio de Sousa Aranha Setúbal (1923-2008) foi engenheiro, industrial, banqueiro. Foi prefeito de São Paulo, de 1975 a 1979, indicado pelo governador Paulo Egydio Martins. Consulta feita no https://pt.wikipedia.org/wiki/Olavo_Setubal, em 15/01/2016.

24 BORTOLETTO, 1988, p. 64.

Em 13 de julho de 1979, o prefeito Reynaldo de Barros[25] alterou a subordinação de Cobes, desvinculando-a de SAR para subordiná-la diretamente ao seu gabinete, conforme Decreto Municipal n° 15.902 de 29/05/1979[26]. A COBES passou a ter mais poder justamente quando o Movimento de Luta por Creche começou sua atuação unificada pressionando a prefeitura para construção de creches públicas e gratuitas. A primeira coordenadora nomeada pelo prefeito foi Terezinha Fram, com o objetivo de responder por diversos serviços e, principalmente, pelas creches.

Um texto intitulado "Uma educadora na Coordenadoria do Bem-Estar Social"[27] apresenta a trajetória da Therezinha Fram e traz as dificuldades daquele momento:

> [...] pedagoga (que) assumiu o principal cargo da Coordenadoria do Bem-Estar Social da prefeitura de São Paulo (Cobes), em 1979, na gestão do prefeito Reynaldo de Barros. Naquele ano, ocorrera uma greve do funcionalismo municipal, em que as trabalhadoras da COBES se engajaram. Sob o cenário de um prefeito nomeado, ameaça de demissões, manifestações de trabalhadores da prefeitura por toda cidade e depoimentos das lideranças da greve no Departamento de Ordem Política e Social (Deops), uma pedagoga penetra na seara dominada por assistentes sociais. Um depoimento para a pesquisa "A expansão da rede de creches no município de São Paulo durante a década de 70", realizada pela Fundação Carlos Chagas, despertou a atenção sobre sua atuação:
>
> [...] e a Terezinha era pressionada, mas ela não tinha força, nem coragem, não se aliou às lideranças. Ela podia até ter caído por estar lutando com os que desenvolviam aquele processo, mas teria caído numa alta. Mas preferiu sair mais por omissão do que por vontade de assumir (HADDAD; OLIVEIRA, 1988, p. 334).

---

25 Reinaldo Emídio de Barros (1931- 2011) era engenheiro civil e foi prefeito de São Paulo, no período de 12/07/1979 a 14/05/1982, por indicação do então governador Paulo Maluf. Consulta feita em 15/01/2016 em https://pt.wikipedia.org/wiki/Reinaldo_de_Barros

26 BORTOLETTO, p. 68.

27 SCAVONE, Darci Terezinha De Luca e Moyses Kuhlmann Jr.

Mais adiante, o texto trouxe traços de sua personalidade:

> Quieta, covarde, omissa, misteriosa, bandeirante, missioná-
> ria, fecundante, são os ditos pelas pessoas que trabalharam
> sob seu comando. A curiosidade se manteve da chegada à
> despedida. Como entrou, saiu: em silêncio. Therezinha Fram
> encontrou na Cobes todo tipo de problema. Pipocavam mo-
> vimentos de moradia, carestia, anistia. As mulheres estavam
> nas ruas, lutavam por melhores condições de trabalho e li-
> berdade e as mães exigiam creches.

O documento enfatizou a questão das creches na cidade de São Paulo:

> Nesse período, a creche ganhava visibilidade na imprensa,
> a população cobrava resultados e exigia participar das deci-
> sões. Em 21 de novembro de 1979, o jornal *Folha da Tarde*
> divulgava a matéria "Mães da Zona Norte pedem creches"
> informando que as mães recebidas pela Coordenadora
> chegaram cantando uma paródia da música "Terezinha de
> Jesus". Fram teria solicitado que as mães ajudassem a levan-
> tar o número de crianças de 0 a 3 anos cujas mães trabalhas-
> sem fora e ouviu como resposta: "A prefeitura tem funcio-
> nários pagos para esse trabalho [...], se a prefeitura quisesse
> construir creches já teria feito, pois ela sabe perfeitamente
> cobrar impostos da população" (FT, 21/11/1979).
> Em 17 de dezembro, o jornal *Folha da Tarde* informava sobre
> a visita de Therezinha Fram na Zona Norte, quando as mães
> indicaram os locais onde deveriam ser construídas as creches.
> Em 2 de dezembro de 1979, o jornal O Estado de São
> Paulo publicou a manchete "É preciso atender um milhão
> de crianças" com dados repassados pela Coordenadora de
> Cobes: existiam 112 equipamentos, sendo 4 creches diretas,
> 18 indiretas e 90 conveniadas; havia necessidade de vagas
> para 1.099.328 crianças de 0 a 6 anos;

O prefeito Reynaldo de Barros tentou usar a "questão social" para se eleger governador de São Paulo, em 1982, e a creche foi considerada por ele e seu grupo político, como moeda de troca, para práticas eleitoreiras.

Após quase um ano e meio de gestão, Therezinha Fram deixou a coordenadoria. Em seu depoimento, justificou que a sua permanência era incompatível com a plataforma eleitoral do prefeito Reynaldo de Barros a governador de São Paulo (HADDAD; OLIVEIRA, 1988, p. 332)[28].

A retomada da eleição direta para governador de estado, em 1982, colocava para os políticos forjados na ditadura dificuldades de tratar os temas e movimentos populares com os quais eles nunca tinham lidado antes. Foi o que aconteceu no caso das creches e dos movimentos que as reivindicavam. Ao manipular, demagogicamente, os números e erguer construções de creche sem planejamento e sem material adequados, a atuação do prefeito gerou conflitos dentro da própria administração municipal. A população organizada pressionava o poder público. Mais uma vez, o prefeito teve que recompor os apoios internos de maneira a fazer sua campanha eleitoral.

> A crise não ocorria isoladamente, foi gerada dentro de uma estratégia política que a prefeitura de São Paulo passou a implementar, de substituição de seus técnicos por "políticos e homens" de confiança nos cargos-chaves dos diferentes órgãos da administração. Os objetivos desta estratégia, segundo os comentaristas políticos da imprensa, eram as eleições de 1982 e o autolançamento do Sr. Prefeito como candidato ao governo do estado de São Paulo[29] (GOHN, 1985, p. 125).

A imprensa trazia comentários sobre a ofensiva do prefeito em busca do clientelismo como forma de viabilizar sua candidatura. Na *Folha de São Paulo*, de 5 de julho de 1981, sob o título "'Democratização' da Cobes ameaçada por clientelismo", a matéria informava: "Uma das primeiras experiências de orga-

---

28 "Uma Educadora na Coordenadoria do Bem Estar Social", p. 10.

29 GOHN, M.G.M. "A Força da Periferia: a luta das mulheres por creches em São Paulo". Petropólis: Vozes. 1985, p. 125, citado no texto: "Uma Educadora na Coordenadoria do bem estar Social", p. 10.

nização democrática de um órgão público está sendo posta em cheque, com a candidatura do prefeito Reynaldo de Barros, a governador."

O prefeito Reynaldo de Barros nomeou outro coordenador, Orlando Carneiro Ribeiro Arnaud, que exerceu o cargo num curto período (07/11 a 07/12/1980) e, em seguida nomeou Wilson Quintela Filho, que ficou à frente da Cobes de 07/121980 a 17/06/1982. Ele era jovem, diziam que era "afilhado" do prefeito e, como ele mesmo afirmou, "não entendia nada de creche":

> [...] existia uma Biafra na região periférica da cidade (...) e aqueles movimentos todos aí (...)[30]

Nessa época, os conflitos constantes entre o Movimento e o Poder Público giravam em torno das construções, do processo seletivo do pessoal, da nomeação do pessoal para dirigir os equipamentos e de como deveriam funcionar as creches. Em todas as oportunidades, o Movimento reafirmava suas reivindicações. A cada inauguração de uma creche, o Movimento colocava que era uma conquista dos moradores do bairro, o que se contrapunha aos discursos eleitoreiros das autoridades que estavam naqueles bairros periféricos, muitas delas pela primeira vez.

> As empreiteiras de obras viviam uma experiência nova, com as moradoras das proximidades bisbilhotando a construção e fazendo denúncias. A pressa do prefeito enfrentava a morosidade das longas negociações.[31]

O Movimento de Luta por Creche publicava boletins que denunciavam a falta de qualidade do material usado na construção das creches. No boletim sobre a creche do Jardim Capela, a matéria reproduzia o artigo do Jornal *O São Paulo* da Cúria Metropolitana:

> O material de construção que consta do projeto original está sendo substituído por outro tipo de material que custa mais barato. Alguns exemplos: na região do Campo Limpo, que

---

30   A Expansão da Rede de Creches no Município de São Paulo Durante a Década de 1970. Volume II, Fundação Carlos Chagas, 1988, p. 107.

31   Idem, p. 108.

> já tem algumas creches prontas, o piso vinílico para salas de atividades, berçários, enfermaria, administração e refeitório foi trocado por cimento queimado; as cerâmicas vermelhas e azulejos brancos até o teto das salas de troca, banheiros, lavanderias, dispensa e cozinha, também foram trocados por cimento bruto (*O São Paulo,* 22 a 28/08/1980)[32]
>
> (...) o jovial coordenador, o Wilson Quintella, entre a sedução e a ameaça, articulou todos os descontentes, derrubou um a um os supervisores eleitos e tentou isolar as lideranças dos trabalhadores.[33]

Lourdes Andrade Peres, moradora da Zona Norte, integrante da Associação de Mulheres da Zona Norte e do Movimento de Luta por Creche, se lembra daqueles momentos de inaugurações:

> E nós não deixamos nem inaugurar! Nós não deixamos ter inauguração. Nós conseguimos não ter inauguração. A do Imirim, teve inauguração da Basileia. Teve inauguração, nós todos apanhamos! (...) o Maluf vinha, o Reynaldo de Barros, trazia aqueles baita daqueles "homões", sabe? (...) e o movimento ia, levava o povo, mas o povo todo vaiando, o povo denunciando, o *povo* querendo subir no palanque, foi quando saía a pancadaria (...)[34]

O próprio Wilson Quintela comentou quando deu entrevista para a equipe de pesquisadoras da Fundação Carlos Chagas:

> [...] e veio aquela avalanche de crítica em cima da Edif (órgão responsável pela construção) por causa da qualidade, de umidade, eu lembro até hoje que tinha uma discussão violentíssima o tal do Paviflex, isso até hoje ...fala de Paviflex me arrepia.[35]

---

32 "A Expansão da Rede de Creches no Município de São Paulo Durante a Década de 70".V. II, Fundação Carlos Chagas, São Paulo, 1988.

33 Marcas da História da Creche na Cidade de São Paulo: As Lutas no Cotidiano (1976-1984), p. 48, dissertação de mestrado de Darcy Terezinha de Luca Scavone.

34 Idem, p. 109.

35 Idem, p. 108.

Em 11 de junho de 1981, foi divulgado um documento, "Carta aberta à população", que continha denúncias sobre as pressões de políticos do PDS (partido da ditadura) para colocar gente deles para trabalhar nas creches. O documento denunciava também que o Movimento estava impedido de participar do processo de seleção de funcionários de acordo com o decreto de novembro de 1980; que funcionários estavam sendo punidos quando mostravam as irregularidades que já estavam ocorrendo nas creches e que na Câmara Municipal tramitava um projeto para nomear 300 diretoras de creche, sem concurso ou seleção de qualquer espécie.[36]

Em 17/06/1982, a Cobes se transformou em Secretaria da Família e do Bem Estar Social (Fabes). O prefeito Salim Curiati substituiu o Reynaldo de Barros, que teve que deixar o cargo para sair candidato a governador pelo partido da situação (PDS). Curiati criou a Fabes e nomeou para secretário um Coronel do Exército, José Ávila de Rocha:

> [...] porque se pretendia incluir nas suas atividades os programas de Planejamento Familiar existentes nos órgãos do governo do Estado.
> Esse período foi marcado por uma forte reação dos técnicos da secretaria a essa novoa diretriz, agravado pela nomeação de um Coronel do Exército como Secretário de Fabes em detrimento de técnicos com formação mais voltada para os aspectos "sociais". [37]

Com o novo Secretário, o tenente-coronel da reserva, José Ávila da Rocha, na agora Secretaria da Família e do Bem-Estar Social (FABES), as ameaças passam à execução.[38] A *Folha de São Paulo* de 14/11/1982 noticia que o secretário acusava as assistentes sociais de "agentes revolucionárias que esta-

---

36 Idem,p. 111.

37 BORTOLETTO, Maria Cecília Pimentel. Dissertação de Mestrado: "Recursos Humanos na Administração Pública Municipal: Modelo Gerencial na Área do Bem Estar em São Paulo". Rio de Janeiro 1989, p. 72. Acesso pela bibliotecadigital.fgv/dspace/bitstream/handle/1043/12848/000054466_45.pdf?sequence=1, em 11/04/2016.

38 Ignarra, 1985, p. 143.

riam utilizando a população como massa de manobra para atingir interesses político-ideológicos".[39]

Um documento distribuído pelo coronel Ávila aos supervisores regionais, no segundo semestre de 1982, criticava a filosofia dos trabalhadores da Cobes, afirmando que era uma filosofia que se propunha a reconceituar o serviço social a partir da dialética materialista de Marx e Engels. Sobre a participação popular, o documento dizia que se tratava de uma "ideia risível, posto que estavam feridos os princípios que regem o sigilo nas atividades públicas". O José Ávila Rocha se apresentava como de origem militar, o que de fato era, mantendo-se firme na "preservação de suas prerrogativas e no respeito ao Império da Lei." [40]

Creche não é depósito, é um direito das crianças pequenas à educação!

As creches foram construídas a "toque de caixa". As reclamações aumentaram: havia vários problemas nas estruturas das creches recém construídas, goteiras, rachaduras nas paredes, parede que dava choque elétrico, afundamento do piso, falta de esgotos ou se encontravam entupidos, faltava uma política de recursos humanos e profissionais adequada ao trabalho com crianças pequenas. A luta nos bairros que não tinham creches se dividia. Enquanto, na maioria, lutava-se para que se conseguisse pelo menos uma creche, nos bairros que já tinham conquistado uma creche lutava-se para mantê-la de pé e em funcionamento. Além disso, cada creche comportava o atendimento de 100 a 120 crianças. Havia mais crianças fora do que na creche em funcionamento. Havia uma pressão constante das comunidades. O movimento criou mais uma estrofe com a música "eu fui no Tororó", quando uma creche era inaugurada pelo prefeito:

> Essa creche vai ser boa
> Mas só vai caber os cem
> E tem mais de mil no bairro
> Esperando a vez também.

---

39 *Folha de S.Paulo*, 14/11/1982, matéria com o título: "Ávila acusa assistentes sociais"

40 Ignarra, 1985, p. 186-187.

Diante de tantos problemas: acompanhar as creches em construção, participar das atividades dentro da creche já em funcionamento, atender as demandas dos bairros que não tinham conquistado a creche, e ainda tentar construir junto com o novo pessoal da creche uma proposta pedagógica de acordo com a necessidade das comunidades, atender demandas externas tanto dos sindicatos como de outros movimentos fora da cidade e, principalmente lidar com a má vontade dos prefeitos e as perseguições políticas fizeram com que o Movimento sofresse vários revezes.

A necessidade de participar de todas estas atividades era decorrência do compromisso do Movimento de lutar por creches com qualidade pedagógica. O Movimento envidava esforços no sentido de que o poder público não tratasse a creche como um local apenas para as crianças ficarem enquanto as mães iam trabalhar. A bandeira do Movimento passou a ser "creche não é depósito, é um direito das crianças pequenas à educação!", em contraposição às iniciativas da prefeitura de construir creches sem espaço adequado para as crianças brincarem e se movimentarem.

A Comissão Especial de Inquérito (CEI da Creche)

Na luta, o Movimento descobriu ou confirmou o que já vinha percebendo sobre as situações de fraude e manipulação que ocorriam em relação às creches e ao atendimento de crianças de 0 a 6 anos.

Por exemplo, não existia uma avaliação numérica do atendimento oferecido nas creches conveniadas. Assim podia ocorrer de um mesmo grupo de crianças ser contabilizado mais de uma vez, dependendo de quantos convênios tenham sido estabelecidos entre os órgãos financiadores e a creche. Havia muitas creches-fantasmas. Trata-se de locação de vagas não ocupadas ou inexistentes, uma prática usada pelas empresas para cumprirem formalmente as exigências da CLT (Consolidação das Leis do Trabalho). As estatísticas inchavam em período pré-eleitoral. Consideravam como creche escolinhas para obter benefícios dos convênios.

A situação das creches se complicava cada vez mais. Os movimentos populares, junto com vereadores da então oposição (PT e PMDB), reivindicaram uma comissão parlamentar para buscar um canal de denúncias e de proposições de construção e manutenção dos equipamentos e das propostas social e pedagógica. Era necessário enfrentar a questão das creches conveniadas, pois havia muitas denúncias contra elas.

Assim nasceu a Comissão Especial de Inquérito (CEI) instituída na Câmara Municipal, em outubro de 1983, para averiguar a situação das creches no Município de São Paulo. A CEI teve encerradas suas investigações em junho de 1984 e apresentou o parecer analítico e conclusivo desses meses de trabalho. Participaram dessa CEI os vereadores, Ida Maria (PMDB), presidente, Albertino Nobre (PTB), relator, Tereza Lajolo (PT) e Walter Feldman (PMDB).

Segundo o relatório da CEI, a Prefeitura Municipal de São Paulo, através da Secretaria da Família e do Bem-Estar Social, desenvolveu uma política de atendimento à criança de 0 a 6 anos e 11 meses, pertencente a famílias de baixa renda, pelas redes de creches diretas, indiretas e conveniadas.

No relatório consta que

> A política de atendimento ao menor foi iniciada na administração Faria Lima (1965 a 1969), sendo dada maior ênfase aos estabelecimentos particulares de assistência social. O programa de atendimento à infância e à construção de novos equipamentos se expandiu no período de 1972 a 1979. Em 1972, havia uma única creche administrada pela Prefeitura, mas em 1979 esse número subira para 120, com as seguintes formas de atendimentos: 4 creches diretas, 21 creches indiretas, 95 creches conveniadas. Como pode ser observado, a expansão maior foi do sistema ·particular de atendimento, responsável por mais de 79% das creches implantadas no período. A Prefeitura de São Paulo, através de convênios, manteve-se praticamente numa atitude de apoio ao sistema particular. Durante a administração Reynaldo de Barros (1979 a 1982) houve uma expansão da rede de creches diretas, que passou de 4 para 124 em fins de 1982. Essa expansão aconteceu devido às pressões feitas pelos movimentos populares, em especial pelos diversos clubes de mães e grupos feministas articulados no que veio a se constituir no Movimento de Luta por Creches. Suas reivindicações voltaram-se para o atendimento dos filhos das classes trabalhadoras, mais diretamente atingidos pelo pro-

blema. Pressionada pelo movimento social, a administração Reynaldo de Barros elaborou e desenvolveu uma discutível política equipamentista, construindo creches na periferia de São Paulo, especialmente na Zona Sul da cidade. Essas creches foram construídas "a toque de caixa", demagogicamente, com uma preocupação exclusivamente eleitoral. A maioria delas, inauguradas em 1981, e no ano seguinte apresentavam rachaduras e vãos de alguns centímetros em suas paredes, tetos e pisos, ameaçando desabar, o que colocava em risco a segurança das crianças e dos funcionários. Deve ainda ser ressaltado que à má qualidade da construção aliou-se um elevadíssimo custo, demonstrando a forma irresponsável com que aquela administração lidava com os bens e o dinheiro público. Outros problemas se manifestaram decorrentes desse descaso administrativo: fossas que transbordam, paredes que davam choques, construções em terrenos particulares, canos de água potável que passavam por dentro de fossas, creches construídas sobre minas de água. Na creche do Jardim Monte Alegre, na Freguesia do Ó, por exemplo, os pais e moradores da região afirmaram aos vereadores da CEI que a Prefeitura escolheu o pior dos 3 terrenos que tinha a sua disposição, literalmente um brejo, para a construção da creche. [41]

A CEI adotou a seguinte metodologia nas investigações sobre creches:
- Audiências com coletas de depoimentos, o que foi feito nas 13 sessões, e com a participação de 60 depoentes.

---

41 Relatório Final da CEI sobre Creches no Município de São Paulo – 1984 – Código: B.117-2, Arquivo da Câmara Municipal de São Paulo. Consultado em 25/02/2016. Deve-se esclarecer o que são
(1) Creche direta: é o equipamento construído, mantido e administrado diretamente pela Fabes (Secretaria da Família c Bem-Estar Social)
(2) Creche indireta: é o equipamento construído e mantido pela Fabes e administrado por uma entidade social.
(3) Creche conveniada é o equipamento de propriedade de uma entidade social com a qual a Fabes mantém convênio de assistência técnico· financeira.

Maria Amélia de Almeida Teles

- Realização de visitas a algumas creches com problemas sérios na construção pelos vereadores que integravam a CEI.
- Perícia na creche do Jardim D. José pelo IAB (Instituto dos Arquitetos do Brasil).
- Aplicação de questionários nas creches conveniadas com o objetivo de obter informações sobre os convênios com os órgãos públicos.
- Contribuições recebidas por escrito e por telefone.
- Documentação sobre creches, solicitada aos órgãos competentes (esta documentação encontra-se na biblioteca da Câmara Municipal de São Paulo, para consulta aos interessados).

Foram realizadas 13 sessões.

A CEI destacou os desperdícios acarretados – através da dispersão ou sobreposição de recursos – pela inexistência de uma política integrada de atendimento à criança pequena.

> A situação chega a tal ponto, no Município de São Paulo, que a Secretaria Municipal da Família e do Bem-estar Social, órgão administrativo que provavelmente mantém o maior número de convênios com creches particulares no município, não controla sistematicamente os diversos convênios estabelecidos por uma entidade com os demais órgãos públicos. Por outro lado, uma única Secretaria de Estado – a da Promoção Social – pode estabelecer, através de instâncias administrativas diferentes, pelo menos 3 convênios com uma única entidade social. Com efeito, uma entidade social pode estabelecer convênio diretamente com a Secretaria, com o CEAS (Conselho Estadual de Auxílio e Subvenção) e com a FEBEM! [42]

Maria Malta Campos, representante do Conselho Estadual da Condição Feminina de São Paulo, destacou outro problema: a falta de integração horizontal, isto é, entre os diversos órgãos administrativos que atendem à criança de 0 a 6 anos (principalmente nas áreas de promoção social, saúde e educação), tem

---

42 Relatório Final da CEI sobre Creches, Câmara Municipal de São Paulo, 1984, depoimento da pesquisadora Regina Pahim Pinto, da Fundação Carlos Chagas.

ocasionado rupturas nesse atendimento (como foi apontado, por exemplo, a falta de integração, no município, entre EMEIs e creches).

A CEI apontou a emergência da instalação de creches. Das 735 mil crianças de 0 a 6 anos pertencentes a famílias com renda mensal até 5 salários mínimos, apenas 5,6% eram atendidas em creches ou EMEIs.

Por outro lado, as creches construídas pela Prefeitura apresentavam graves problemas:

> [...]os terrenos da Prefeitura, na periferia, são os piores terrenos, de difícil aproveitamento, bastante acidentados, que necessitam de tratamento adequado. E, frequentemente, estão próximos aos córregos, que são escoamento de esgoto a céu aberto. A escolha do terreno, em geral, é muito mal feita, de tal forma que a creche São Joaquim, no Campo Limpo, foi construída em cima de uma mina de água. Uma outra creche, do Jardim Aeroporto, foi construída em um terreno particular; a firma proprietária abriu processo e, até hoje, essa creche está fechada.

Quanto ao pessoal que trabalhava nas creches, havia um contrato precário, definido pelo Decreto Municipal nº 17.038 de 1980, alterado em 1981 pelo Decreto Municipal nº 17.290. Quanto ao cargo de direção da creche, era nomeado diretamente pelo prefeito, conforme a lei 9.281 de 17/07/1981, o que colocava a diretoria sob constante ameaça de exoneração. Houve também a nomeação de diretoras contrárias aos interesses da comunidade e dos movimentos sociais, o que causou dificuldades que impediram a participação popular nas creches.

A prefeitura de São Paulo garantia creche para seus funcionários?

Na época (1979 a 1984), no município de São Paulo, não existia qualquer regulamentação que legislasse sobre a obrigatoriedade de manutenção de creches ou similares nos órgãos ou empresas da administração municipal. Apesar dessa carência, levantamento realizado pela CEI junto aos órgãos municipais evidenciou que apenas três secretarias possuíam creches para os filhos de suas funcionárias, com um total de 473 vagas. A Secretaria da Família e Bem-Estar Social (Fabes) não mantinha creches exclusivas para os filhos de suas funcionárias, mas aquelas cuja renda familiar se situavam entre 0 e 5 salários mínimos, seus filhos podiam ser atendidos nos equipamentos da secretaria, disponíveis nas suas respectivas regiões de origem. Nenhuma das autarquias municipais dispunha de creches próprias ou estabelecia convênios. Havia quatro empresas municipais que estabeleciam convênios com creches particulares, com um total de 141 vagas. No momento em que concluiram-se os trabalhos da CEI, foi obtida ainda a informação que havia projetos em estudos para uma creche da Secretaria Municipal de Habitação e uma proposta conjunta entre a Cetesb, a Secretaria Municipal de Transportes, Companhia de Engenharia e Tráfego (CET) e a Administração Regional de Pinheiros, para uma creche, articulada pela Fabes Regional de Pinheiros.

As principais conclusões do Relatório Final da CEI foram as seguintes:

Havia necessidade de definição de uma política pública integrada de creches. A política deveria ser integrada de modo que sua abrangência incorporasse os diversos órgãos municipais, estaduais e federais que atuam com a faixa etária de até 6 anos. Dessa forma, evitar-se-ia a sobreposição de ações em algumas áreas e ausência em outras, propiciando uma coerência mínima na atuação desses órgãos. Além disso buscar-se-ia impedir a dispersão de verbas e maximização do atendimento.

A prefeitura deveria fiscalizar o funcionamento e a administração das creches nas diversas modalidades, responsabilizando-se pela emissão de alvarás para os estabelecimentos que atendiam crianças de 0 a 6 anos.

Para implementar esta política integrada, a CEI propôs a criação de um órgão municipal, diretamente ligado ao gabinete do prefeito, para definir as diretrizes políticas de acordo com a descentralização de ações e a garantia de participação popular nas diversas formas de atendimento.

Quanto à questão da construção e manutenção dos equipamentos, a CEI recomendou a revisão dos projetos arquitetônicos e o acompanhamento e a fiscalização da execução das obras por parte da Secretaria da Família e do

Bem-Estar Social da PMSP. Recomendou ainda que as plantas arquitetônicas das creches não fossem rigidamente padronizadas, porque isso encarecia as obras e criava sérios problemas de estrutura nessas obras, devido aos terrenos acidentados e desiguais. Por outro lado, era necessário que houvesse padronização em componentes empregados, tais como: material elétrico e hidráulico, esquadrias, fechaduras, etc. o que certamente possibilitaria uma economia na escala de compras e facilitaria a manutenção.

Quanto à alimentação, a CEI propôs a descentralização na compra de alimentos perecíveis e, se possível, cada unidade fazendo sua feira além de criação de hortas para as creches que tivessem um espaço e funcionários que pudessem cuidar das hortaliças. Também propôs uma revisão do cardápio de modo a reduzir ao mínimo o uso de alimentos semiprontos e industrializados.

Quanto aos funcionários, a CEI propôs a profissionalização do pessoal que trabalhava diretamente com as crianças e também a regulamentação da carreira dos funcionários de creches.

A CEI também recomendou propostas pedagógicas que permeassem todas as atividades nas creches, que houvesse integração entre creches e EMEIs (Escolas Municipais de Educação Infantil).

Quanto à participação da comunidade nas creches, a CEI recomendou que fosse garantida a participação contínua de representantes da comunidade junto à direção das creches, tendo em vista que a creche tem sua função específica, mas também é um equipamento social aberto às atividades comunitárias.

Por fim, a CEI considerou que, frente à demanda existente e os recursos públicos disponíveis, tornou-se imprescindível contar com a contribuição da sociedade em geral através da manutenção da rede conveniada de creches. Para isso a prefeitura deveria garantir orientação de trabalho para as creches conveniadas como aquela seguida pela creche da rede direta, com a necessária supervisão e avaliação das atividades realizadas.

Foi feita a proposta para a Constituição que seria elaborada nos anos de 1987 e 1988, e que foi finalmente promulgada no dia 5 de outubro de 1988 e chamada de "Constituição Cidadã", de que fosse definido no texto constitucional o papel do estado em relação às crianças menores de 7 anos e reconhecido que a creche e a pré-escola são parte do direito universal à educação.

Creche e a CLT na cidade de SP

De acordo com a CLT – Consolidação das Leis do Trabalho, em 1943, a creche é uma obrigação das empresas que empregam mais de 30 mulheres acima de 16 anos. Essas deveriam manter um local apropriado para guardar os filhos de suas empregadas, no período da amamentação. A ditadura militar não promovia nenhuma fiscalização junto às empresas para que houvesse o cumprimento da lei. O Conselho Estadual da Condição Feminina do Estado de São Paulo, ao fazer o levantamento da existência de berçários ou creches mantidos nos locais de trabalho, em 1983/1984, constatou que, das 60 mil empresas estabelecidas no estado de São Paulo, apenas 38 possuíam tais equipamentos, ou seja, cumpriam a lei.

Além disso, um problema apontado pela CEI foi que a maioria das mulheres que trabalhavam fora de casa não eram protegidas pela CLT. Apenas 30% delas tinham este tipo de proteção, por terem registro na carteira de trabalho.

Outro problema grave é que a lei prevê que a criança fique em local apropriado apenas no período da amamentação, o que na grande maioria significa até os seis meses de idade.

> A lei determina que a criança fique até os seis meses. [...] Agora, a gente queria saber onde ficam essas crianças depois dos seis meses? Na hora que ela (...) começa a tomar a sopinha, a ter uma comida mais adequada, quando ela começa a se articular, e é aí que a criança geralmente fica com os irmãos mais velhos.[43]

Acima temos um trecho do depoimento de Neusa Nogueira do Sindicato das Indústrias de Tecelagem e Fiação do estado de São Paulo, na Comissão Especial de Investigação das Creches – CEI – na Câmara Municipal de São Paulo, realizada de outubro de 1983 a junho de 1984.

A CEI constatou que não havia nenhum órgão federal, estadual ou municipal que fiscalizasse as empresas em relação ao cumprimento da lei sobre as

---

43 CEI da creche - depoimento da dirigente do Sindicato das Indústrias de tecelagem e fiação, Neusa Nogueira.

creches ou sobre convênios com creches particulares. Segundo o representante da Fiesp, Sr. João Manoel S. de Oliveira Manaia:

> Todos sabemos (...) que o Ministério do Trabalho, as autoridades de uma forma geral, nem sempre tem condições de efetuar a fiscalização que seria necessária[44]

A Divisão de Proteção do Trabalho da DRT teria responsabilidade de verificar o cumprimento da lei, mas não era essa sistemática que ocorria. O representante da DRT, Sr. Adriano S. de Carvalho, afirmou que aquela Delegacia (DRT) de São Paulo não dispunha de dados tabulados sobre o número de empresas que deveriam estar cumprindo a lei (com mais de 30 empregadas entre 16 e 40 anos de idade):

> A Delegacia está dotada de uma estrutura que não permite a tabulação de um número muito elevado de dados. Para o universo de empresas (...) seria preciso que contássemos com um centro de processamento de dados, com computadores eletrônicos e toda uma estrutura que, infelizmente, o serviço público federal, aqui em São Paulo, não dispõe.

Ainda segundo ele "normalmente a fiscalização é feita através de denúncias das entidades sindicais"[...] [45]

Continuando o seu discurso, Sr. Adriano lembrou da impossibilidade de se ter no município de São Paulo o número de empresas que deveriam ter creches ou berçários, o que o fez desenvolver o seguinte raciocínio:

> [...] considerando que o número de mulheres atingidas pela CLT vem aumentando significativamente de 70 para cá, e que as alterações do artigo 389 (da CLT) se mantêm estáveis, e considerando, ainda, que a Divisão de Proteção do Trabalho da Delegacia do Trabalho recebe poucas denúncias dos sindicatos, a conclusão é que parece satisfatório o cumprimento da norma pelas empresas.[46]

---

44   Relatório da CEI de Creche, publicando em 1984 pela Câmara Municipal de São Paulo.

45   Idem.

46   Idem.

O parágrafo 2º. do artigo 389 da CLT possibilitou que o cumprimento da exigência legal seja feito por meio de convênios com equipamentos particulares. Desta forma, houve o relaxamento da obrigatoriedade, na medida em que prevê que a "exigência poderá ser suprida por meio de creches distritais mantidas diretamente ou mediante convênios com outras entidades".

Na realidade os convênios não funcionavam. Não eram divulgados para as mães trabalhadoras. As creches estavam, via de regra, situadas em lugares distantes das empresas, e, por sua vez, essas não garantiam transporte para as mães, o que tornava inviável o uso dessas creches para as crianças, filhas de trabalhadoras. Por isso tinham o nome de creche-fantasma, pois só atendia a formalidade da lei.

A Comissão da Creche do Conselho Estadual da Condição Feminina de São Paulo pesquisou sobre creches no local de trabalho, em 1983, e obteve a relação de 65 creches do município de São Paulo aptas a estabelecerem convênios com empresas. Verificou-se que dos 765 berços mencionados em convênios por 6 das creches, apenas 17 estavam ocupados, ou seja, 2% desse total, o que demonstrou de forma eloquente a ineficácia desses convênios que se destinavam somente para preencher formalmente a exigência legal em relação às empresas.

As reservas de berços eram em número muito superior à capacidade de atendimento. Por exemplo, a creche Padre Guerrino tinha capacidade para somente 40 berços, dos quais 4 eram ocupados, mantendo convênios com nada menos do que 70 empresas. Igual situação se encontrava na Creche Mamãe, cujo berçário continha capacidade real para 40 crianças, que de fato tinha apenas 5 vagas ocupadas, mas mantinha convênios com 98 empresas.

Das 60 mil empresas que existiam em São Paulo, em 1983/1984, somente 38 mantinham berçários ou creches para os filhos de suas trabalhadoras.[47]

Conclusões

1. A luta por creches se expandiu e tornou tema obrigatório nas agendas políticas tanto da situação como da oposição. Rompeu-se com o

---

47 "Berçários e Creches nos Locais de Trabalho", publicação da pesquisa feita pelo Conselho Estadual da Condição Feminina..

preconceito contra a creche, que era vista anteriormente como um lugar de crianças abandonadas.

2. O Movimento de Luta por Creches foi um dos movimentos urbanos inovadores que se integrou ao polo da resistência ao autoritarismo.

3. A luta por creche forjou o protagonismo das mulheres populares e ao mesmo tempo trouxe para o cenário político diversos setores – periferia, sindical, intelectuais e universitário, com feministas e populares.

4. Pela primeira vez a criança com menos de 7 anos de idade foi reconhecida pela legislação brasileira constitucional como titular de direitos, ao tratar a creche como um direito das crianças pequenas à educação e como um dever do estado.

5. A creche deve ser uma política pública que incorpora a questão da maternidade como função social e enfrenta concreta e diretamente a desigualdade na divisão sexual do trabalho.

6. Com a criação de creches criou-se uma nova profissão: as trabalhadoras e trabalhadores de creche, sem que houvesse ainda um quadro de pessoal profissional adequado às necessidades para um funcionamento com qualidade técnica e profissional.

Recomendações

1. Garantir o cumprimento da legislação constitucional em relação prioritariamente às creches, o que deve levar a prefeitura a incluir todas as crianças pequenas cujas famílias necessitem desse equipamento.

2. Mapear as empresas da cidade que não têm creches.

3. Que a Prefeitura de São Paulo crie diretiva no sentido de apenas contratar empresas e serviços que garantam creches para as crianças pequenas dos seus trabalhadores.

4. Garantir a instalação de creches com qualidade pedagógica, em espaços seguros e com profissionais preparados para propiciar um desenvolvimento integral das crianças (pedagógico, social, afetivo, físico e intelectual).

5. Construir memorial das creches de modo a registrar e publicizar os principais fatos relacionados com a luta de moradores na instalação de cada uma das creches, de modo a valorizar a atuação dos movimentos sociais na conquista de políticas inovadoras.

6. Reconhecer de fato a creche como um equipamento educacional para crianças pequenas e como parte de uma política pública, o que coloca a importância da criação de um espaço de caráter hibrido, com representação do estado e da sociedade civil, gestor e administrativo, capaz de formulação, elaboração de diretrizes políticas, pedagógicas de atendimento integral às necessidades sócio-educativas das crianças pequenas. É necessário destacar que as creches foram transferidas da área da assistência social para a educação por força de lei constitucional, sem, contudo, terem sido de fato incorporadas e reconhecidas, de maneira satisfatória, ao sistema educacional.

Violações dos direitos humanos das mulheres na ditadura

Introdução

> As mulheres que nas prisões brasileiras tiveram sua sexuali-
> dade conspurcada e os frutos de seu ventre arrancados, cer-
> tamente preferiram calar-se, para que a vergonha suportada
> não caísse no domínio público.[1]

A Comissão da Verdade,[2] apesar de ter sido instalada tardiamente, des-
pertou no cenário público (mídia, escolas, universidades, sindicatos e parlamento) um interesse pelo que se passou no tempo da ditadura militar brasileira
(1964-1985).[3] A dificuldade encontrada por essa comissão de obter informações com as Forças Armadas[4] e o Ministério das Relações Exteriores impediu

---

1   Paulo Evaristo ARNS; Henry SOBEL; e Jaime WRIGHT, 1986, p. 43.

2   A Comissão Nacional da Verdade foi criada em 11 de novembro de 2012 pela lei 12.528,
    aprovada no Congresso Nacional. Em seguida, foram criadas diversas comissões da ver-
    dade, e comenta-se que há ou houve mais de cem destas comissões espalhadas pelo ter-
    ritório nacional.

3   Eu uso a expressão "ditadura militar" porque entendo que, apesar de ter havido a partici-
    pação civil no golpe militar assim como durante a vigência da ditadura, o núcleo duro do
    Estado esteve sob a total responsabilidade dos militares das Forças Armadas, em especial
    do Exército.

4   Setores das Forças Armadas, além de não terem colaborado com a Comissão da Verdade,
    proibiram os subordinados de prestarem informações à Comissão Nacional da Verdade.
    A ordem veiculada pelo ofício de 25/2/2014, enviada aos subordinados do Comandante
    do Exército, General Enzo Peri, proíbe qualquer colaboração para apurar os crimes da

o aprofundamento das investigações, em especial, sobre os mortos e desaparecidos políticos, mas também sobre as torturas praticadas contra mulheres, lésbicas, gays, transgêneros, nas populações negra, indígena e camponesa, e em diversas categorias de trabalhadoras e trabalhadores. Quando convocados, os agentes públicos responsáveis pelas violações aos direitos humanos quase sempre se recusaram a responder às questões apresentadas pela comissão. Mesmo assim, ainda que de forma tímida, houve, pela primeira vez, de forma pública e ampla, a fala de vítimas, mulheres, indígenas, integrantes da população negra e crianças que à época tiveram sua *infância roubada*.[5]

Portanto, parte significativa da verdade, de fato, foi trazida à tona devido à vontade e/ou necessidade de sobreviventes e vítimas de tornarem públicas suas histórias silenciadas ao longo de décadas. Ao revelar os crimes como sequestros, torturas, assassinatos e ocultamentos de cadáveres, os crimes cometidos pelo emprego da violência de gênero, como os estupros, a violência sexual, os abortamentos forçados, entre outros, coloca-se a necessidade do avanço em direção à compreensão de que devem ser incluídos, de maneira autônoma, os crimes de gênero no rol daqueles considerados como as graves violações de direitos humanos, ou seja, os crimes de lesa-humanidade, portanto, imprescritíveis.

Nesse texto, pretendo discutir, ainda que de forma bastante resumida, as condições enfrentadas pelas mulheres, no período da ditadura militar, tratando não só a participação de mulheres militantes políticas, mas também o *modus operandi* do sistema repressivo que atuou de forma misógina, utilizou-se da discriminação de gênero para reforçar os estereótipos femininos de submissão e dependência emocional, afetiva e política. O tempo todo, a repressão política procurou coisificar e explorar a "condição de mulheres" para desmoralizar a militância de esquerda e reforçar as ideias mais retrógradas. No enfrentamento,

---

ditadura militar. Ele proíbe o atendimento a toda solicitação de informações referentes ao período de 1964 a 1985, feita seja pelo Poder Executivo (federal, estadual, municipal), seja pelo Ministério Público, pela Defensoria Pública ou por qualquer pessoa. (Luiz Cláudio CUNHA, 2014, não paginado).

5 *Infância Roubada*, publicação da Comissão da Verdade do Estado de São Paulo "Rubens Paiva", datada de novembro de 2014, é parte relatório final dessa comissão e traz o depoimento de 42 crianças da época e de duas mães que tiveram seus filhos mortos.

no entanto, os repressores não deixaram de "reconhecer" a tenacidade e a capacidade de luta das mulheres para se empenhar na militância de esquerda e as torturaram igualmente como os demais e, sem ignorar suas diferenças, usaram delas para praticar as mais diversas e cruéis atrocidades.

O Relatório da Comissão Nacional da Verdade entregue à Presidenta da República, Dilma Roussef, em 10 de dezembro de 2014, dedicou o capítulo 10 do volume I às denúncias da prática da violência sexual contra as mulheres, sequestradas e torturadas, nos órgãos de repressão política, conhecidos na época como de "segurança nacional". Nesse relatório, também foi publicada uma lista de 377 torturadores, na qual não consta o nome de nenhuma mulher; todavia, isso não significa que não houve a participação de mulheres na tortura.

Mostrar a situação das militantes políticas sequestradas, torturadas e muitas vezes assassinadas e introduzir informações que contextualizem a situação da população feminina naqueles anos de ditadura são as propostas deste texto.

Tive participação na militância política de esquerda contra a ditadura, fui sequestrada, torturada, pude ver outras militantes sendo torturadas, sou testemunha ocular de um assassinato sob torturas no DOI-Codi,[6] em São Paulo, e cheguei a conhecer um militante que se tornou um "desaparecido político"[7] no DEOPS/SP. Tive toda a minha família sequestrada pela repressão política, inclusive meus filhos de 4 e 5 anos de idade. Minha irmã (Criméia de Almeida), grávida de oito meses, foi sequestrada e torturada. Meu sobrinho nasceu no cárcere. Além disso, tive várias amigas e amigos cujos nomes se encontram na lista dos mortos e desaparecidos políticos da ditadura. E é a partir dessa vivência trágica que trato das mulheres na ditadura.

No pré-golpe

Como enfrentar a discriminação histórica contra as mulheres?

Na fase pré-golpista, aqui considerada entre meados de 1950 até 1964, de um modo geral, as mulheres encontravam-se dispersas, e uma imensa maioria

---

6   Trata-se do assassinato de Carlos Nicolau Danielli (1929-1972), dirigente do PCdoB, ocorrido no dia 30/12/1972, no DOI-Codi/SP.

7   Trata-se de Edgar Aquino Duarte (1941-1973).

encontrava-se sob a influência de uma ideologia conservadora. As mulheres organizadas foram excluídas da política antes do golpe. No governo de Juscelino Kubitschek, foi fechada a Federação de Mulheres do Brasil, o que é pouco falado até os dias de hoje.[8] Essa organização de mulheres de caráter nacional, praticamente a única naqueles anos, foi criada por iniciativa do Partido Comunista com o objetivo de mobilizar "as massas femininas para as mudanças sociais". Na época do fechamento da federação, os homens comunistas e demais progressistas não protestaram ou se manifestaram contrários; mantiveram, de uma certa forma, seu apoio acrítico ao governo de JK.

Naquela época, a maioria da esquerda não compreendia a "questão das mulheres" e não dava importância às suas lutas específicas. Havia mulheres militantes políticas de esquerda, mas não se proclamavam feministas, expressão que significava "mulheres burguesas ou quase", mulheres consideradas despolitizadas ou alienadas. Portanto, a ausência de organizações de mulheres de esquerda não foi sequer considerada como algo grave e não chegou a ser objeto de preocupação por parte de lideranças políticas num momento de ascensão dos movimentos populares.

Se a esquerda não percebeu a dispersão das mulheres, as forças de direita estavam atentas e passaram a incentivar a criação de organizações femininas com a finalidade de usá-las como base social de legitimação do golpe ao governo João Goulart, cuja preparação se encontrava em acelerado processo. Entidades financiadas pelos Estados Unidos, como o Instituto de Pesquisas e Estudos Sociais (IPES) e o Instituto Brasileiro de Ação Democrática (IBAD), sistematizavam estudos sobre os diversos segmentos da população com o objetivo de formular e implementar estratégias de controle da opinião pública brasileira, impondo o medo, ao anunciar o perigo que representava o comunismo internacional "infiltrado" no governo João Goulart. Tais entidades produziam informações falsas amplamente difundidas pelos meios de comunicação, buscando criar o clima favorável ao golpe militar, e reuniam mulheres de classe

---

8 Safiotti descreve assim: "Logo no início do governo Juscelino Kubitschek, as autoridades brasileiras suspenderam o funcionamento de grande número de associações femininas, dentre as quais figuravam a Associação Feminina do Distrito Federal e a Federação de Mulheres do Brasil, à qual se filiava a primeira". (Heleieth SAFIOTTI, 2013, p. 387).

média alta, na sua maioria católicas, em organizações "femininas" tais como a Campanha das Mulheres pela Democracia (CAMDE), no Rio de Janeiro, e a Liga Democrática de Mulheres pela Democracia (LIMDE), em Belo Horizonte (MG). Essas organizações serviram de base fundamental para mobilizar amplas "massas femininas" para a concretização dos movimentos de triste memória: "Marcha com Deus Pela Família e Pela Liberdade"`, quando colocaram milhares e milhares de mulheres em diversas cidades brasileiras, com o apoio explícito aos golpistas. Ao todo, em 1964, foram registradas 49 manifestações massivas de mulheres, por meio dessa marcha.[9]

As marchas organizadas por essas entidades femininas tinham o caráter ideológico antiesquerda e anticomunista. Ao colocarem milhares de mulheres nas ruas, deixavam claras suas intenções anticomunistas, por meio de cartazes com dizeres: "Não à foice e martelo, pelo verde e amarelo!", "Vermelho só é bom no batom!"; e pediam a derrubada do Governo Goulart.

René Dreifuss apontou estratégias usadas pelos golpistas para desestabilizar o então governo democrático de João Goulart:

A mais significativa conquista do IPES no campo da mobilização política e ideológica consistia na utilização das classes médias como nova clientela política e o desenvolvimento de meios para mobilizá-las, com êxito, como uma massa de manobra, efeito que os partidos e frentes tradicionais não se dispuseram ou se capacitaram a alcançar. A mobilização das classes médias

---

9 "[...] vários grupos sociais, incluindo o clero, o empresariado e setores políticos diversos se organizaram em marchas, levando às ruas mais de um milhão de pessoas com o intuito de derrubar o governo Goulart. A primeira das 49 marchas foi em 19 de março (de 1964) – dia de São José, padroeiro das famílias – em São Paulo e congregou entre 300 e 500 mil pessoas. Ela foi organizada por grupos como Campanha da Mulher pela Democracia (CAMDE), União Cívica Feminina (UCF), Fraterna Amizade Urbana e Rural, Sociedade Rural Brasileira, dentre outros grupos, receberam o apoio da Federação das Indústrias do Estado de São Paulo (FIESP) e do controverso Instituto de Pesquisas Sociais (IPES). Na ocasião, foi distribuído o "Manifesto ao Povo do Brasil", pedindo o afastamento de Goulart da presidência. Após a deposição do presidente pelos militares em 1º de abril de 1964, as marchas passaram a se chamar "Marcha da Vitória". A maior delas, articulada pela CAMDE no Rio de Janeiro, levou cerca de um milhão de pessoas às ruas no dia 2/04/1964." (MARCHA..., 2014).

conferia a aparência de amplo apoio popular à elite orgânica e a mídia coordenada pelo IPES proporcionava grande cobertura às atividades dessas classes médias mobilizadas. Na atmosfera como o ponto de referência para a identificação da legítima pressão popular. [Além de tudo,] o que o IPES viu como uma de suas conquistas de maior êxito foi a 'descoberta' dos grupos femininos de pressão, tão ampla e eficazmente usados dez anos mais tarde contra o governo constitucional de Salvador Allende, no Chile, e para os quais a experiência brasileira forneceu o modelo.[10]

Junto com essas manifestações veio o golpe militar de 1964, que implantou uma das ditaduras mais longas de nossa região. Instalou-se o estado ditatorial com base na Doutrina de Segurança Nacional, que definiu o inimigo interno como o principal a ser combatido. O inimigo tinha, portanto, de ser procurado entre o próprio povo. Prevaleceu a estratégia de que, em defesa da segurança nacional, eliminam-se as garantias constitucionais, a liberdade, os direitos da pessoa humana. Com a instalação da ditadura brasileira assegurada, inicia-se um novo ciclo de ditaduras nos países da região.

Na ditadura militar

Uma ferida que sangra sempre...

As mulheres, provavelmente, foram o segmento que mais se modificou nas décadas de 1960 e 1970. Vivenciaram alterações na vida cotidiana, no mercado de trabalho, com a redução do número de filhos e, de forma veloz, precisaram obter mais escolaridade, o que transformou suas relações com os homens e com outras mulheres e mudou muito a dinâmica de suas vidas. Tudo isso ocorreu devido a vários fatores. O aceleramento da expansão do capitalismo, o crescimento do parque industrial, a negação e a proibição da reforma agrária e a expulsão da população do campo foram motivos suficientes para o deslocamento rápido da população rural para as áreas urbanas. As mulheres foram as primeiras a sentir essas mudanças. Sem as suas famílias por perto, com novas

---

10 René DREIFUSS, 1981, p. 291 apud Adriano Nuevo CODATO; Marcus Roberto de OLIVEIRA, 2004, p. 208.

relações sociais, as mulheres obtiveram uma relativa independência, ainda que, muitas vezes, de forma compulsória e não consciente. As cidades cresceram sem a infraestrutura adequada, sem condições de moradia, cresceram as favelas, aumentaram os cortiços e houve um inchamento das periferias e dos subúrbios das capitais. O crescimento do mercado de trabalho e o achatamento salarial levaram as mulheres a buscarem o trabalho remunerado.

Isso, por sua vez, propiciou um aumento significativo da participação feminina no mercado de trabalho. Em 1950, a mão de obra feminina representava 13,5% da força de trabalho; em 1976, as mulheres mais do que dobraram sua participação: passaram a ser 28,8%; e, em 1985, as mulheres chegaram a 37%, o que significou um crescimento maior da participação feminina do que da masculina.

Outro fator preponderante foi a descoberta da pílula anticoncepcional, em 1960, que possibilitou às mulheres experimentarem o prazer sexual sem medo de uma gravidez indesejada. Com uma nova dinâmica de vida, sem a infraestrutura necessária, sem creches e outros equipamentos sociais como restaurantes e lavanderias populares, as mulheres passaram a ter menos filhos e a se dedicar mais à profissionalização.

O feminismo no mundo se agitava numa onda libertária que reivindicava igualdade, direito ao próprio corpo, a politização do espaço privado, pois passou-se a compreender que o pessoal também é político, o direito ao prazer sexual, o direito de escolha.

No Brasil, a ditadura não dava tréguas. Colocou em prática o controle da natalidade por meio da Sociedade do Bem-Estar da Família (Bemfam), que realizou e acabou por impor esterilizações em massa e experimentações com substâncias reprovadas nos países europeus, como o Depo-Provera.[11] Essa droga foi largamente usada no Brasil, sem nenhum controle por parte das autoridades.

O governo militar assumiu uma postura ambígua: do ponto de vista oficial, mantinha-se numa política do não intervencionismo na vida reprodutiva. Na prática, abria caminhos, com subsídios e facilidades substanciais para ações antinatalistas, com acordos entre as secretarias de saúde e a Bemfam nos diversos estados brasileiros, priorizando a aplicação massiva de meios contraceptivos,

---

11 Anticoncepcional injetável, com duração prolongada de até 3 meses. (Suzanne SERRUYA, [1987?]).

ainda em fase experimental, junto à população pobre e em sua maioria negra. Os serviços públicos de saúde não ofereciam sequer informação e/ou orientação sobre o uso de contraceptivos. Sem acesso à assistência à saúde reprodutiva, a população feminina ficou à mercê das esterilizações e do uso inadequado de anticoncepcionais. O país passou a ter altos índices de esterilização feminina. Em Pernambuco, 18,9% das mulheres de 15 a 44 anos estavam esterilizadas, por meio de ligadura de trompas. Em Manaus, 33% das mulheres encontravam-se com as trompas ligadas, no Piauí, 17% e, em São Paulo, 15%. Estavam excluídas desses cálculos aquelas mulheres esterilizadas em decorrência de abortos inseguros ou pelo uso inadequado de anticoncepcionais ou do dispositivo intrauterino (DIU). Chegamos a uma situação absurda de reduzir drasticamente a natalidade em áreas de baixíssima densidade demográfica, como a Amazônia.

A censura foi adotada desde os primeiros dias da ditadura e se manteve durante todo o período ditatorial. Aliás, a misoginia da ditadura andava de mãos dadas com a censura. Houve, de maneira especial, a censura aos assuntos referentes às mulheres, sob alegação da defesa da família, da moral e dos bons costumes. A revista *Realidade,* n. 10, de janeiro de 1967, foi totalmente vetada pela censura por abordar o resultado de uma pesquisa sobre o que as brasileiras pensavam. Foram entrevistadas 1.200 mulheres sobre casamento, parto e maternidade, sexualidade, religiosidade. O motivo da proibição total foi, segundo Carlos Azevedo,[12] jornalista da revista, a reportagem: "Assista um parto até o fim" com uma foto de uma mãe que acabava de ter o bebê. Era uma foto em que a mãe estava de costas e, portanto, não havia nenhuma exposição dos órgãos genitais da parturiente, apenas a cabecinha do bebê apontando. O mesmo aconteceu com o *Jornal Movimento* n. 45, quase dez anos depois, em 1976. O jornal tratava da situação das mulheres no trabalho, até as tabelas do Instituto Brasileiro de Geografia e Estatísticas (IBGE) foram totalmente censuradas, a edição não chegou sequer às bancas. E também com Cassandra Rios (1932-2002), escritora de contos eróticos lésbicos, que foi a primeira mulher *best-seller* (chegou a vender um milhão de exemplares), que teve a sua

---

12 Depoimento prestado por Carlos Azevedo à Comissão da Verdade do Estado de São Paulo "Rubens Paiva", 03/10/2013, na Assembleia Legislativa do Estado de São Paulo, dentro de uma série de audiências sobre a imprensa clandestina e alternativa.

editora proibida de funcionar em 1976, pelo ministro da Justiça, Armando Falcão. Foi a escritora mais censurada na ditadura.[13]

As prostitutas também foram alvo das mais diversas arbitrariedades por parte de policiais, militares e agentes públicos vinculados ao aparato repressivo, foram vítimas, inclusive, de sequestros e prisões, torturas e até assassinatos com a complacência do Estado.[14] Lourdes Barreto, 71 anos de idade e 53 anos de exercício da prostituição, é uma das lideranças do movimento de profissionais de sexo e preside o Grupo de Mulheres Prostitutas do Pará, denunciou, em matéria assinada pelo jornalista Evandro Éboli, no jornal *O Globo*, em 21 de setembro de 2013, que a "zona do meretrício (com cerca de duas mil prostitutas) foi fechada pelos militares em 1971. O local foi invadido e lacrado por agentes da Marinha, da Aeronáutica e da Polícia Federal". Na mesma matéria, a travesti Safira Bengell, cujo nome de nascimento é João Alberto Souza, denunciou o quanto foi perseguida, presa e torturada: "Tínhamos que fazer sexo com os carcereiros e policiais para recebermos um pouco de água". Assim, a maioria das brasileiras, com informações truncadas ou sem informações, enfrentaram muitas dificuldades, mas não deixaram de lutar pela vida. Reinventaram novas formas de sobrevivência e de realização pessoal e social, mesmo sob a truculência da ditadura.

As militantes políticas

> [...] me espanta a capacidade que se tem de sobreviver ao horror...[15]

Uma parcela de mulheres entrou para as organizações de esquerda clandestinas e militou nas mais de 40 organizações políticas revolucionárias e de resistência.[16] Houve mulheres que se integraram às guerrilhas urbanas e rurais,

---

13 Cf. Documentário *Cassandra Rios: A Safo de Perdizes!*, de Hanna Korich (2013).

14 Cf. José Miguel Nieto Olivar, antropólogo colombiano que fez a tese de doutorado *Devir puta*, na Unicamp, e um dos únicos que estuda a relação da ditadura com as prostitutas.

15 Susel de Oliveira da ROSA, 2013, p. 180.

16 Segundo o Projeto Brasil Nunca Mais, havia mais de 40 organizações de esquerda clandestinas. Ver livro *Brasil Nunca Mais*, 1985, p. 114-116.

outras que participaram de ações políticas, como a organização e manutenção da imprensa clandestina, a distribuição de material impresso e o cuidado de casas (chamados de aparelhos) que serviam de base para estruturar as organizações e as atividades.

Essas organizações políticas foram duramente atingidas pela repressão, tiveram suas direções eliminadas pela ditadura, até aquelas que não participaram da luta armada sofreram o extermínio de suas direções. Houve mulheres sequestradas, torturadas, estupradas, assassinadas e desaparecidas. O *Projeto Brasil Nunca Mais* analisou os casos de 7.367 militantes processados pela justiça militar, e desses 12% eram mulheres. O Estado Maior do Exército fez um levantamento de presos políticos que se encontravam nos quartéis num determinado momento do ano de 1970 e chegou a um total de mais de 500 militantes. Desse total, 56% eram estudantes, com idade média de 23 anos, 26% eram mulheres. Na Guerrilha do Araguaia, ocorrida no sul do Pará, entre 1972 e 1975, dos 70 guerrilheiros desaparecidos, 17% eram mulheres.

As torturas praticadas nas mulheres, assim como nos homens, faziam parte da estratégia política de Estado. Ainda sob a ditadura militar, homens e mulheres denunciaram perante a Justiça Militar as torturas sofridas, mesmo que isso representasse um sério risco que elas voltassem a acontecer. Segundo o *Projeto Brasil Nunca Mais*, 1.843 pessoas denunciaram frente aos tribunais as torturas a que foram submetidas e nenhuma providência foi tomada, por parte da Justiça Militar ou de qualquer instância de poder, no sentido de investigar e impedir tais atrocidades.

A participação de mulheres nas organizações políticas clandestinas, de um modo geral, foi para garantir a infraestrutura das ações políticas e militares, na imprensa clandestina, pegaram em armas, viveram a clandestinidade de diversas formas, com outros nomes, outras identidades, deslocavam-se para várias partes do país ou para outros países, engravidaram, fizeram abortos ou tiveram filhos e os amamentaram, e choraram as perdas de pessoas queridas e amadas.

Em 1968, o mundo se agitava e se enchia de um clima revolucionário. Os negros nos Estados Unidos defendiam os direitos civis e protestavam contra a guerra imperialista no Vietnã. As manifestações estudantis e feministas estavam no auge nos Estados Unidos e na Europa e levantaram a necessidade das revoluções cultural e sexual. Nesse mesmo ano, no Brasil, os estudantes protestaram em passeatas contra a ditadura e, ao mesmo tempo, eclodiram as greves operárias contra o arrocho salarial e a intervenção da ditadura nos sindicatos. As mulheres brasileiras intensificaram sua participação política, seja nas passeatas, seja nas fábricas, seja na clandestinidade.

Greve, abortamento forçado e estupro

Trabalhamos mais e somos mais desvalorizadas.[17]

A greve de Contagem (MG) foi a primeira e, de certa forma, foi uma surpresa para a ditadura militar. Foi deflagrada no dia 16 de abril de 1968 pelos metalúrgicos da Siderúrgica Belgo-Mineira. Esses trabalhadores foram acompanhados por outros de outras empresas como a Mannesmann, a Mafersa, a RCA Victor, a Acesita e tantas mais. A liderança que conduziu a greve com muito sucesso e que, até hoje, quase nunca é lembrada foi uma mulher, Conceição Imaculada de Oliveira.[18] Algum tempo depois, ela foi presa, grávida:

> A repressão não se esqueceu da Conceição, secretária do Sindicato de Metalúrgicos a que Passarinho [Coronel do Exército Jarbas Passarinho que àquela época era Ministro do Trabalho] queria encontrar na época da mobilização da massa operária. Presa grávida, foi submetida a um aborto criminoso em uma sala comum do DOPS de Belo Horizonte (MG), na presença dos demais presos políticos e dos policiais. [...] para assistir [...] à cirurgia, praticada sem anestesia, sem nenhum cuidado higiênico e inclusive sem os instrumentos cirúrgicos necessários para uma operação. Quando, impotente, a vítima gritava, os torturadores faziam um alarido histérico e sádico, gritavam de alegria, diziam palavrões aos indignados espectadores mantidos sob ameaças dos fuzis.[19]

---

17 Maria Amélia de Almeida TELES, 1993, p. 111.

18 Amelinha TELES; Rosalina Santa Cruz LEITE, 2013, p. 26.

19 O trecho transcrito foi publicado no *Jornal Tribuna de Imprensa*, Rio de Janeiro, 6/12/1969. (Bernardo KUCINSKI; Ítalo TRONCA, 2013, p. 158).

Gilse Avelar, integrante do movimento popular de apoio às greves de Minas e levada à prisão junto com outras quatro mulheres: Loreta Kiefer Valadares, Delcy Gonçalves, Maria do Rosário Cunha Peixoto e Laudelina Maria Carneiro, relatou:

> [...] em 23 de agosto de 1969, fui levada à presença do tenente-coronel Valdir Teixeira Góes, do 12º Regimento (12º RI localizado no bairro de Barro Preto, em Belo Horizonte-MG), que informou que eu seria entregue aos torturadores capitão Jesu e sargento Leo, ambos da Polícia Militar, que se encarregariam de espancar-me, colocar-me no pau-de--arara, divertir-se com meu corpo e, finalmente, violentar-me [...]. Às 19hs fui conduzida até um posto policial isolado. [...] depois de ser violentamente despida, até ficar totalmente nua, estive durante nove horas sob a sanha desses policiais, que se revezavam em combinações de torturas físicas, psicológicas e sexuais.[20]

Loreta Kiefer Valadares declarou:

> [...] por ordem do tenente-coronel Góes, fui levada pelo capitão Jesu ao Colégio Militar (de Belo Horizonte (MG), onde fui submetida a torturas físicas, morais e sexuais perpetradas pessoalmente pelo capitão Gomes Carneiro, do Exército, na presença do tenente Marcelo. As torturas consistiam em carícias por todo o corpo, abraços e sussurros nos ouvidos, logo transformados em golpes de caratê no estômago, bofetadas e principalmente vários golpes de "telefone" nos ouvidos, que quase me deixaram surda [...].[21]

---

20 KUCINSKI; Tronca, 2013, p. 114.

21 KUCINSKI; Tronca, p. 114.

A menstruação

Moço, cuidado com ela
Há de se ter cautela com essa gente que menstrua...[22]

No DOI-Codi/SP, em janeiro de 1973, havia uma conversa entre as mulheres ali encarceradas de que os torturadores não gostavam de estuprar mulheres menstruadas. Então, guardávamos um absorvente usado e que estava sujo de sangue e o colocávamos rapidamente dentro da calcinha quando éramos levadas para os interrogatórios, que na realidade eram sessões de tortura. É interessante lembrar que uma pesquisadora do Chile disse que as presas políticas chilenas também usaram desse mesmo expediente.[23]

Artur Scavone, ex-preso político, deu depoimento na Comissão da Verdade "Rubens Paiva" e falou de uma militante do Molipo (Movimento de Libertação Popular), Maria Augusta Thomaz, que foi assassinada pela ditadura, em 17/5/1973, e até hoje é "desaparecida política". Scavone disse que ela participou do treinamento em Cuba, e é importante dizer isso, contra a vontade dos companheiros:

> Ela me contou isso e dizia que em Cuba também tinha machismo muito forte. [...] o objetivo da guerrilha no Brasil era chegar no campo. E quando se discutiu isso, havia uma visão de não ir mulheres, porque mulheres menstruam, tem problemas, tem uma certa dificuldade etc. e etc. Mas Maria Augusta não aceitou isso e ela foi junto com os demais companheiros para o treinamento e ela falava com muito orgulho disso. Havia uma graduação entre todos os companheiros que faziam o treinamento. E Maria Augusta, apesar de ter feito o mesmo treinamento que os homens, ficou na 2ª posição.

---

22 Elisa Lucinda, atriz e poeta. Este verso faz parte da publicação de autoria de Elisa Lucinda: "A Lua que Menstrua", publicação independente, de 1992. (WIKIPEDIA, 2015. Disponível em: <https://pt.wikipedia.org/wiki/Elisa_Lucinda>. Acesso em: 18 de jun. 2015).

23 Participei dessa mesa junto com Hillary Hiner e a professora da USP Flávia Schilling.

A misoginia da ditadura

As mulheres, militantes políticas à época, subverteram a ordem patriarcal tão solidamente acomodada na ideologia ditatorial.

A participação das mulheres se deu por decisão delas próprias. Ao assumirem uma posição política de transformar a ditadura em liberdade, justiça e democracia, passaram a engrossar as diversas trincheiras de lutas, das ações políticas de repúdio à ditadura, seja de luta armada ou não, o que irritou profundamente os militares que esperavam que elas fossem facilmente dominadas e controladas por eles. Eles não aceitavam que as mulheres pudessem exercer livremente o seu direito de escolha, inclusive de lutar contra a ditadura. Eles odiavam as militantes que fugiam do estereótipo da submissão, da dependência e da incapacidade de tomar decisão. A tortura foi amplamente usada contra mulheres e homens. No entanto, as mulheres foram submetidas de forma mais intensa à tortura sexual, como os estupros, as mutilações, inclusive, com uso de animais vivos.

Os militares, de início, subestimaram a capacidade das mulheres, mas, ao vê-las atuando na luta, inclusive com uso de armas, tiveram reações de ódio e repúdio. Isso porque as militantes políticas daquela época romperam com preconceitos e barreiras machistas. Tiveram até que enfrentar a própria organização política de esquerda em que atuavam. A esquerda também tinha preconceito e as discriminava. Assim, as militantes tiveram que subverter a ordem do estado ditatorial e a ordem interna de suas organizações políticas. Eram duas vezes subversivas.[24] A ditadura as via como uma ameaça, daí se justificava a censura aos temas sobre mulheres, o que aconteceu no Brasil, na Argentina e em outros países da região.

> [...] A demonização das mulheres 'piores que os homens' se repete num relato de Liliana Chiernajowisky que se refere ao ano de 1977, quando estava presa no cárcere de Villa Devoto (Buenos Aires). [...] ela contou que o chefe [...] disse (quando viu as presas políticas chegarem no presídio): preferia que me mandassem todos os líderes guerrilheiros

---

24 Andrea ANDÚJAR et al., 2009, p. 28 e seguintes.

Breve história do feminismo no Brasil e outros ensaios

do que ter que lidar com estas loucas. As mulheres são piores, quando acreditam em algo o levam nas entranhas. Os homens são mais razoáveis.[25]

Como assessora da Comissão da Verdade "Rubens Paiva", tive oportunidade de ter contatos com documentos da repressão política (DOI-Codi, Cenimar, Cisa, Dops, entre outros) e também de ouvir relatos de militantes. Não era raro ver que as militantes mulheres recebiam um tratamento bastante diferente dos militantes homens. Os documentos, quando se referiam à mulher, usavam expressões como "ativa fanática em subversão", "bom grau de inteligência", "moça de muita valentia".[26] Eles nunca diziam que um homem era fanático, ou mesmo, inteligente. A premissa básica é de que os homens são inteligentes, valentes e racionais, portanto, não seria necessário mencionar isso no relatório a seu respeito. A repressão tratou as mulheres como muito perigosas, pois elas queriam "superar os homens", eram consideradas promíscuas porque eram capazes de abandonar seu "papel social" a ponto de aspirar ao poder político e participar da luta armada. É interessante notar que homens da esquerda também consideravam as mulheres ativistas políticas como um pouco "esquemáticas", "dogmáticas", "totalmente entregues à causa".[27] O Relatório da Operação Sucuri, que trata da primeira campanha militar contra a Guerrilha do Araguaia, ao descrever a guerrilheira Lucia Maria de Souza (Sônia),[28] a descreve como uma mulher de corpo bonito. Nenhum guerrilheiro recebeu uma descrição desse tipo.

Vera Silvia de Araújo Magalhães (1948-2007) participou da guerrilha urbana no Rio de Janeiro. Com 21 anos de idade, era uma das jovens universitárias que passou ao movimento guerrilheiro depois da edição do AI-5.[29] Pertenceu

---

25 ANDÚJAR et al., p. 29. Esse depoimento foi publicado originalmente no livro: BEGUÁN, Viviana et al. *Nosotras, presas políticas. 1974-1983*. Buenos Aires: Editora Nuestra América, 2006.

26 COMISSÃO DE FAMILIARES DE MORTOS E DESAPARECIDOS POLÍTICOS, 2009, p. 389.

27 ANDÚJAR et al., p. 27.

28 Lucia Maria de Souza (1944-1974) pertencia ao Destacamento A da Guerrilha do Araguaia.

29 Ato Institucional n. 5, editado em 13/12/1968, que acirrou a repressão política.

ao MR-8 (Movimento Revolucionário 8 de Outubro) e foi a primeira mulher de sua organização a se incorporar à luta armada. A imprensa tradicional se referia a ela como "a terrível mulher loura", ou "a loura 90", como se ela usasse duas metralhadoras ao mesmo tempo. Em entrevista à TV Senado, ela conta que no início "não acreditava em sua capacidade para ser guerrilheira" e, no entanto, tornou-se referência para o movimento guerrilheiro. Mas ela fala que enfrentou discriminação por ser mulher. Segundo ela: "Eu era a única mulher no meio de sete homens. Fiz um puta esforço para chegar lá. A minha militância política foi uma batalha, porque, além de tudo, havia o preconceito machista".

Criméia Almeida (ex-guerrilheira da região do Araguaia) afirma:

> [...] a expectativa do comando guerrilheiro era de que a mulher tivesse a mesma força física, os mesmos costumes e a mesma frieza para lidar com as emoções e duvidavam de nossa capacidade para desempenhar as tarefas militares. [...] Algumas guerrilheiras tentaram se aproximar do modelo masculino. Acreditavam que dessa forma seu desempenho seria melhor nas ações militares. Mas houve aquelas que aprenderam que deviam afirmar a diferença e buscar novas formas de vida e de fazer política. [...] Nas estratégias militares, coube às mulheres executar as tarefas de observação, levantamento de informações e preparação do apoio logístico. Mas o comando ficou a cargo dos homens. Só excepcionalmente ele coube a uma ou outra mulher.[30]

O uso de animais vivos nas sessões de tortura e a morte da guerrilheira

A tortura se foi, mas dura a vida toda.[31]

A repressão, ao combater as mulheres de esquerda, tratou-as com requintes de crueldade, e os torturadores faziam questão de afirmar que os interroga-

---

30 TELES. Breve História do Feminismo no Brasil, Editora Brasiliense, São Paulo, 1993, p. 71.

31 Munú ACTIS et al., 2006, p. 66.

tórios eram feitos sob *"rigorosa metodologia científica". "Aqui só morre quem a gente quer"*, eles diziam.[32] Eles usaram vários métodos de tortura. Usaram também animais e insetos vivos para praticarem torturas em homens e mulheres. Lucia Murat[33] assim relatou em depoimento à Comissão Nacional da Verdade:[34]

> *Eu não sei bem o que se passou quando eu voltei. As lembranças são confusas. Eu não sei muito bem como era possível, mas sei que tudo ficou pior. Eles estavam histéricos, eles sabiam que precisavam extrair alguma coisa em 48 horas, se não perderiam o meu contato. Gritavam, me xingavam, me puseram de novo no pau de arara. Mais espancamento, mais choque, mais água e dessa vez entraram as baratas. Puseram baratas passeando pelo meu corpo, colocaram uma barata na minha vagina. Hoje parece loucura, mas um dos torturadores de nome de guerra 'Gugu' tinha uma caixa onde ele guardava as baratas amarradas por barbantes e através do barbante ele conseguia manipular as baratas pelo meu corpo.*

Há mais denúncias, no Relatório final da Comissão Nacional da Verdade, de uso de animais vivos:

> Presos políticos foram expostos aos mais variados tipos de animais, como cachorros, ratos, jacarés, cobras, baratas, que eram lançados contra o torturado ou mesmo introduzidos em alguma parte de seu corpo. Especificamente em relação aos camundongos, o torturador Lourival Gaeta, que atuou no DOI-Codi do II Exército, em São Paulo, durante a década de 70, explicava sua destrutividade uma vez introduzidos

---

32 Notas da autora que ouviu essas declarações dos torturadores Alemão, Lourival Gaeta e Aparecido Laertes Callandra (Capitão Ubirajara), no DOI-Codi de SP em 1972 e 1973.

33 Lucia Murat foi presa política e torturada na ditadura militar brasileira. Nasceu em 1949, no Rio de Janeiro. É cineasta com diversos filmes premiados, entre eles "Uma longa viagem" e "Quase dois irmãos". Aqui cito trecho de seu depoimento à Comissão Nacional da Verdade, no Rio de Janeiro, em 28/5/2013.

34 BRASIL, 2014a, p. 374.

nos corpos das suas vítimas, com o argumento de que este animal não sabe andar pra trás.[35]

É de se imaginar que as vítimas submetidas a esse tipo de tortura feita por Lourival Gaeta deveriam morrer, em seguida, com hemorragia interna, pois os camundongos iam corroendo seus órgãos internos.

Há ainda denúncias sobre esse torturador, que praticou outras formas de tortura, como violência sexual:

> Eu estava sentada na cadeira de dragão, nua amarrada com fios de metal, levando choque no corpo todo, ânus, vagina. Enquanto isso, o Gaeta, que era um torturador, estava se masturbando e jogando esperma em cima do meu corpo nu... [...] Num outro momento, estava sendo torturada em pé, nua e caí no chão. Ele (o Gaeta) me pegou e me colocou numa cama de lona que estava na sala de torturas e começou a esfregar meus seios, apertar minha bunda [...].[36]

Sonia Maria Lopes de Moraes Angel Jones, de 27 anos de idade, foi sequestrada, juntamente com Antônio Carlos Bicalho Lana, 25 anos, pelos agentes do DOI-Codi/SP, em novembro de 1973. Ambos foram assassinados. Sonia havia sido casada com Stuart Angel, também sequestrado, torturado, assassinado, cujo corpo nunca foi entregue aos seus familiares. Antes de ser assassinada, Sonia foi estuprada. O pai de Sonia Maria, tenente-coronel da reserva do Exército brasileiro e professor de matemática, João Luiz de Morais, denunciou seu assassinato sob torturas enquanto viveu:

> Minha filha foi morta nas dependências do Exército Brasileiro, enquanto seu marido Stuart Angel foi morto nas dependências da Aeronáutica do Brasil. Tenho conhecimento de que, nas dependências do DOI-Codi do I Exército (SP), minha filha foi torturada durante 48 horas, culminando es-

---

35   BRASIL, 2014a, p. 373-374.

36   Depoimento de Maria Amélia de Almeida Teles (a autora do texto) na Comissão da Verdade "Rubens Paiva", na audiência de "Verdade e Gênero", em 4/3/2013.

Breve história do feminismo no Brasil e outros ensaios

> sas torturas com a introdução de um cassetete da Polícia do
> Exército em seus órgãos genitais, que provocou hemorragia.[37]

Todas as investigações não confirmam exatamente a data da morte da Sonia, mas o atestado de óbito, feito a pedido do DOI-Codi/SP, informa que ela teria morrido em consequência de hemorragia interna por ferimento de arma de fogo, sem nenhuma referência aos sinais evidentes de tortura.

Informações dadas à Comissão Nacional da Verdade por testemunha ocular, cuja identidade é mantida em sigilo, indicam que Sonia estava deformada e ainda foi torturada com um rato introduzido em sua vagina. Os responsáveis pelas atrocidades vividas por Sonia, assim como sua morte, seriam o chefe de interrogatórios, Lourival Gaeta,[38] que atuava no DOI-Codi/SP, e os integrantes de sua equipe.[39]

Guerrilheiras do Araguaia

> Meu lugar é aqui junto com meus companheiros, lutando
> para livrar o país dessa ditadura fascista. [...] No futuro não
> se esqueça de contar a nossa história.[40]

Dos 70 guerrilheiros desaparecidos no Araguaia, 12 são mulheres.[41] Saíram de cidades grandes e se enveredaram na selva para conquistar justiça social, liber-

---

37 COMISSÃO DE FAMILIARES DE MORTOS E DESAPARECIDOS POLÍTICOS 2009, p. 500-506.

38 Lourival Gaeta (1927-1997) era delegado do DOPS de São Paulo e integrou-se à equipe de torturadores da Operação Bandeirante ou DOI-Codi/SP. Era chamado também de "Mangabeira".

39 BRASIL, 2014b, p. 467.

40 Leonêncio NOSSA, 2012, p. 161. Cristina era o nome de guerra da guerrilheira Jana Moroni Barroso, e esse trecho seria uma conversa que ela teve com um dos moradores da região que lhe pedia para fugir, pois o Exército iria pegá-la e matá-la.

41 Seus nomes são: 1. Áurea Eliza Pereira Valadão (1950-1974); 2. Dinaelza Soares Santana Coqueiro (1949-1974); 3. Dinalva Oliveira Teixeira (1945-1974); 4. Helenira Rezende de Souza Nazareth (1944-1972); 5. Jana Moroni Barroso (1948-1974); 6. Lúcia Maria de Souza (1944-1973); 7. Luiza Augusta Garlippe (1941-1974); 8. Maria Célia Correa (1945-1974);

dades e o fim da ditadura militar. Fizeram um grande esforço pessoal, cada uma delas, para se tornarem guerrilheiras na selva amazônica, uma das maiores florestas, com uma grande biodiversidade, que exige uma adaptação enorme para, sobrevivência. As mulheres se esforçaram e conseguiriam sobreviver não fosse a truculência das Forças Armadas, em particular do Exército brasileiro. Elas aprenderam a usar armas, a rastejar na selva, a se orientar por dias e dias, a atravessar rios a nado, a subir em árvores, a plantar roça, a fazer partos, curativos e extração de dentes, a dar aulas para uma população analfabeta e abandonada pelo Estado, a fazer caçadas, entre tantas coisas necessárias para a sobrevivência na selva. As guerrilheiras trabalharam também na costura de roupas para os integrantes do movimento, prepararam e organizaram depósitos de alimentação e medicamentos, e houve até uma delas, Walquiria, que cantava, tocava instrumentos (violão e acordeom) e compunha músicas. Com tanta participação e empenho, não chegaram a ocupar cargos importantes na guerrilha, com exceção de Dinalva Oliveira Teixeira, que chegou a ser vice-comandanta. Ela foi a primeira e única mulher a ocupar cargo de chefia na guerrilha rural. Dina, como era conhecida, às vezes foi confundida com outra baiana, que também estava na guerrilha, a Dinaelza, que era conhecida como Maria Dina. As duas eram consideradas pelos militares mulheres muito valentes.

Em vários confrontos, Dinalva, chamada de Dina na guerrilha, conseguiu escapar e dar continuidade à luta. Num desses confrontos, ela levou um tiro de raspão no pescoço, mas conseguiu escapar, fugindo para o mato, enquanto os demais guerrilheiros foram mortos.

> Correm pela mata do Araguaia, os feitos de Dina, seus confrontos com equipes do Exército, e sua fama de boa atiradora e combatente destemida. [...] Com sensação de derrota por não ter capturado os mitos Dina e Osvaldão e pressionado a encerrar um conflito que poderia ganhar impacto no exterior, o Exército mudou de tática no Araguaia[42]

---

9. Maria Lucia Petit da Silva (1950-1972); 10. Suely Yumikom Kayamana (1948-1974); 11. Telma Regina Cordeiro Correa (1947-1974); 12. Walkíria Afonso Costa (1947-1974).

42 *Jornal do Brasil*, 1992.

Breve história do feminismo no Brasil e outros ensaios

Segundo Élio Gaspari, no livro *A Ditadura Escancarada*,

> [...] a mitológica Dina foi assassinada grávida. Ela estava sob o controle do major Curió. [...]. As informações sobre essa guerrilheira são de que ela teria sido sequestrada juntamente com outra guerrilheira, Luiza Garlippe, por uma equipe de militares sob o comando do major Curió, numa emboscada. O próprio major já confirmou isso em diversas entrevistas.[43]

Dina estava, portanto, totalmente sob o controle do Exército, era uma das últimas guerrilheiras que ainda sobrevivia às atrocidades perpetradas por essa instituição.

> O nome de Dinalva era um dos poucos não riscados na folha pregada na parede da Casa Azul (um dos centros clandestinos de tortura e de extermínio, mantido pelo Exército brasileiro). Era a 'peça' que faltava para o Exército considerar extinta a guerrilha. Com a mulher que virava borboleta, pomba e cupim livre na mata, a vitória da repressão jamais seria assimilada pelos caboclos nos barrancos dos rios, garimpos e povoados, acreditavam os militares. O mito Dina se comparava ao de Perpetinha, a menina sequestrada por índios no ciclo do caucho. Mais de cem anos depois do rapto, ela ainda deixava mensagem nos troncos das árvores: "Por aqui passou Perpetinha".[44]

Sabe-se pouco sobre o assassinato de Dina e o que aconteceu com a sua gravidez. Morreu grávida ou teria tido sua criança antes de morrer?

O major Curió relatou, em entrevista no dia 4 de março de 2004, em *Estado de São Paulo*, que

---

43 *Jornal do Brasil*, 1992.

44 *Jornal do Brasil*, 1992, NOSSA, Leonêncio. Mata! O major Curió e as guerrilhas do Araguaia. São Paulo: Compania das Letras, 2012, p. 209.

a operação para tirar de combate os principais comandantes da Guerrilha do Araguaia, Osvaldo Orlando da Costa, o Osvaldão, e Dinalva de Oliveira Teixeira, a Dina, foi definida numa reunião do presidente Garrastazu Médici com o Alto-Comando do Exército.[45]

O Exército brasileiro tinha medo da Dina viva, pois ficaria com sua moral abalada se não tirasse a vida da guerrilheira.

O estupro de uma adolescente

Prevaleciam o silêncio, o medo, a vergonha, a humilhação...

Filha do General Zerbini (cassado pelo golpe militar de 1964) e de Terezinha Zerbini, mulher que se destacou na luta pela anistia aos presos e perseguidos políticos, Eugênia Zerbini tinha 16 anos de idade, em 1970, quando sua mãe foi levada presa para a Oban.[46] Isso aconteceu no dia 11 de fevereiro de 1970, quando homens à paisana, portando metralhadoras, foram até sua casa buscar Terezinha porque ela estava sendo acusada de dar apoio à subversão. Um deles se apresentou como sendo "Capitão Guimarães". Dois dias depois, Eugênia foi à Oban levar roupas íntimas, escova de dente e outros objetos de higiene pessoal para sua mãe. Ao chegar lá, ela falou que

era filha do General Zerbini e queria falar com o oficial do dia [...]. Logo em seguida veio alguém. Assim, ninguém usava crachá, ninguém! Ele veio e fomos para uma sala. A única coisa que me chamou a atenção era uma sala muito nua, não tinha nada de referência, não tinha folhinha, não tinha uma imagem, não tinha nada para se ter referência. Nem a fotografia do Garrastazu Médici, que em todos os lugares públicos estava. Ele disse: "O que você veio fazer aqui?" Eu

---

45 COMISSÃO DE FAMILIARES DE MORTOS E DESAPARECIDOS POLÍTICOS, 2009, p. 583.

46 O DOI-Codi do II Exército foi criado inicialmente com o nome de Operação Bandeirante (Oban).

disse: "Eu vim trazer essas coisas para a minha mãe". E ele: "O que a sua mãe fez?" Aí, até hoje eu me arrependo, eu falei: "Vocês devem saber melhor do que eu, porque vocês a prenderam e não eu". Eu acho que eu não devia ter dito aquilo. Ele respondeu: "Ah! Pois não". Levantei e aí ele me agarrou e eu fui violentada ali. Eu não sei como eu saí, aquelas coisas assim, estava muito confuso, de repente eu estava na rua. [...] Não tive coragem de contar para ninguém, nem para o meu pai, nem para minha vó [...]. A gente sente vergonha...[...] Agora que tornei público isso, fiquei mais leve. Sei que não foi a mim, eles estavam fazendo isso para atingir meu pai e minha mãe. E eu fui um veículo que estava à mão.[47]

Eugênia ficou em silêncio por 43 anos, de 1970 até 2013, quando ela deu o depoimento. Na ocasião, ela pediu à Comissão da Verdade para identificar o funcionário que ocupava o cargo de "oficial do dia" na Oban (DOI-Codi/SP), no dia 13 de fevereiro de 1970, por volta das 15 horas. O Exército não deu nenhuma informação até o momento.

Maternidade

À ameaça de morte, podemos responder com uma nova vida...[48]

As militantes foram mulheres diferentes, despojadas. Muitas tiveram suas crianças na clandestinidade. Crianças que, em muitos casos, não puderam ter seus nomes verdadeiros e não sabiam os nomes de seus pais devido às perseguições sem trégua. Isso obrigava seus pais e suas mães a manterem identidade falsa inclusive para suas crianças. Muitas conceberam e pariram seus filhos em situações de extremo risco. Foram mães inéditas.[49] Houve mães cujas crianças nasceram sob a ameaça de tortura nas prisões. Nos países vizinhos, houve se-

---

47 Eugenia Zerbini, 60 anos à época do depoimento prestado na audiência da Comissão da Verdade "Rubens Paiva", na Assembleia Legislativa do Estado de São Paulo, em 9/4/2013.

48 Fala de Criméia de Almeida, ex-guerrilheira do Araguaia (TELES,1993, p. 72).

49 ANDÚJAR et al., 2009, p. 27.

questro dos bebês pelos militares. Aqui no Brasil, houve, no Araguaia, pelo menos uma criança nascida em cativeiro e sequestrada. A maternidade foi um dos meios de tortura utilizados pela repressão política. Foi usada para enlouquecer e fragilizar militantes, o que causou, em muitas situações, enfraquecimento afetivo e emocional de mulheres e de crianças. As mães, por serem violentamente reprimidas pela ditadura devido à militância política, eram obrigadas a assistir suas crianças serem submetidas às mais vis torturas psicológicas ou físicas. Houve mães que sequer eram militantes, mas seus companheiros eram e, portanto, suas crianças foram submetidas a sequestros, ameaças de torturas ou chegaram a ver o assassinato de seus pais sob tortura.

As crianças foram atingidas porque suas mães, na maioria dos casos, romperam com os estereótipos femininos, saíram dos papéis impostos de submissas e frágeis e se empenharam em ações que eram consideradas "de homens", como o manejo de armas, a elaboração de estratégias políticas de enfrentamento e resistência na tentativa de obter justiça, liberdade e democracia. Eram mulheres que já tinham conquistado mais independência e autonomia. Para isso, tiveram que superar muitas barreiras nos campos pessoal, familiar, profissional, cultural e político. Tiveram que assumir o protagonismo de suas vidas, de suas escolhas. Tornaram-se sujeitos históricos e políticos. Trouxeram para o plano político de suas organizações as questões pessoais do cotidiano, inclusive a gravidez, a maternidade, o abortamento.

Aqui, refiro-me ao caso de uma criança que sabemos ter nascido em cativeiro, embora ainda não saibamos exatamente quem era sua mãe. Lia Cecília é o nome da criança, hoje uma mulher adulta com 40 anos de idade, nascida em 1974 na região da guerrilha do Araguaia, filha do guerrilheiro desaparecido Antônio Teodoro de Castro (1945-1974), cujo nome de guerra era Raul. Sob o título "Sou a prova de que mesmo na guerra existiu um grande amor", Lia deixa o testemunho de sua "infância roubada", situação que ela enfrenta com altivez e dignidade até os dias de hoje. Ela, com mais ou menos seis meses de idade, teria sido deixada na instituição Lar de Maria, em Belém (no Pará) por um delegado de polícia, acompanhado de um soldado que afirmava que o bebê teria sido sequestrado. Quando ela tinha mais ou menos três anos de idade, uma mulher, Eumélia Martins, resolveu ficar com ela. Somente por volta dos nove anos de idade, ela começou a conhecer sua própria história. Mas ela conheceu melhor quando saiu uma matéria no jornal *O Estado de São Paulo*, em junho de 2009, que tratava sobre crianças sequestradas na guerrilha do Araguaia. Ela enviou um *e-mail* para o jornal, que a colocou de imediato em contato com uma irmã do guerrilheiro desaparecido, Antonio Teodoro Castro. Fizeram o DNA e o resultado foi positivo. Assim, ela começou a descobrir uma parte de sua história. Da mãe, ela não tem nenhuma informação.[50]

Mulheres que atuaram na repressão

Há ainda muito a se investigar...

Um aspecto desconhecido por esses longos anos e só agora vem à tona com bastante discrição é a participação de mulheres no DOI-Codi.[51] Pelo menos no DOI de São Paulo, havia mulheres integradas ao corpo repressivo. Uma delas era a tenente Neuza, nascida em 1939 na região de Bauru (SP). Entrou para a Polícia Feminina em meados de 1950 e se tornou uma das 80 mulheres policiais do país. Quando passou a tenente no final dos anos de 1960, foi chamada para trabalhar no DOI-Codi de São Paulo. Segundo ela: "Aí eu fui pro meu 'açougue' (DOI) e aí passaram a acreditar que a mulher também tinha capacidade".[52]

A tenente Neuza teria participado de ações da repressão que levaram à morte pelo menos dez pessoas e ao desaparecimento outras três: Hiram de Lima Pereira (1913-1975), José Montenegro de Lima (1943-1975) e Paulo Stuart Wright (1933-1973).[53] Ela integrou a ação que culminou com o sequestro dos meus filhos: Janaína Teles e Edson Teles, além da minha irmã, Criméia de Almeida, grávida de 8 meses, no dia 29 de dezembro de 1972, e os levou, juntamente com outros policiais, sob o comando do então Major Ustra, para o DOI-Codi/SP, onde eu já me encontrava sequestrada e torturada. Só quando

---

50 Depoimento de Lia Cecília, *Infância roubada*, Comissão Estadual da Verdade "Rubens Paiva", ALESP, 2012- 2015.

51 Marcelo GODOY, 2014, p. 146 e seguintes.

52 GODOY, 2014, p. 146 e seguintes.

53 GODOY, 2014, p. 149.

vi o livro *A Casa da Vovó* com as fotos da tenente Neuza da época é que pude confirmar que era ela mesma.

No livro citado, Neuza conta que havia mais mulheres policiais no DOI-Codi/SP. Polícia feminina só havia em São Paulo, e ela teve que preparar cinco policiais femininas para trabalhar no DOI-Codi/RJ. Parece que no DOI seu codinome era tenente Bia e era admirada por ser exímia atiradora, segundo as informações do ex-sargento do Exército, que trabalhou no DOI-Codi/SP, Marival Chaves, em seu depoimento na Comissão Nacional e Estadual da Verdade.[54] Segundo ele, havia uma policial que tinha o nome de Fátima e mais de uma policial chamada de tenente Bia.

Outra policial que trabalhou no DOI, em São Paulo, foi a sargento Wilma,[55] uma das participantes das operações repressivas que dizimaram o comitê central do Partido Comunista Brasileiro (PCB) e destruíram a imprensa do partido. O saldo foi uma dúzia de dirigentes mortos e desaparecidos. Isso foi nos anos de 1974 e 1975. Em 1976, Wilma participou da ação juntamente com o agente infiltrado, Jover Telles, que culminou com a "chacina da Lapa", na qual foram assassinados Pedro Pomar e Ângelo Arroyo, ambos dirigentes do Partido Comunista do Brasil (PCdoB). No DOI-Codi, foi assassinado João Batista Drummond, também dirigente do PCdoB. Sargento Wilma participou também da Operação Lótus, que prendeu vários militantes da Convergência Socialista em 1977.

Outra policial que também atuou no DOI-Codi/SP foi a tenente Dyarsi. Ela trabalhou com o capitão do Exército Ênio Pimentel, cujo codinome era Dr. Ney, chefe da investigação do DOI-Codi/SP, e nos anos de 1980 foi promovida a coronel.[56]

Conclusões

Não há como falar da repressão, da tortura, da ditadura, sem tratar da questão das mulheres. Isso porque as mulheres tiveram uma participação in-

---

54 Depoimento dado em 10/5/2013.

55 GODOY, 2014, p. 152.

56 GODOY, 2014, p. 153-154.

tensa e generalizada em todas as organizações políticas que se encontravam na mais ferrenha clandestinidade. Do total de mortos e desaparecidos que têm seus nomes registrados, cerca de 11% são mulheres. Proporção nada desprezível se comparada com os dias de hoje, cujo resultado das eleições de 2014 para a Câmara de Deputados informa que 51 mulheres foram eleitas, o que significa 9,9% do total de 513 deputados eleitos.

A ignomínia de crianças nascidas de estupros praticados por agentes de Estado existiu apesar de ser um assunto interdito ainda nos dias de hoje. O silêncio permanente que paira sobre o assunto tem muitas razões. A profunda humilhação de ser uma mulher estuprada por militares/policiais e ainda ser mãe de uma criança filha de estupro. Se ainda nos dias de hoje a palavra da mulher não tem credibilidade, imagina, então, naqueles tempos em que mulher era assunto censurado e subversivo. Não existem ainda ações políticas no sentido de oferecer condições e oportunidades para uma narrativa pública sobre o estupro e demais violências cometidas em dependências militares e policiais.

Constatamos que, na atividade clandestina, houve também avanços nas relações de gênero. Existiram ocasiões de ruptura da lógica patriarcal, até então aceita como natural, de que aos homens cabe o espaço público e às mulheres, o espaço privado. Muitas vezes os homens eram obrigados a ficar em casa (ou em aparelhos), escondidos, devido à clandestinidade e às intensas perseguições, enquanto as mulheres, por passarem mais facilmente invisíveis, foram às ruas no preparo e no desencadeamento de ações políticas e militares.

É preciso criar um marco jurídico-legal que reconheça o estupro e outras violências sexuais como crime independente dos demais crimes cometidos, ainda que todos tenham sido praticados por agentes públicos e, portanto, considerados crimes de lesa-humanidade, o que os torna imprescritíveis. Os crimes sexuais praticados durante a ditadura são tão graves como outras formas de tortura utilizadas, como submeter a vítima ao pau-de-arara ou a choques elétricos, fazer "afogamentos", espancar, jogar ácido no corpo da vítima, entre outras.

Torna-se urgente reconhecer que os danos e violações de direitos humanos cometidos contra as mulheres pela ditadura militar devem ser dimensionados sob a ótica de gênero, para que se alcance com profundidade a verdade dos fatos, registrando-se que as militantes políticas, ou mesmo as que não eram, se recusaram a reproduzir o papel social de submissão e de dependência dos homens, contribuindo de maneira fundamental para a construção de uma democracia de fato, e isso num período histórico em que tudo que faltava era a democracia. A democracia atual, para ser consolidada, precisa fazer justiça às mulheres de ontem e de hoje.

A Comissão Nacional da Verdade mobilizou a opinião pública para as graves violações de direitos humanos ocorridas na ditadura militar. A entrega do relatório nacional não deve significar um ponto final nas investigações, pelo contrário, deve-se aprofundar as investigações e apurar as responsabilidades dos agentes públicos inclusive nos crimes sexuais. As consequências das práticas de torturas institucionalizadas se estendem até os dias de hoje, com ocorrência de assassinatos, estupros e ocultamento de cadáveres.

É urgente considerar as recomendações apresentadas no relatório nacional, manter a mobilização da opinião pública e implementar cada uma dessas recomendações, em especial, aquelas que exigem a apuração dos estupros e demais crimes de gênero, responsabilizando, inclusive criminalmente, os agentes públicos envolvidos.

Referências

ACTIS, Munú et al. *Eseinfierno*. Buenos Aires: Editora Altamira, 2006 (Coleção Memórias).

ANDÚJAR, Andrea et al. *De minifaldas, militâncias y revoluciones*. Exploraciones sobre los 70 enla Argentina. Buenos Aires: Luxemburg, 2009.

ARNS, Paulo Evaristo; SOBEL, Henry; WRIGHT, Jaime. *Brasil: Nunca Mais*. 5. ed. Petrópolis: Editora Vozes, 1985.

BRASIL. Comissão Nacional da Verdade. "Tortura". In:_____. *Relatório da Comissão Nacional da Verdade*. Brasília: CNV, 2014a. v. 1, cap. 9. p. 327-380.

_____. "Execuções e Mortes decorrentes da Tortura". In:_____. *Relatório da Comissão Nacional da Verdade*. Brasília: CNV, 2014b. v. 1, cap. 11, p. 437-487.

CODATO, Adriano Nuevo; OLIVEIRA, Marcus Roberto de. "A marcha, o terço e o livro: catolicismo conservador e ação política na conjuntura do golpe de 1964". Revista Brasileira de História, São Paulo, v. 24, n. 47, p. 271-302, 2004.

Disponível em: <Disponível em: http://www.scielo.br/scielo.php?script=sci_arttext&pid=S0102-01882004000100011 >. Acesso em: 22 dez. 2014.

COMISSÃO DE FAMILIARES DE MORTOS E DESAPARECIDOS POLÍTICOS. *Dossiê Ditadura*: Mortos e Desaparecidos Políticos no Brasil: 1964-1985. São Paulo: Imprensa Oficial, 2009.

CUNHA, Luiz Cláudio. "Dilema urgente da presidente Dilma: demite general ou extingue a comissão da verdade". Diário do Poder, Brasília, 22 ago. 2014. Disponível em: <Disponível em: http://www.diariodopoder.com.br/noticia.php?i=18007438720>. Acesso em: 30 maio 2015.

GODOY, Marcelo. *A Casa da Vovó*. Uma biografia do DOI-Codi (1969-1991), o centro de sequestro, tortura e morte da ditadura militar. São Paulo: Editora Alameda, 2014.

LEWIN, Miriam; WORNAT, Olga. *Putas y guerrilleras*. Buenos Aires: Grupo Editorial Planeta, 2014.

MARCHA da família com Deus pela liberdade. Wikipédia, 2014. Disponível em: <Disponível em: http://www.wikipedia.org/wiki/Marcha_da_Familia_com_Deus_pela_Liberdade>. Acesso em: 24 dez. 2014.

NOSSA, Leonêncio. *Mata!* O major Curió e as guerrilhas do Araguaia. São Paulo: Companhia das Letras, 2012.

KUCINSKI, Bernardo; TRONCA, Ítalo. *Pau de Arara:* a violência militar no Brasil. São Paulo: Fundação Perseu Abramo, 2013.

ROSA, Susel Oliveira da. *Mulheres, ditaduras e memórias*. São Paulo: Editora Intermeios, 2013. (Coleção Entre gêneros).

SAFIOTTI, Heleieth. A mulher na sociedade de classes. São Paulo: Expressão Popular, 2013.

SÃO PAULO. Assembleia Legislativa. Comissão da Verdade do Estado de São Paulo "Rubens Paiva". *Infância Roubada,* Crianças Atingidas pela Ditadura Militar no Brasil. São Paulo: ALESP, 2014.

SERRUYA, Suzanne. *Ligação de trompas:* opressão e esperança. [1987?]. Texto mimeografado.

TELES, Maria Amélia de Almeida. *Breve História do Feminismo no Brasil.* São Paulo: Editora Brasiliense, 1993.

TELES, Amelinha; LEITE, Rosalina Santa Cruz. *Da Guerrilha à Imprensa Feminista:* a construção do feminismo pós luta armada (1978-1980). São Paulo: Editora Intermeios, 2013.

A construção da
Memória e da Verdade numa
perspectiva de gênero

Espancaram-me no rosto até eu ficar desfigurada. [...] O 'Márcio' invadia minha cela para 'examinar' meu ânus e verificar se o 'Camarão' havia praticado sodomia comigo. Esse mesmo 'Márcio' obrigou-me a segurar seu pênis, enquanto se contorcia obscenamente. Durante esse período fui estuprada duas vezes pelo 'Camarão' e era obrigada a limpar a cozinha completamente nua, ouvindo gracejos e obscenidades, os mais grosseiros [...] *Inês Etienne Romeu*[1]

Introdução

Ao tratar do tema "verdade e gênero", temos que referenciar às mulheres na luta contra a ditadura militar (1964-1985). E me traz a memória a militante Inês Etienne Romeu, que faleceu recentemente, em 27 de abril de 2015, com 73 anos de idade. Ela foi presa política, sequestrada por um dos mais "temidos" torturadores da época, Sérgio Paranhos Fleury, delegado do DOPS/SP e chefe do

---

[1] Inês Etienne Romeu (1942-2015) foi militante da Vanguarda Popular Revolucionária (VPR), sequestrada pelo aparato repressivo da ditadura em 05/05/1971. Aqui temos um trecho do relatório (p. 08) que ela entregou a OAB/RJ, em 05/09/1979, juntamente com outros documentos e informações sobre seu sequestro, as torturas sofridas e os nomes de outros militantes que foram mortos e que até hoje fazem parte da lista dos desaparecidos políticos. Ela deu também entrevista para o jornal *O Pasquim*, que foi publicada na edição nº 607, 12 a 18 de janeiro de 1981, p. 4-5 e 26.

"Esquadrão da Morte".[2] De imediato, foi transferida para o Rio de Janeiro, onde passou pelo DOI-Codi[3] e, em seguida, foi entregue ao pessoal do CIE (Centro de Informações do Exército), que a levou para um centro clandestino da repressão, que mais tarde, graças as suas denúncias, ficou conhecido como "Casa da Morte", localizado em Petrópolis (RJ). Aliás, ela é a única sobrevivente desse centro clandestino que denunciou publicamente. Um dos integrantes do CIE, o coronel do Exército Paulo Malhães[4] (1933 – 2014), declarou à Comissão Nacional da Verdade e à Comissão da Verdade do Estado do Rio de Janeiro, ser um dos responsáveis pela criação e manutenção da "Casa da Morte", que foi montada para torturar militantes políticos de oposição a fim de transformá-los em agentes de "informação" ou "agentes infiltrados" para desmantelar as organizações da esquerda e seus integrantes. Essas informações, que vinham de dentro do próprio movimento, subsidiaram os agentes e todo o aparato repressivo na intensificação da perseguição e extermínio dessas organizações. Os agentes públicos, como o Coronel Paulo Malhães, que também usava o codinome Dr. Pablo, obrigavam os militantes a trabalharem para eles e caso resistissem eram mortos.

Inês sofreu pressão para se transformar em "espiã" da esquerda. Depois de muito torturada, tentou suicídio e, quando teve finalmente sua prisão "oficializada", com muita coragem e dignidade, ainda sob o total controle dos repressores, denunciou os crimes bárbaros a que foi submetida. Aqui faço uma pequena homenagem a ela, com um trecho do texto que fiz por ocasião de sua morte em Niterói (RJ), no dia 27 de abril de 2015:

---

2   O "Esquadrão da Morte", em São Paulo, foi criado nos finais de 1960 por Sérgio Paranhos Fleury, com a finalidade de exterminar "elementos considerados perigosos ou indesejáveis". Contou com o apoio oficial da Secretaria de Segurança Pública e do próprio governador do Estado, Abreu Sodré, declarado publicamente em programa de TV ("Pinga Fogo" na então TV Tupi). Disponível em: <sibila.com.br/cultura/o-esquadrao-da-morte-no-rio-e-em-saopaulo/10643>. Acesso em 09 jul. 2015.

3   DOI–Codi – Departamento de Operações e Informações – Centro de Operações de Defesa Interna. Órgão público, com a participação das três forças armadas, da política federal, civil e militar sob o comando do Exército brasileiro com o objetivo de reprimir qualquer oposição a ditadura militar.

4   Paulo Malhães (1937-2014). Foi um militar brasileiro, tenente-coronel reformado pelo Exército, um dos principais membros do CIE – Centro de Informações do Exército.

O aparato repressivo misógino da ditadura militar não suportava a inteligência, a ousadia e capacidade estrategista de Inês. Ela fugia totalmente ao estereótipo da submissão, da subalternidade e da falta de iniciativa. Ela foi a única sobrevivente da Casa da Morte (um dos principais centros clandestinos localizado em Petrópolis – RJ). Os torturadores a estupraram, a espancaram, a humilharam, a violentaram de todas as maneiras. Mas ela manteve íntegra sua dignidade e enfrentou o terror e o medo para denunciá-los. Graças a sua capacidade de observar e registrar, ela guardou em sua memória os detalhes do lugar onde estava e assim denunciou a "Casa de Petrópolis". Suas denúncias feitas, por escrito por ela mesma, ainda em 1971 e 1979, o que significa em plena ditadura, são valorosas ainda nos dias de hoje, no pós-Comissão da Verdade. Com sua atitude ousada, ela antecipou a Comissão da Verdade. Seu nome deve se inscrever em espaço relevante na história brasileira. Ela se foi. Seu legado fica no memorial dos que defenderam a democracia e sua consolidação. O seu legado maior sempre foi e será a verdade histórica. Oxalá o estado brasileiro venha, de fato, investigar os crimes de lesa humanidade, como os estupros, os desaparecimentos forçados cometidos pela ditadura militar, testemunhados por Inês Etienne. Essa seria a maior homenagem a esta mulher que dedicou sua vida à defesa da justiça (TELES, 2015).

Outras mulheres, militantes políticas, passaram por situações semelhantes ou muito difíceis tanto na clandestinidade como nos cárceres da ditadura. No entanto, são pouco lembradas e reconhecidas. Quando pensei, juntamente com outras ex-presas políticas, em tratar do tema "Verdade e Gênero" encontrei resistência para tratar do assunto por parte de integrantes da Comissão da Verdade, profissionais e ativistas que lidavam com as questões relativas à verdade. Alegavam que tanto homens como mulheres foram igualmente torturados, assassinados e desaparecidos. *Por que dar destaque às mulheres?* A minha resposta é que a tortura é imensurável tanto para homens como para mulheres. A tortura dilacera a dignidade humana de ambos os sexos. Mas as mulheres, por serem historicamente discriminadas, sofrem efeitos específicos.

A expressão gênero usada aqui nos remete

> a relações sociais de poder, especialmente ao modo como diferenças corporais entre homens e mulheres são percebidas socialmente e como podem ser convertidas em desigualdade. (FACCHINI, 2015).

Portanto, gênero é uma estrutura social que constrói relações desiguais e legitima a desigualdade na participação política, social, econômica e cultural entre mulheres e homens, independentemente da classe social, raça/etnia, orientação sexual, faixa etária. Daí a necessidade de investigar os crimes da ditadura militar sob a perspectiva de gênero, porque tais crimes, embora sejam graves violações de direitos humanos de homens e mulheres, são praticados de forma distinta quando se trata de violações de direitos humanos das mulheres. A ditadura aliou o ódio aos oposicionistas ao ódio às mulheres. As condições específicas das mulheres, como a gravidez, a maternidade, o parto, o aleitamento materno, o abortamento, a menstruação e até mesmo o fato de serem simplesmente mulheres, foram usados, pela repressão política, como mais um recurso para torturar e violentar as mulheres. Ou seja, os agentes do estado ditatorial utilizaram da condição feminina para acirrar todo o processo de repressão contra a população, inclusive para executar os sequestros, as torturas e assassinatos. Conspurcaram a dignidade das mulheres que participaram da luta contra a ditadura e isso trouxe um legado à história política de nosso país que não pode ser ignorado como ainda tem sido até os dias de hoje sob pena de não superá-lo.

A investigação histórica da luta de oposição à ditadura na perspectiva de gênero deve significar a inclusão das mulheres na medida real de sua participação, como agiram as organizações do aparato repressivo da ditadura contra elas, mas também, trazer à tona a atuação das militantes. Além disso, hoje, temos novas informações sobre a atuação de mulheres como agentes policiais do aparato repressivo como o do DOI-Codi/SP. A publicação de algumas investigações nos dão conta de que algumas dessas mulheres tiveram uma atuação como torturadoras ou no apoio logístico para as práticas da tortura. Aqui pretendo, enfatizar a atuação dos órgãos públicos da repressão política em relação às mulheres militantes e também mencionar a repressão praticada por agentes femininas da policia militar ainda que haja pouco material sobre o assunto. Não poderei deixar de comentar a atuação machista das organizações de esquerda que impediram uma maior participação das mulheres na luta contra a ditadura. Por último quero fazer um registro bem breve da solidariedade anônima de mulheres que nos garantiram a vida e a sobrevivência.

O "inimigo interno" tem sexo?

> Para minhas companheiras que eu nunca mais as verei. Tiveram suas vidas ceifadas sem sequer chegar aos 30 anos de idade. As relações de gênero assim como as relações étnico-raciais tiveram influência em nosso passado. E como....

A ditadura militar brasileira teve como alvo principal, com base teórica e política na doutrina de segurança nacional, eliminar e/ou destruir o potencial criativo e mobilizador do *inimigo interno*, conforme denominação adotada pelos estrategistas militares da época. Esse *inimigo interno* poderia ser qualquer pessoa ou grupo de pessoas que se encontrassem no meio do povo. Inverteu-se assim o princípio do estado de direito e todas as pessoas passaram a ser suspeitas até provarem o contrário.

A repressão política não poupou mulheres e homens que procuraram resistir, lutar e criar novas formas de organização e lutas.

Sem dúvida, as mulheres foram o segmento da população que mais teve mudanças nas suas relações com o trabalho, com a família, com os homens e também no campo da política. Já que a política era assunto proibido para homens e mulheres. As mudanças políticas, econômicas e sociais, ocorreram, tão bruscamente, em decorrência da implantação da ditadura. Ao negar e proibir a realização da reforma agrária, ao facilitar a entrada do capital estrangeiro e, principalmente, das multinacionais, a política ditatorial expulsou a população camponesa da terra e causou o deslocamento forçado da população rural para as áreas urbanas. Tal acontecimento afetou e alterou o comportamento social, em especial das mulheres, numa perspectiva de tratar de forma mais abrangente as questões do cotidiano privado e público. Ocorreram outras mudanças pelo mundo que tiveram efeito direto na vida das mulheres. Nos anos de 1960, havia sido descoberta a pílula anticoncepcional, que trouxe uma possibilidade de se ter relações sexuais sem medo de engravidar. Outro fator que repercutiu na vida das brasileiras foi a ascensão dos movimentos feministas na Europa e nos Estados Unidos, questionando o patriarcado, colocando em cheque o comportamento machista e sexista. Na medida que isso ocorria, impulsionou-se a chamada *revolução sexual de 1968*, na qual os jovens estudantes, inclusive as mulheres, se rebelaram em diversos países em busca de liberdades

> [...] escrever em jornal, sair de casa, fazer teatro, fumar, eu comecei a fumar aos 16 anos (...) e o fato de que eu defendia o amor livre. Bom, também fui a primeira moça de Vitória a botar biquíni. Hoje é que eu avalio como isso era radical e continua sendo. (GIANORDOLI-NASCIMENTO et al., 2012, p. 77).

No Brasil, uma parcela de mulheres entrou nos movimentos de luta política contra a ditadura, inclusive na luta armada. Muitas foram viver clandestinas. Precisavam tornar-se invisíveis, a cada momento de mais intensa perseguição. Outras foram viver nas periferias das grandes cidades ou mesmo na área rural, e até na selva amazônica, onde ocorreu o movimento guerrilheiro do Araguaia. A repressão implacável as obrigava a mudar de lugar, e em cada lugar precisavam de uma nova identidade. Nas diversas formas de luta adotadas pela esquerda, as pessoas militantes tiveram de enfrentar o risco de sequestro, tortura, morte e desaparecimento forçado.

Mesmo assim as mulheres se comprometeram com as mais diversas organizações da esquerda e participaram de todas atividades da luta. Enfrentaram a misoginia da ditadura e também da esquerda:

> Renata estava ali [no partido] para lutar por um lugar na organização; tinha total certeza de que poderia ascender no partido e contribuir de forma mais eficiente. Passou a questionar sua posição e a discriminação que sofria como mulher, porque sabia que tinha condição de se destacar, de subir na hierarquia do partido, mas isso nunca foi permitido. Nesse momento já tinha consciência de que sua luta não era só pela liberdade, mas por um lugar social para a mulher.

> "Mas esta discussão não tinha o menor espaço no partido" (GIANORDOLI-NASCIMENTO et al., 2012, p. 200).

As organizações políticas de esquerda relutaram em incorporar as mulheres militantes de acordo com o protagonismo que elas já vinham obtendo na vida social e familiar. O que significava que as mulheres já começavam a agir de uma forma mais autônoma, com capacidade de decisão, com opiniões próprias e tomando mais iniciativas. Talvez as direções da esquerda acreditassem que, por ser tão dura a repressão, as mulheres não conseguiriam enfrentar o inimigo tão truculento. Talvez quisessem poupar as mulheres, como se isso fosse possível. Mas talvez o fator determinante tenha sido a falta de compreensão da necessidade da participação das mulheres para que houvesse uma mudança histórica da sociedade. Não acreditavam na força política das mulheres. De fato, as organizações de esquerda ainda eram bastante dogmáticas e conservadoras e tinham dificuldades de compreender a mudança de comportamento social das mulheres e que elas queriam ficar a frente da luta e tinham o direito de protagonizar as lutas:

> Daí a história de discutir todos os padrões, virgindade, tal. Então eu fiz uma guerra tripla, minha guerra era contra o governo, era contra a religião, os princípios e todo o tradicionalismo... e uma guerra contra o papel da mulher. Então eu sabia que eu tava numa guerra mais ampla. [...]. (GIANORDOLI-NASCIMENTO et al., 2012, p. 209).

Mas a ditadura, na medida em que a oposição se mobilizava com ações políticas e armadas, percebeu a força das mulheres na luta e começou a persegui-las com todo o rigor repressivo. Na luta contra a ditadura, armada ou não, participaram mulheres brancas, negras, orientais (japonesas). Para a ditadura o inimigo tinha sexo, raça/etnia e classe social, e as mulheres eram só comparáveis aos *gays*, nas palavras de um dos matadores e torturadores da época, um alto oficial do Exército e já citado acima, Coronel Paulo Malhães:

> Guerrilheiras mulheres, ele disse que via como se fossem homens. Mas "eu tinha verdadeiro pavor de interrogar as

> mulheres e, vamos dizer, gays, para não usar a palavra que
> se usava naquele tempo."
> [...] Isso porque mulheres ou homossexuais, segundo o co-
> ronel, preferiam morrer a revelar os nomes dos amantes ou
> maridos. Já os homens falariam depois de duas ou três ho-
> ras. "Você 'ganhar' uma mulher é uma coisa, assim, de outro
> mundo", disse, sem precisar a que método de interrogatório
> se referia. (CARNEIRO, 2014).

Como militantes de esquerda, as mulheres sofreram sequestros e prisões irregulares, foram submetidas a torturas diversas. Houve aquelas que foram torturadas até a morte, algumas tiveram seus corpos sepultados por seus parentes, outras têm seus corpos insepultos até os dias de hoje.

Com tantas dificuldades, causa surpresa saber que a participação das mulheres na militância foi expressiva.

Na guerrilha rural do Araguaia (localizada no sul do Pará), havia 17% de mulheres guerrilheiras (COMISSÃO DE FAMILIARES DE MORTOS E DESAPARECIDOS POLÍTICOS, 2009). O Projeto "Brasil Nunca Mais"[5] apresentou uma pesquisa sobre os processos da justiça militar e chegou analisar a situação processual de cerca de 7. 367 militantes. Deste total, 12% são mulheres. (PERFIL DOS ATINGIDOS, *in* TELES, 1993). De acordo com os estudos do Estado Maior do Exército sobre um total de 500 militantes, aprisionados em quartéis do Exército, no ano de 1970, 20% eram mulheres, sendo que no Rio de Janeiro essa cifra chegou a 26% (*GIANORDOLI-NASCIMENTO et al., 2012*, p. 44). No *Dossiê Ditadura,* no qual são apresentados 436 casos de assassinatos ou desaparecimentos forçados, 51 deles são mulheres, o que significa 11%. Estes índices são ainda mais significativos se comparados com os dias atuais. Hoje Dilma Roussef, reeleita pelo voto popular para a Presidência em 2014. (é bom lembrar que Dilma foi presa política, participou da luta armada, foi torturada e condenada pela Lei de Segurança Nacional). Mas as mulheres continuam sendo subrepresentadas na política. Nas eleições de 2014, foram eleitas 51 mulheres

---

5   *Perfil dos Atingidos* é uma publicação do Projeto Brasil Nunca Mais. Segundo essa obra a participação de mulheres militantes contra a ditadura militar foi cerca de 12%.

para a Câmara Federal, o que significa 9,9%. No Senado, com as últimas eleições, passaram a ser 13,6% (UOL Eleições, 2014).

Mulheres guerrilheiras

> Nossa geração teve pouco tempo,
> começou do fim
> Mas foi bela nossa procura
> Ah! Moça, como foi bela a nossa procura,
> Mesmo com tanta ilusão perdida, quebrada,
> Mesmo com tanto caco de sonho
> Onde até hoje a gente se corta!
> (ALVERGA, 1978)

No que se refere às mulheres assassinadas/desaparecidas, mesmo com o funcionamento da Comissão Nacional da Verdade, criada pela Lei 12.528/2012, cujo período de vigência se deu de 16 de maio de 2012 a 10 de dezembro de 2014, houve pouquíssimos avanços nas investigações dos casos. Houve uma negação da responsabilidade por parte das Forças Armadas e do Ministério das Relações Exteriores, dois ministérios que concentram informações sobre o período. Estes dois ministérios se recusaram a dar informações principalmente sobre os desaparecimentos e/ou assassinatos:

> É fundamental ressaltar a grande dificuldade de acesso aos arquivos públicos, mais notadamente os da ditadura: instituições como as Forças Armadas e o Ministério das Relações Exteriores, fundamentais para a cadeia de repressão e o sistema de vigilância, continuam a negar o acesso a certos documentos do período, ainda desconhecidos, e ainda não fizeram a autocrítica necessária para a vida democrática.

Com todo esse cerceamento às informações houve denúncias nas Comissões da Verdade que merecem um aprofundamento das investigações e devem ser judicializadas sob pena de o estado brasileiro mais uma vez legitimar as graves violações de direitos humanos, perpetuando assim a violência, a tortura, os assassinatos e os desaparecimentos forçados por parte de agentes do estado.

Maria Augusta Thomaz era militante do Movimento de Libertação Popular (Molipo), um grupo político revolucionário de esquerda, da luta armada, o que a fez se tornar uma guerrilheira. Nascida em 14/11/1947, na cidade de Leme/SP, é desaparecida política desde 17/05/1973. Ela juntamente com seu companheiro Márcio Beck Machado (1943 – 1973) foram mortos por agentes do DOI-Codi/SP e do CIE (Centro de Informações do Exército) em uma fazenda situada entre as cidades de Rio Verde e Jataí, na época estado de Goiás. Seus corpos jamais foram entregues a seus familiares para que fossem sepultados.

> A morte de Maria Augusta e Márcio teria sido comentada nos corredores do DOI-Codi paulista, segundo o depoimento de vários presos políticos, detidos naquela época (COMISSÃO DE FAMILIARES DE MORTOS E DESAPARECIDOS POLÍTICOS, 2009, p. 438).

Maria Augusta, em sua militância política, juntamente com outros oito companheiros (todos homens, ela era a única mulher) sequestrou um avião Boeing da Varig durante o trajeto Buenos Aires-Santiago, desviando-o para Cuba. Todos foram para lá para fazerem treinamento militar. Mas Maria Augusta encontrou oposição dos próprios companheiros quanto a sua participação no treinamento.

> Ela participou do treinamento em Cuba, e é importante dizer isso, contra a vontade dos companheiros. Ela me contou isso. Cuba tem um viés machista muito forte. E ela me contava que quando chegou em Cuba, o treinamento era ir para uma região distante, região de mata, para fazer o treinamento ali e vivendo a mata, enfim, todas as coisas que você pode imaginar que dizem respeito a sua sobrevivência na mata. Porque o objetivo da guerrilha no Brasil era se deslocar para o campo. E quando se discutiu quem ia, havia uma visão de não ir mulheres, porque mulheres menstruam, tem problemas, tem certa dificuldade, etc. e etc. A Maria Augusta não aceitou isso e ela foi junto com os demais companheiros para o treinamento e ela falava com muito orgulho disso. Havia

Breve história do feminismo no Brasil e outros ensaios

> uma graduação entre todos os companheiros que faziam o
> treinamento. E a Maria Augusta ficou na segunda posição...[6]

Maria Augusta foi um exemplo de uma jovem estudante que rompeu com os tabus, inclusive da esquerda, que considerava as mulheres incapazes de assumir uma luta política extrema.

Hoje, o nome da Maria Augusta Thomaz faz parte da lista dos desaparecidos políticos que nunca tiveram um sepultamento digno.

Outra guerrilheira, Sonia Maria Lopes de Moraes Angel Jones (1946 – 1973) era militante da ALN – Ação Libertadora Nacional e foi sequestrada juntamente com o seu companheiro (também da ALN), Antônio Carlos Bicalho Lana, na Cidade de São Vicente, litoral paulista, e levados para o DOI-Codi (SP) (CNV, volume III, p. 1430). Seu pai, Professor Moraes, que havia sido Coronel do Exército conseguiu levantar muitas informações a respeito do sequestro, tortura e assassinato de sua filha Sônia. O então Coronel Adyr Fiuza (comandante do DOI-Codi/RJ teria enviado para a família o cassetete com o qual ela teria sido torturada e estuprada, o que lhe teria causado hemorragia interna, levando -a à morte. Antes de morrer, seus seios teriam sido decepados. Outra versão de sua morte, é que Sonia se encontrava no DOI-Codi/SP, sob o comando do então Major Carlos Alberto Brilhante Ustra, conforme depoimento de uma testemunha (uma mulher agente da repressão). De lá, Sonia e seu companheiro foram transferidos para o sitio, centro clandestino da repressão, onde ela teria sido submetido a brutais torturas praticadas, inclusive a introdução de um camundongo em sua vagina, o que teria corroído seu corpo, causando a hemorragia interna. Isto teria sido feito pelo torturador (agente do DOI-Codi), Lourival Gaeta[7], codinome Mangabeira, com a conivência dessa mulher policial

---

6   Depoimento dado por Arthur Scavone na 19ª audiência pública da Comissão da Verdade do Estado de São Paulo "Rubens Paiva" no dia 12/03/2013 sobre os caso de Maria Augusta Thomaz e Márcio Beck Machado.

7   Lourival Alves Pereira Gaeta (1927 – 1997) que também usava o codinome de "Mangabeira", era delegado de policia do DOPS/SP e integrava a equipe de torturadores do DOI-Codi/SP. Era chefe de uma das equipes. Há diversas denúncias de torturas praticadas por ele. Uma delas sou eu quem faço. Lourival Gaeta, que usava o codinome de "Mangabeira" era o torturador que masturbou-se enquanto eu estava amarrada à cadeira

que também participou dessa ação e que não autorizou a publicização do seu depoimento dado à CNV e nem de sua identidade.

O relatório da Comissão Nacional da Verdade contém a denúncia de que este torturador (Lourival Gaeta) utilizava animais na prática de tortura (cachorros, ratos, jacarés, cobras, baratas que eram lançados contra as pessoas torturadas ou introduzidos em alguma parte do seu corpo):

> Especificamente em relação aos camundongos, o torturador, Lourival Gaeta, que atuou no DOI durante a década de 1970, em São Paulo, explicava sua destrutividade uma vez introduzidos nos corpos das suas vítimas com o argumento de que este animal não sabe andar para trás. (CNV, volume I, tomo I, p. 373 e 374).

De acordo com o depoimento sigiloso desta mulher, teria havido a introdução de um camundongo na vagina da Sonia por Lourival Gaeta, o que a levou à morte.[8]

Sonia foi torturada, estuprada, assassinada e teve seu corpo ocultado por décadas.

Ana Rosa Kucinsky Silva (1942 1974) e seu companheiro, Wilson Silva (1942 – 1974), encontram-se desaparecidos desde 22 de abril de 1974. Ana Rosa era professora na Escola de Química da USP. Saiu do trabalho para encontrar-se com seu companheiro, próximo à Praça da República, e nunca mais foi vista. O delegado de policia, Cláudio Guerra que trabalhou junto ao CIE para matar e ocultar os corpos, declarou no livro *Memórias de uma Guerra Suja* (GUERRA, 2012) que ele, na época, vinculado ao SNI e CIE, levou 12 corpos para serem queimados no forno da Usina Cambayba, em Campos de Goytacazes (RJ). Dentre os corpos, estavam os de Ana Rosa e Wilson. O corpo de Ana Rosa tinha "marcas de mordidas, talvez por ter sido assaltada sexualmente" e o de Wilson "não tinha unhas na mão direita" (FARIA, 2012).

---

do dragão. Ao ejacular, jogou o sêmen em cima do meu corpo. Enquanto eu era torturada, Ustra entrava na sala e gritava: "Essa terrorista tem que falar!!"..

8   123 – Arquivo Nacional, SNI:BR_DFAnBSB_V8_ASP_ACE_2726_80, p. 11-13.

Breve história do feminismo no Brasil e outros ensaios

> entre os agentes da repressão do período da ditadura que confirmaram a prática das torturas está o ex-delegado Cláudio Guerra, do DOPS do Espírito Santo e atual pastor evangélico. Guerra, membro de uma das equipes do coronel Freddie Perdigão (um dos integrantes do CIE), mencionou em 23 de julho de 2014, que este último tinha dois grupos de trabalho distintos e secretos: um de tortura e interrogatório e outro de execução (do qual Guerra fazia parte). Fez referência específica ao caso de Ana Rosa Kucinski Silva, militante da ALN, que, conforme seu relato, teria sido torturada brutalmente no centro clandestino de Petrópolis conhecido por Casa da Morte, inclusive sexualmente: "Ela estava em Petrópolis e foi muito torturada. Ela estava visivelmente violentada. Com os órgãos genitais cheio de sangue e a roupa cheia de sangue" (CNV, volume I, tomo I, p. 344).

As informações dos detalhes e requintes das mortes nos chegam pelos próprios agentes que as executaram ou de agentes que estavam juntos de seus executores. Foram poucos os agentes que falaram. Mas é constante em suas falas que quase sempre as mulheres foram estupradas antes de serem mortas.

Mulheres guerrilheiras mesmo capturadas, sem armas e sem condições de resistir, foram executadas pois o Exército e as demais Forças Armadas se sentiriam desmoralizados se elas permanecessem vivas. Talvez o caso mais emblemático seja o de Dinalva Oliveira Teixeira (1945-1974), guerrilheira do Araguaia, que era famosa naquelas áreas da guerrilha e era conhecida por Dina.

> Ex-guerrilheiros presos na época comentaram que (ela) era temida pelos militares. Tornou-se uma figura lendária por ser exímia atiradora
>
> [...] Em matéria do Jornal do Brasil, de 12 de abril de 1992, o coronel da reserva Sebastião Rodrigues de Moura, o Curió, um dos oficiais do CIE enviado para reprimir a guerrilha, destaca a coragem das guerrilheiras do PCdoB, conta que sua audácia era temida pelos soldados e que Dinalva foi a última guerrilheira a tombar, após uma perseguição que se estendeu por mais de quatro meses.

> Depoimento do coronel da Aeronáutica Pedro Cabral à revista. Veja, de 13 de outubro de 1993, e à Comissão de Representação Externa da Câmara Federal, faz referência a uma guerrilheira grávida que teria sido morta. Há também comentários de moradores da região que fazem referência à gravidez em estado avançado de Dina.
>
> [...] De acordo com Elio Gaspari no livro "A Ditadura Escancarada", [...] a mitológica Dina foi assassinada grávida. Ela estava sob o controle do major Curió" (COMISSÃO DE FAMILIARES DE MORTOS E DESAPARECIDOS POLÍTICOS, 2009, p. 582-583).

Dinalva Teixeira foi a única guerrilheira da luta contra a ditadura militar que chegou a ocupar o cargo de vice-comandanta da Guerrilha do Araguaia. O Exército e demais Forças Armadas investiram impetuosamente contra ela, pois estariam muito desmoralizados se a deixassem viva na selva:

> O nome de Dinalva era um dos poucos não riscados na folha pregada na parede da Casa Azul.9 Era a "peça" que faltava para o Exército considerar extinta a guerrilha. Com a mulher que virava borboleta, pomba e cupim livre na mata, a vitória da repressão jamais seria assimilada pelos caboclos nos barrancos dos rios, garimpos e povoados, acreditavam os militares (NOSSA, 2012, p. 209).

Mulheres torturadoras?!

O passado está aqui com seus gemidos...[10]

Por décadas, acreditamos que as mulheres agentes da repressão não atuavam diretamente na prática da tortura dentro do DOI-Codi. Pensávamos que

---

9 "Casa Azul" era o nome dado a uma base militar, localizada em Marabá (sul do Pará) que serviu para torturar e matar guerrilheiros da Guerrilha do Araguaia.

10 Mario Benedetti, citado no livro *Ese Infierno*, Buenos Aires, Editora Altamira Memorias, 2006, p. 155.

Breve história do feminismo no Brasil e outros ensaios

elas faziam parte do esquema de monitoramento e perseguição aos militantes de esquerda. Geralmente, em suas ações, dissimulavam um "casal de namorados" ou então faziam parte das "encenações" de tiroteios que eram constantes.

A tenente Neuza, uma das policiais que atuou no DOI-Codi/SP esclareceu o que a motivava para realizar seu trabalho naquele lugar conhecido também "O Inferno" ou "Casa dos Horrores":

> Era uma guerra e eu estava defendendo a minha pátria (GODOY, 2014, p. 150).

Nela não se vê nenhum sinal de arrependimento.

> embora acredite que sua corporação tenha vergonha do que ela e seus colegas fizeram (GODOY, 2014, p. 150).

Na década de 1970, havia o *Quadro Especial de Policiamento Feminino*, proveniente da antiga Guarda Civil, criado em 1955, com o nome de *Corpo de Policiamento Especial Feminino*, com 13 mulheres policiais no estado de São Paulo. Nos anos de 1970, havia 80 policiais femininas, sendo que algumas delas foram trabalhar na Oban (Operação Bandeirante), que mais tarde teve o nome de DOI-Codi.

A tenente Neuza se refere assim ao seu trabalho no DOI/Codi/SP:

> Ai eu fui pro meu "Açougue" [DOI] e ai passaram a acreditar que a mulher também tinha capacidade (GODOY, 2014, p. 148).

O jornalista Marcelo Godoy descreve a participação das policiais mulheres no DOI a partir das entrevistas feitas com elas. Elas disseram que nenhuma fazia parte das equipes de Busca ou de Interrogatórios. Elas atuavam na vigilância, seguindo os militantes perseguidos e se responsabilizavam por fazer fotografias dos suspeitos. "Quem iria desconfiar de uma mulher?"

Os militares logo se deram conta da importância do trabalho delas. O então coronel Audir Santos Maciel (comandante do DOI-Codi/SP de 1974 a 1976) disse:

> No telefone fazia um levantamento completo de uma ocorrência, o que economiza horas e horas de "paquera." (GODOY, 2014, p. 148).

A tenente Neuza participou de "prisão", de emboscadas e de "tiroteios" seguidos de mortes. É importante destacar que as notícias de tiroteios eram falsas (GODOY, 2014, p. 21). Aliás a própria tenente esclareceu que eram feitas "encenações" para simular os "tiroteios". As mortes ocorriam devido às intensas e brutais torturas a que eram submetidos os militantes políticos. Os agentes responsáveis pelas torturas até a morte, em muitos casos, não têm seus nomes conhecidos pelos próprios presos políticos da época. A não ser quando os próprios agentes assumem seus feitos e colocam em público os assassinatos cometidos, o que tem sido muito raro. Dentre os poucos agentes que falaram, alguns acabaram sendo mortos por seus próprios colegas. A tenente Neusa participou de episódios assumidos por ela que resultaram em mortes. Um deles, chamado "a emboscada no Restaurante Varella", ocorrida no bairro da Mooca, em 14/06/1972, e levou à morte três militantes da ALN: Ana Maria Nacinovic Corrêa (1947-1972), Iuri Xavier Pereira (1948 – 1972) e Marcos Antonio Nonato (1953 – 1972). A tenente foi condecorada pelo General Humberto de Souza Mello, comandante do 2º. Exército, na época (1973). Mas não foi só nessa que a tenente participou. Segundo seu próprio depoimento, participou de outra emboscada. Desta vez no bairro da Penha, no dia 15 de março de 1973, cujo episódio ficou conhecido como "emboscada da rua Caquito", o que causou mais três mortes de militantes políticos da ALN: Arnaldo Cardoso Rocha (1949 – 1973), Francisco Emanoel Penteado (1952 – 1973) e Francisco Seiko Okama (1947 – 1973). A versão do aparato repressivo sobre as mortes é a de que todos esses militantes foram "mortos em tiroteio". Na realidade, o que ocorria de fato é que eles teriam sido capturados com vida, torturados e depois assassinados. É assim que a tenente esclareceu:

> Tinha muita gente que era presa e o jornal, você sabe, tinha censura, era complicado. Então falavam que o cara havia morrido em tiroteio. Levavam uma pessoa parecida, balas de festim e "matavam" um dos nossos lá. Mas o cara [o preso] ainda estava vivo. Aí ia ver se ele entregava alguma coisa,

mas o cara não queria falar nada e aí viajava (era assassinado) (GODOY, 2014, p. 24).

Ela teria participado de operações militares que tiveram como resultado a morte de pelo menos dez militantes políticos e o desaparecimento de três: Hiram de Lima Pereira (1913 – 1975) e José Montenegro de Lima (1943 – 1975) eram do PCB (Partido Comunista Brasileiro) e Paulo Stuart Wright (1933 – 1973), era da APML (Ação Popular Marxista Leninista).

> Esta policial foi uma das sequestradoras dos meus filhos de 5 e 4 anos de idade, Janaina e Edson Teles, juntamente com minha irmã que se encontrava grávida de 8 meses, Criméia de Almeida. Eu tinha visto no DOI-Codi/SP, no final de 1972, vésperas do ano novo, esta policial que circulava na parte superior daquela prédio, juntamente com o Comandante Carlos Alberto Brilhante Ustra. Foi ela que entregou meus filhos ao Ustra, que os levou até a sala onde eu estava na "cadeira de dragão"11. Pude reconhecê-la por foto quando foi lançado o livro *Casa da Vovó*. Na foto, ela está sendo condecorada com "a medalha do Pacificador" pelo Comandante do 2º. Exército, general Humberto de Souza Mello[12].

Ao que se sabe, foi em São Paulo onde teve início este trabalho repressivo com a atuação de policiais femininas. O DOI-Codi do Rio de Janeiro requisitou da Policia paulista algumas mulheres policiais para atuarem por lá. Segundo a tenente Neusa, foram para o Rio cinco paulistas, que participaram de "todo o período duro da guerra".

---

11 "Cadeira de dragão" um método de tortura que consiste numa cadeira, recoberta com uma chapa metálica e com braços de madeira. A pessoa é amarrada com fios elétricos descapados pelo tronco, pelos tornozelos e pelos braços. São colocados também fios elétricos na vagina, anus e ouvidos. Um dos fios fica solto, o torturador coloca onde ele quiser, na boca, nos seios, no umbigo. Às vezes, eles jogam um pouco de água para aumentar os choques. A pessoa leva choques por todo o corpo sem poder sequer se mexer, pois está toda amarrada.

12 A foto da Tenente Neuza está no caderno de Imagens do livro *A Casa da Vovó*.

Ações de solidariedade

A sobrevivência de militantes se deveu principalmente ao apoio e solidariedade por parte de pessoas, na grande maioria, anônimas que, individualmente ou não, ofereciam contribuições em dinheiro, alimentos e medicamentos, roupas, moradia e emprego.

Houve muitas mulheres solidárias às pessoas que saíam das prisões, sem saber exatamente como recomeçar a vida uma vez que, de um modo geral, tinham perdido tudo ou quase.

Essas pessoas solidárias passavam a ser perseguidas também, pois o fato de serem solidárias incomodava os repressores. Era um tempo em que a solidariedade era proibida.

Aqui quero lembrar da Ilo (era assim que ela era chamada), uma alemã judia que dirigia um centro de orientação às pessoas excepcionais. Na época, as pessoas com deficiência eram chamadas de "excepcionais". Quando saí da cadeia fui procurar emprego, o que não era nada fácil. Todos os dias eu saía de casa e as portas do mercado de trabalho se fechavam para mim quando queriam saber porque eu passei um tempo sem trabalhar. Eu não podia explicar a razão, o que reforçava a negativa do emprego. Até que um dia alguém me falou: "Por que você não procura a Ilo?"

"Cheguei até ela, que me pediu para fazer uma prova e eu fui selecionada. Comecei a trabalhar e fiquei muito feliz quando recebi meu primeiro salário. Dias depois disso, a Ilo me chamou no seu escritório e perguntou de cara:

Você foi presa política? Você está sendo processada pela Lei de Segurança Nacional?

Pensei logo, ela descobriu quem eu sou e vai me mandar embora. "Que pena, estava tão bom eu trabalhando aqui..."

Eu respondi: *fui presa política estou sendo processada pela Lei de Segurança Nacional.*

Ai a Ilo me falou: "Eu queria saber porque veio aqui um cara do DOPS e me disse que eu estava contratando uma funcionária que era terrorista. Como assim?", perguntei a ele. Ai ele disse que você tinha recém saído da prisão, mas continuava respondendo processo pelos crimes de subversão, etc. Pois sabe o que eu disse a ele? Aqui ela é uma funcionária, com capacidade para exercer as funções que vêm exercendo. Eu preciso do trabalho dela."

Ele ainda me deu a seguinte ordem: "A senhora tem que mandá-la embora. Ela tem que ser demitida". E a Ilo respondeu: "Ela não será demitida. O senhor entendeu bem? Ela faz o trabalho que lhe cabe aqui e o senhor que cuide do seu".

Imaginem o alivio e a alegria que me invadiram o peito e a alma. Eu a abracei chorando e entre nós nasceu um afeto grande e ficamos amigas para sempre. Ela, na ocasião, me contou que havia fugido da Alemanha, nazista pois era perseguida por ser judia e sabia muito bem o que é ser perseguida por uma ditadura. Ilo (1927 – 2008) morreu em 2008, com 81 anos de idade. Pouca gente sabe desta história. Pela primeira vez conto por escrito este episódio.

Quanta solidariedade silenciada e anônima salvou a vida e a dignidade tanta gente perseguida!

Conclusões

> [...] necessitamos muito tempo para aprender a linguagem cotidiana da liberdade (AMERY, 2006).

A sociedade e o estado brasileiros precisam escutar e falar sobre a violência contra as mulheres, praticada pelos agentes públicos, durante a vigência da ditadura militar (1964 – 1985). Estes fatos, muitos deles só revelados no calor dos debates criados recentemente pelas Comissões da Verdade, deveriam ser de conhecimento do público há muito tempo. Os poderes do estado, devidamente habilitados para apurar e investigar tais denúncias, devem tomar iniciativas capazes de dignificar as mulheres e demais vítimas. Deveriam mostrar de forma cabal e concreta que o país não suporta e nem deve suportar a prática de torturas. O país deve repudiar também as práticas de torturas sexuais, praticadas por agentes do estado, respaldados por estratégicas e políticas de extermínio dos grupos opositores.

É necessário dar destaque e reconhecimento às mulheres que enfrentaram a ditadura e, principalmente, àquelas que tiveram suas vidas ceifadas na defesa de um ideal por liberdades, por igualdade de direitos, de condições e oportunidades para uma sociedade justa e solidária.

Esses casos não foram isolados. Faziam parte das estratégias de estado de aniquilação e extermínio dos grupos opositores à ditadura militar. Não basta dar um fim à vida das mulheres militantes, os agentes de estado as estupraram, as discriminaram, as humilharam e as vilipendiaram até a morte. Conspurcaram sua memória. Há várias lacunas na nossa história. Uma delas é o vazio na vida social, política e afetiva do país devido à ignorância dos crimes de lesa humanidade praticados em vários momentos da história e também pelos agentes da ditadura.

Não há como revelar a verdade histórica sem recuperar a atuação das mulheres militantes.

Julio Fuchik[13], frente à morte imposta pelos nazistas que o sequestraram e o levaram aos fornos crematórios, fez um grande apelo para que *não esqueçamos nem dos bons, nem dos maus*. Por isso trouxemos aqui, as denúncias feitas durante e depois do funcionamento da Comissão da Verdade, nas quais aparecem policiais mulheres que atuaram ativamente no centro da repressão política, causando sequestros e mortes de militantes políticos. Seus nomes devem fazer parte da lista dos torturadores responsáveis pelos assassinatos e desaparecimentos forçados.

Diante de tanta dor e sofrimento, deve-se a sobrevivência de muitas pessoas à solidariedade que se manifestou naqueles tempos difíceis. E aí as mulheres se destacaram. Foram muitas que anonimamente, em silêncio, nos garantiram a sobrevivência. Que a história também faça justiça a elas, que não podem ser esquecidas.

---

13 Julio Fuchik (1903-1943), dirigente comunista da antiga Tchecoslováquia, sequestrado pelos nazistas e levado à morte nos fornos crematórios. Durante os dias que antecederam sua morte, escreveu em pequenos pedaços de papéis suas impressões e reflexões daquele momento. Depois de sua morte, os seus escritos se transformaram no livro: "Testamento sob a força".

Referências bibliográficas

ALVERGA, Alex Polari de. *Inventário de Cicatrizes*. São Paulo: Comitê Brasileiro pela Anistia, 1978.

AMÉRY, Jean de. *En los Limites de la Mente: Observaciones de um sobreviviente de Auschwitz y sus Realidades. Apud Ese Infierno*, Buenos Aires: Editora Altamira, 2006

BRASIL. Comissão Nacional da Verdade. *Relatório/ Comissão Nacional da Verdade*. Volume I, tomo I. Brasília: CNV, 2014.

BRASIL. Comissão Nacional da Verdade. *Relatório/ Comissão Nacional da Verdade*. Volume III, livro 3. Brasília: CNV, 2014.

CARNEIRO, Julia Dias. 'Quantos morreram? Tantos quanto foram necessários', diz coronel sobre ditadura. *BBC Brasil*, Rio de Janeiro, 26 mar. 2014. Disponível em: <http://www.bbc.com/portuguese/noticias/2014/03/140326_depoimento_coronel_ditadura_jc> Acesso em 11 jul. 2015.

COMISSÃO DE FAMILIARES DE MORTOS E DESAPARECIDOS POLÍTICOS. *Dossiê Ditadura: Mortos e Desaparecidos Políticos no Brasil. 1964-1985*. Imprensa Oficial. São Paulo, 2009.

FACCHINI, Regina. "Falsa Ameaça". *O Estado de São Paulo*, São Paulo, 19 jul. 2015. Caderno Aliás.

FARIA, Tales. Militantes de esquerda foram incinerados em usina de açúcar. *Último Segundo*, Brasília, 02 maio 2012. Disponível em: < http://ultimosegundo. ig.com.br/politica/2012-05-02/militantes-de-esquerda-foram-incinerados-em-usina-de-acucar.html> Acesso em 18 jul. 2015.

GIANORDOLI-NASCIMENTO, Ingrid Faria; TRINDADE, Zeidi Araujo; SANTOS, Maria de Fátima de Souza. *Mulheres e Militância Primeiro Período de Militância*. Silvia. (1964-1968). Belo Horizonte: Editora UFMG, 2012.

GODOY, Marcelo. *A Casa da Vovó: uma biografia do DOI-Codi (1969-1991), o centro de sequestro, tortura e morte da ditadura militar*. São Paulo: Alameda Editorial, 2014.

GUERRA, Cláudio. *Memórias de uma guerra suja*. Rio de Janeiro: Topbooks, 2012.

NOSSA, Leonencio. *Mata: o Major Curió e as guerrilhas no Araguaia*. São Paulo: Companhia das Letras, 2012.

TELES, Maria Amélia de Almeida. *A verdade: o legado maior deixado por Inês Ettiene*. Ponte, São Paulo, 28 abr. 2015. Disponível em: < http://ponte.org/a-verdade-o-legado-maior-deixado-por-ines-etienne/>. Acesso em 11 jul. 2015.

TELES, Maria Amélia de Almeida. *Breve História do Feminismo*. São Paulo: Brasiliense, 1993.

UOL ELEIÇÕES "Cresce o número de mulheres eleitas no Congresso, mas fatia ainda é só de 10%". *UOL*, São Paulo, 06 out. 2014. Disponível em: <http://eleicoes. uol.com.br/2014/noticias/2014/10/06/cresce-numero-de-mulheres-eleitas-no-congresso-mas-fatia-ainda-e-de-so-10.htm>. Acesso em 11 jul. 2015.

Introdução a "Infância Roubada"

> Talvez uns cinco homens me torturaram. Eu nunca mais voltei a ser a mesma... [...] Não há palavras para explicar [...] Estou tentando agora superar [...]. Quando me sequestraram, meu filho tinha dez meses. Fazia pouco tempo que tinha deixado de amamentar. Quando sai da prisão, meu filho tinha dois anos. No momento em que se pôs de pé, perdeu os pais: eu fui sequestrada e o pai foi assassinado.
> Teresa Meschiatti, "Tina", guerrilheira argentina[1]

A Comissão Estadual da Verdade "Rubens Paiva" da Assembleia Legislativa do Estado de São Paulo realizou uma série de audiências em que crianças que sofreram nas mãos da repressão política da ditadura, direta ou indiretamente, puderam relatar suas experiências e como conseguiram enfrentar e superar tamanha truculência. Assim, o trabalho que ora apresentamos visa dar conta dos relatos dessas pessoas, que eram crianças à época da ditadura e da importância desses depoimentos para a construção da verdade e da justiça. Mas nesse capítulo devemos ressaltar que não é possível falar das crianças sequestradas, abandonadas, torturadas ou nascidas nos centros clandestinos da repressão sem considerar a questão das mulheres, militantes mães e das mães não militantes mas, que eram companheiras de militantes políticos. Isso porque não houve crianças atingidas pelo aparato repressivo que não estivessem vivendo com suas mães militantes e, via de regra, tinham um forte vínculo com as suas mães, sejam militantes ou não. Suas mães de alguma forma foram perseguidas, pre-

---

1   Marta Diana. *Mujeres Guerrilleras*: Sus Testimonio en la militancia de los setenta. Editora Booket. Buenos Aires, 2007, p. 44. Tradução livre.

sas, sequestradas, assassinadas/desaparecidas pela ditadura e seus agentes. Ora, as crianças dependem dos adultos para serem cuidadas, limpas, alimentadas e precisam de atenção, precisam ser amadas, devem ser socialmente introduzidas junto a outras crianças e outros adultos para crescerem em afetividade, dignidade e cidadania. Essas atividades tem sido historicamente de responsabilidade das mulheres, embora elas têm convocado os homens para assumirem também este conjunto de tarefas, dividindo-as igualitariamente, tanto no âmbito doméstico como em relação aos cuidados, o que poderia fortalecer e melhorar muito a vida em sociedade, seja para as mulheres, para os homens e principalmente para as crianças. Quando as crianças foram abruptamente arrancadas de suas mães, como ocorreu com o emprego deliberado da truculência dos DOI-Codis que usaram da violência inclusive contra as crianças, elas perderam tudo isso de uma vez só: a segurança afetiva e os cuidados mínimos, o que as marcaram profundamente por toda a vida. Cada uma delas teve ou tem ainda que lidar com esta ferida, que muitas vezes sangra, incomoda. Todo esse sofrimento das crianças foi também usado como forma de torturar as mães militantes ou mães não militantes. Isso aconteceu no Brasil, durante a ditadura.

A ditadura militar acarretou radical mudança na política brasileira e nos países da região que acabaram também por implantar ditaduras similares. A repressão atingiu as forças populares organizadas, sobretudo sindicalistas, camponeses, estudantes, professores, intelectuais e artistas. Um número incalculável foi preso, exilado ou passou a viver na clandestinidade. A Editora Vozes publicou, em 1988, o livro *Perfil dos Atingidos*, organizado a partir de estudos baseados nos processos da Justiça Militar movidos contra presos políticos. Das 7.367 pessoas processadas, 88% eram homens e 12% eram mulheres. Estudo feito em 1970, pelo Estado Maior do Exército, a partir de um levantamento dos presos que se encontravam à disposição do Exército em todo o território nacional, chegou a um total de mais de quinhentas pessoas: 56% eram estudantes ou haviam deixado recentemente a atividade estudantil. A idade, em média, era de 23 anos. Do total de presos, 20% eram mulheres, sendo que no Rio de Janeiro a porcentagem de mulheres atingia 26%, no Nordeste era 11% e no Sul não era mais do que 2%. O *Dossiê de Mortos e Desaparecidos Políticos* apresenta um total de 437 militantes mortos e desaparecidos, sendo que 11% são mulheres. Na região do Araguaia houve pelo menos setenta guerrilheiros desaparecidos, dos quais doze são mulheres, ou seja, 17%.

De qualquer forma, a participação de mulheres não pode ser considerada desprezível nem na época, e muito menos se comparada aos dias atuais. Ainda hoje, com os resultados eleitorais de 2012, as mulheres estão subrrepresentadas na política. Na Câmara de Deputados, as mulheres são apenas 9%, no Senado, 10%, e nas cidades do Rio de Janeiro e São Paulo as vereadoras são 15% e 10% respectivamente. No Brasil ainda prevalece uma mentalidade de que política é coisa de homem. Nesse diapasão, imagine como era tratada a participação de mulheres nos subterrâneos clandestinos da política, nas décadas de 1960/1970. Segundo o relatório da Inter-Parliamentary Union – organização que reúne os parlamentos de 162 países, o Brasil ocupa, no ranking de 190 países, o 119º posto em relação à participação das mulheres na política. O Brasil tem partidos políticos sexistas que não oferecem condições mínimas para a participação das mulheres, embora tenhamos uma mulher de esquerda, militante na luta de resistência à ditadura, na Presidência da República, Dilma Roussef.

No movimento de resistência à ditadura, não há uma estimativa de quantas militantes eram mães ou foram sequestradas grávidas. Mas houve militantes políticas, mães e/ou grávidas, que foram sequestradas, torturadas, houve crianças que também sofreram os efeitos perversos da atuação dos órgãos públicos voltados para a repressão política.

Soledad Viedma Barret (1945 – 1973)[2] foi assassinada durante o episódio conhecido como Massacre da Chácara São Bento, em Recife (PE). Suspeita-se de que ela estivesse grávida na ocasião de sua morte. Mas ela teve um filha antes, Naysandy, que na época estava com um ano e oito meses. A filha de Soledad não a conheceu ou não se lembra dela. Não conheceu também seu pai, José Maria Ferreira de Araujo, assassinado (e desaparecido) no DOI/Codi/SP, em 23 de setembro de 1970. De acordo com Elio Gaspari, no livro *A Ditadura Escancarada*, "a mitológica Dina[3] (Dinalva Oliveira Teixeira: 1945 – 1974) foi assassinada grávida. Ela estava sob o controle do major Curió [do Exército]".

---

2   *Dossiê Ditadura*: Mortos e Desaparecidos Políticos (1964-1985). Imprensa Oficial, São Paulo, 2009, p. 413.

3   Idem, p. 583.

Houve crianças, filhas de militantes políticas(os) sequestradas, mantidas em cárceres clandestinos, nascidas em cativeiros, torturadas ou ameaçadas de serem submetidas a torturas, algumas foram arrancadas dos braços de suas mães, impedidas de serem amamentadas e afagadas, outras chegaram a ser torturadas mesmo antes de nascer, ou assistiram as torturas em seus pais ou, então, viram os pais serem assassinados. Quase todas eram filhas e filhos de mulheres militantes políticas. Não dá para falar das crianças vitimas da ditadura e da repressão política sem falar das mães.

Houve crianças que nasceram em cativeiros. Lia Cecília foi uma delas. Hoje com 39 anos, nascida em 1974, na região da guerrilha do Araguaia, filha de um guerrilheiro do Araguaia, desaparecido, Antonio Teodoro de Castro (1945-1974), que era conhecido na área da guerrilha como Raul. Sobre sua mãe, não há nenhuma informação, mas ela encontra-se desaparecida desde aquela época. Teria Lia nascido no cativeiro e seus pais mortos em seguida? Haveria outras crianças da região do Araguaia com história semelhante à de Lia? Haveria outras crianças nascidas nos campos de concentração, criados pelos militares, na região da guerrilha? São perguntas para as quais ainda não há respostas. São situações que não foram devidamente esclarecidas. Cabe ao estado brasileiro esclarecer esses fatos.

Algumas crianças puderam ir com suas mães para o exílio, mas houve aquelas cujas mães foram sozinhas sem que suas crianças pudessem ir por questões econômicas ou de segurança. É o caso de Ieda Reis, guerrilheira da VAR-Palmares. Ela ficou exilada durante dez anos logo após ter tido seu filho, que só veio conhecer quando ele já estava com dez anos de idade, quando ela retornou ao Brasil. Ambos tiveram que passar por um doloroso e inconcluso processo de reconhecimento e convivência. Por um longo tempo, um olhava para o outro e não sabia o que dizer, o que fazer.

Outras crianças nunca conheceram seus pais. Por exemplo, Vanúsia, nascida na clandestinidade, em 27 de agosto de 1969, filha de Ranusia Alves Rodrigues (1945 – 1973),[4] guerrilheira, presa, torturada e assassinada, cujos restos mortais nunca foram entregues a seus parentes. Vanúsia foi criada por duas mulheres que moravam na comunidade da Mangueira, na cidade de Recife

---

4   Idem, p. 411.

(PE). Somente quando tinha 23 anos viu uma foto de sua mãe, publicada no *Dossiê dos Mortos e Desaparecidos Políticos*. As meninas, Isabel e Iara, à época do assassinato do pai, Raimundo Gonçalves Figueiredo (1939-1971), em 28 abril de 1971, tinham respectivamente 2 anos e 1 ano de idade. Um ano depois foi assassinada a mãe delas, Maria Regina Lobo Leite de Figueiredo (1938-1972), em 29 de março de 1972. Elas não têm lembranças concretas de seus pais, procuram preencher as lacunas de suas memórias afetivas ouvindo alguns relatos de parentes e militantes da época.

Houve crianças presas e banidas, fichadas como subversivas, consideradas "perigosas à segurança nacional". Cresceram e se formaram fora do país. É o caso dos meninos criados pela "tia" Tercina Dias de Oliveira,[5] militante do movimento guerrilheiro na área do Vale da Ribeira (SP): Ernesto Carlos Nascimento (nascido em 1968), aos 2 anos de idade foi preso, em 1970, pelos agentes do DOPS, em São Paulo; Zuleide Aparecida do Nascimento (nascida em 1965) estava com 4 anos e 10 meses; Luis Carlos Max do Nascimento, irmão de Zuleide, nascido em 1963, com 6 anos e 7 meses de idade; e Samuel Dias de Oliveira tinha quase 9 anos quando foram banidos do Brasil sob alegação de que eram elementos perigosos e inimigos do estado. Houve crianças que foram sequestradas e ficaram nas dependências dos centros de tortura onde seus pais e outros presos eram torturados. Como, por exemplo, os irmãos Janaína e Edson Teles, de 5 e 4 anos de idade, que estiveram por vários dias no DOI-Codi/SP e num centro clandestino da repressão, em São Paulo, onde ouviam os gritos de tortura de seus pais e de outros presos que ali se encontravam.

Houve crianças que foram torturadas para forçar seus pais a denunciarem outros companheiros. Gino Ghilardini, à época, com 8 anos de idade, filho de Luis Ghilardini (1920-1973), comunista assassinado sob torturas no DOI-Codi/RJ, foi preso juntamente com sua mãe, Orandina. Ambos foram torturados. O menino Gino conta que era violentado para o pai falar o que sabia: "Eu ouvia meu pai ali perto gemendo, eu escutava, mas não podia fazer

---

5   *Revista Brasileiros*, nº 68, março de 2013: "Subversivos: Acredite. Estas crianças foram presas e banidas do Brasil. Mais de 40 anos depois elas contam como sobreviveram. Há quem não tenha conseguido. Quando meninos são fichados como terroristas. Luiza Villaméa, p. 54.

nada". Passados uns dias, Gino foi encaminhado e ficou durante vários meses na Fundação Nacional do Menor no Rio de Janeiro.

Houve crianças que assistiram ao assassinato de seu pai, como foi o caso da família Lucena. Antonio Raimundo Lucena (1922-1970) foi assassinado em 20 de fevereiro de 1970 na frente de seus filhos de três ano e seis anos. O seu filho mais velho, de 18 anos, estava sequestrado e sendo torturado no DOI-Codi/SP. Sua esposa, Damaris Lucena, foi presa, torturada e banida do pais juntamente com seus filhos pequenos.

Houve crianças cujas mães foram sequestradas por serem esposas de militantes comunistas. Foi o que aconteceu com Marilda, esposa do militante comunista Carlos Nicolau Danielli (1929 – 1972), assassinado sob torturas no DOI-Codi/SP. Ela foi sequestrada, e seus filhos, Vladimir, Valdenir e Vladir, com 9, 7 e 6 anos de idade, sofreram muito por se sentirem sozinhos e abandonados. O mesmo aconteceu com a esposa de Rafael Martinelli, dirigente do movimento sindical. Enquanto ele foi perseguido e sequestrado pelos agentes da repressão, ela foi levada para as dependências do DOI-Codi, do jeito como costumava ficar em sua casa, descalça. Ela não tinha nenhuma participação política. Mas seus três filhos ficaram sós e abandonados enquanto ela estava submetida aos interrogatórios e torturas naquele órgão.

Virgilio Gomes da Silva (1933-1969), militante da ALN – Ação Libertadora Nacional –, foi assassinado sob torturas pelo DOI-Codi/SP. É um desaparecido político, pois seus restos mortais até hoje não foram entregues a seus familiares para um sepultamento digno. Os filhos de Virgílio eram crianças e foram presos com a mãe, que não era militante, Ilda Martins da Silva. Ilda foi interrogada, torturada e separada dos filhos: "Eu não queria me separar deles de jeito nenhum, veio uma freira, pegou-os e os levou para o DOPS/SP. Eles ficaram dois dias lá e depois foram levados para o Juizado de Menores, onde permaneceram por dois meses. Isabel, a mais nova, era um bebê de 4 meses, foi hospitalizada e quase morreu. Eu fiquei presa por nove meses e estive incomunicável, não podia ver meus filhos ou saber deles. E eu não tinha participação política em nada".

Houve crianças que se tornaram adultos atormentados, vitimas de um sofrimento mental permanente, devido a tamanha violência cometida contra

Breve história do feminismo no Brasil e outros ensaios

eles. Não suportaram e acabaram morrendo. É o caso de Carlos Alexandre Azevedo (Cacá), que se matou aos 39 anos de idade. Filho de pai e mãe militantes, Cacá, quando tinha 1 ano e oito meses, teve sua casa invadida por policiais do DOPS/SP, no dia 15 de janeiro de 1974. Como começou a chorar, os policiais deram lhe um soco na boca, que começou a sangrar. Com o corte nos lábios, sangrando, foi levado para o DOPS/SP e passou por mais de 15 horas em poder dos homens da repressão. Lá no DOPS/SP, os pais ouviram relatos de outros presos de que ele teria levado também choques elétricos. Mais tarde, o bebê foi entregue aos avós maternos, em São Bernardo do Campo, Grande São Paulo. Como disse o pai anos depois: "Na verdade, em vez de entregue, ele foi jogado no chão. Acabou com um machucado a mais na cabeça. Isso me foi contado. O certo é que ele ficou apavorado. E esse pavor tomou conta dele. Entendo que a morte dele foi o limite da angústia".[6]

Quanto às presas políticas estupradas, não se toca nesse assunto, mas houve tal infâmia. E em alguns casos, houve crianças nascidas dos estupros praticados por agentes do Estado, ocorridos nos chamados DOI-Codis e em outros centros de tortura. O silencio é permanente em torno da questão. As razões são muitas: a profunda humilhação de ser uma mulher estuprada e ainda mãe de uma criança filha de um estupro cometido por torturadores. É assunto interdito. Ainda prevalece a ideia de que a palavra das mulheres não é crível, nos dias de hoje. O que dirá naqueles anos de chumbo, quando mulher era assunto proibido e considerado "subversivo". A revista *Realidade*, de janeiro de 1967 (n° 10), teve sua edição especial dedicada à situação das mulheres apreendida pela censura. O jornal *Movimento*, de n° 45, foi totalmente censurado, por realizar uma edição voltada para "O Trabalho da Mulher no Brasil". São exemplos mostrando que o fato de falar sobre as mulheres, revelando dados de sua realidade na família, no trabalho, na educação e na sociedade, causava muita preocupação às autoridades militares, que eram extremamente misóginas. Tanto é que é um dos ditadores (General Figueiredo: 1978-1985) chegou a dizer em público que: "mulher e cavalo a gente só conhece quando monta".

---

6 Idem, p. 64. Matéria de Luiza Villaméa.

Deve-se ressaltar, também, que a violência sexual acarreta consequências de longo prazo não só para as vítimas como para todo o grupo social a que elas pertencem, inclusive pode levar à infertilidade.

Ainda nos dias atuais, as militantes que sobreviveram não se sentem fortalecidas e com garantias para denunciar os torturadores/estupradores e ver a apuração de tais crimes. Há uma ausência de ações políticas no sentido de oferecer oportunidade para uma narrativa pública sobre o estupro cometido dentro de órgãos policiais. Não vamos aqui descrever os casos, mas não podemos deixar de reconhecer sua existência. Registrar que houve o estupro como prática de tortura nos órgãos de repressão durante a ditadura militar é o começo para desvelar os horrores cometidos contra as mulheres durante a ditadura.

Embora desde o século XV possam ser encontradas referências ao estupro como violação das normas relativas à guerra e passíveis de punição, o que ainda se constata são os grandes entraves para se fazer a denúncia desses crimes. Não há nenhuma política reparatória nesse sentido no Brasil.[7]

Denúncias de mulheres grávidas publicadas pelo projeto *Brasil Nunca Mais*

> Muitas mulheres que nas prisões brasileiras tiveram sua sexualidade conspurcada e os frutos do ventre arrancados certamente preferiram calar-se, para que a vergonha suportada não caísse em domínio público. Hoje, no anonimato de um passado marcante, elas guardam em sigilo os vexames e as violações sofridas. No entanto, outras optaram por denunciar na Justiça Militar o que padeceram, ou tiveram seus casos relatados por maridos e companheiros.[8]

O projeto *Brasil Nunca Mais* consistiu na primeira pesquisa realizada a partir dos processos contra presos políticos transitados no Superior Tribunal Militar

---

7   TESCARI, Adriana Sader. *Violência Sexual contra a Mulher em Situação de Conflito Armado*. Editora Sergio Antonio Fabris Editor, Porto Alegre, 2005, p. 38.

8   *Brasil: Nunca Mais*. Editora Vozes, 1986, Petrópolis (RJ), p. 43.

Breve história do feminismo no Brasil e outros ensaios

(STM) no período de abril de 1964 a 1979, sob a responsabilidade da Comissão de Justiça e Paz. O conteúdo do Projeto reuniu 707 processos completos e dezenas de outros incompletos num total de um milhão de documentos. O estudo desses processos e a sistematização das informações foram realizados de 1979 a 1985. No final dos trabalhos publicaram um livro com o nome *Brasil: Nunca Mais*, que reúne denúncias contidas nos autos dos processos de militantes políticos, mulheres e homens, nas auditorias militares, na época da ditadura militar.

Militantes ou esposas de militantes, grávidas, foram vitimas do aborto forçado, praticado por agentes policiais dos DOI-Codis. Muitos desses abortamentos foram denunciados nas audiências da Justiça Militar. Eis o relato de alguns desses casos:

> O auxiliar administrativo José Ayres Lopes, 27 anos, preso no Rio, declarou em 1972:[9]
> "(…) que, por vezes, foram feitas chantagem com o depoente em relação à gravidez de sua esposa, para que o depoente admitisse as declarações, sob pena de colocar sua esposa em risco de aborto e, consequentemente, de vida; (…)".
> O estudante José Luiz de Araújo Saboya, de 23 anos, no Rio, denunciou que:
> "(…) durante o período em que esteve no DOPS, em seguida no CODI, a sua esposa se encontrava em estado de gestação e permaneceu detida como elemento de coação moral sobre o interrogando; (…)".
> Helena Moreira Serra Azul, 22 anos, estudante, no Conselho de Justiça, em Recife (PE), ao ser interrogada, relatou:
> "(…) que o marido da interroganda ficou na sala já referida e ela ouviu, do lado de fora, barulho de pancadas; que, posteriormente, foi reconduzida à sala onde estava o seu marido, que se apresentava com as mãos inchadas, a face avermelhada, a coxa tremendo e com as costas sem poder encostar na cadeira; que o Dr. Moacir Sales, dirigindo-se à interroganda, disse que, se ela não falasse, ia acontecer o

---

9   *Brasil: Nunca Mais*, p. 48 a 50.

mesmo com ela; (…) na Delegacia, todos já sabiam que a interroganda estava em estado de gestação; (…)".

Helena Mota Quintela, vendedora, 28 anos, em 1972, em Recife, denunciou:

"(…) que foi ameaçada de ter o seu filho "arrancado à ponta de faca"; (…)".

Hecilda Mary Veiga Fonteles de Lima, 25 anos, estudante, ao depor, relatou como se deu o nascimento de seu filho:

"(…) ao saber que a interroganda estava grávida, disse que o filho dessa raça não devia nascer; (…) que a 17.10 foi levada para prestar outro depoimento no CODI, mas foi suspenso e, no dia seguinte, por estar passando mal, foi transportada para o Hospital de Brasília; que chegou a ler o prontuário, por distração da enfermeira, constando do mesmo que foi internada em estado de profunda angústia e ameaça de parto prematuro; que a 20/2/1972 deu à luz e 24 horas após o parto, disseram-lhe que ia voltar para o PIC (Policia de Investigações Criminais); (…)".

Maria José da Conceição Doyle, estudante de Medicina, em 1971, em Brasília:

"(…) que a interroganda estava grávida de 2 meses e perdeu a criança na prisão, embora não tenha sido torturada, mas sofreu ameaças; (…)".

Maria Cristina Uslenghi Rizzi, 27 anos, secretária, denunciou à Justiça Militar de São Paulo:

"(…) sofreu sevícias, tendo, inclusive, um aborto provocado que lhe causou grande hemorragia, (…)".

Olga D'Arc Pimentel, 22 anos, professora, em 1970, no Rio:

"(…) sevícias, as quais tiveram, como resultado, um aborto provocado que lhe causou grande hemorragia, (…)".

Luíz Andréa Favero, 26 anos, professor, preso em Foz do Iguaçu, declarou na Auditoria Militar de Curitiba, em 1970, o que ocorrera a sua esposa:

"(…) o interrogando ouviu os gritos de sua esposa e, ao pedir aos policiais que não a maltratassem, uma vez que a mesma se encontrava grávida, obteve como resposta uma risada; (…) que ainda neste mesmo dia, teve o interrogando

> noticia de que sua esposa sofrera uma hemorragia, consta-
> tando-se posteriormente, que a mesma sofrera um aborto;
> (...)".
>
> Regina Maria Toscano Farah, estudante, 23 anos, ao depor,
> no Rio, declarou:
>
> "(...) que molharam o seu corpo, aplicando consequente-
> mente choques elétricos em todo o seu corpo, inclusive na
> vagina; que a declarante se achava operada de fissura anal,
> que provocou hemorragia; que se achava grávida, seme-
> lhantes sevícias lhe provocaram aborto; (...)".

As marcas da tortura permanecem, como mostra o testemunho de Isabel Fávero, ex-militante da VAR-Palmares, presa em 5 maio de 1970, em Nova Aurora, cuja denuncia foi feita[10] e relata com detalhes o abortamento sofrido e denunciado pelo seu marido na época, por Luiz Fávero:

> Eu ficava horas numa sala, entre perguntas e tortura física.
> Dia e noite. Eu estava grávida de dois meses, e eles estavam
> sabendo. No quinto dia, depois de muito choque, pau de
> arara, ameaça de estupro e insultos, eu abortei. Depois disso,
> me colocaram num quarto fechado, fiquei incomunicável.[11]

Nádia Lucia do Nascimento, integrante do MR-8, presa em São Paulo, em 1974, grávida de seis meses, no DOI-Codi/SP foi colocada na "cadeira de dragão" pelo torturador conhecido por Capitão Ubirajara (delegado da policia civil de São Paulo, que integrava as equipes de torturadores do DOI-Codi/SP, cujo nome oficial é Dr. Aparecido Laerte Calandra). Depois de ter sido arranca-da sua roupa, ela levou choques elétricos por todo o corpo, o que fez com que abortasse. Ficou durante dias com fortes hemorragias e dores, sem sequer um atendimento médico.[12]

---

10 *Brasil: Nunca Mais.* p 50.

11 *Brasil: Nunca Mais.*

12 Testemunho dado à Comissão Estadual da Verdade "Rubens Paiva" da Assembleia Legislativa do Estado de São Paulo.

Maria Amélia de Almeida Teles

Maternidade, infância,clandestinidade e terror de estado

> "Me espanta a capacidade que se tem de sobreviver ao
> horror"[13](...) à ameaça de morte, podemos responder com
> uma nova vida".[14]

A maternidade foi usada, das mais diversas formas, pela repressão política como meio de tortura, para enlouquecer e aniquilar militantes, o que acarretou uma sobrecarga pesada do ponto de vista emocional e físico, de forma especial, às crianças e às mulheres, que, ao serem violentamente reprimidas por sua militância de contestação à ditadura, ou por serem filhas de militantes, eram submetidas às mais vis torturas, sejam psicológicas ou físicas, por serem mães e terem seus filhos pequenos, ou simplesmente porque eram crianças, filhas de "comunistas".

As militantes na luta contra a ditadura militar, de um modo geral, pertenciam a organizações políticas clandestinas, pois era taxativamente proibido se organizar e se expressar de maneira pública sob a vigência dos governos militares. Portanto, as normas dessas organizações eram bastante rígidas devido às questões de segurança. A militância clandestina precisava de esconderijos para se encontrarem, planejarem suas atividades cotidianas. Eram casas/residências, conhecidas como "aparelhos". Para manter uma fachada legal era conveniente destacar um casal de militantes jovens para cuidar do "aparelho". Diante de um casal com essas características as suspeitas junto à vizinhança eram bem menores. As mulheres militantes, ao decidirem pela maternidade, eram advertidas de forma sistemática sobre o que poderia lhes advir caso caíssem nas garras da repressão. Havia reações negativas em relação à escolha pela maternidade. As organizações, de um modo geral, não adotavam nos seus planos de ação o enfrentamento dos problemas do cotidiano, considerados menores e que deveriam ser postergados para quando houvesse o triunfo da revolução. Mas também

---

13 ROSA, Susel Oliveira da. *Mulheres:* ditaduras e memórias. Editora Intermeios. Coleção Entregêneros. São Paulo, 2013. Carta de Danda Prado, p. 180.

14 Fala de Criméia Alice Schmidt de Almeida, ex-guerrilheira do Araguaia, publicada no livro já citado: *Breve História do Feminismo no Brasil*, p. 72.

existia o compromisso, nas mais diversas circunstâncias, de proteger mulheres e crianças das garras perversas da repressão. Algumas organizações excluíam as grávidas ou mães de crianças pequenas das tarefas políticas e/ou militares no sentido de impedir que acontecesse o pior: a mãe ter sua criança torturada/sequestrada, usada como refém pelos agentes da repressão, assim como as crianças assistirem, suas mães ou seus pais sendo torturadas(os). A relutância em aceitar as mães como militantes não era sem razão. A repressão política não poupou nem crianças nem mulheres grávidas. Muitas mulheres abortaram nas dependências dos DOI-Codis de tanto apanharem e levarem choque na barriga, vagina e demais partes do corpo.

Assim como houve mulheres que tiveram seus partos na mais ferrenha clandestinidade, outras tiveram seus filhos na cadeia, como Hecilda, Criméia Schmidt, Linda Tayah. Todas foram presas grávidas e, mesmo sendo muito torturadas, permaneceram grávidas e seus filhos nasceram sob a ameaça de torturas sendo que algumas dessas crianças sofreram a tortura ainda na barriga de suas mães. Como exemplo, temos o caso do Joca, João Carlos Schmidt de Almeida Grabois. Sua mãe, Criméia, foi presa com sete para oito meses de gravidez. Levou choques elétricos, foi espancada em diversas partes do corpo e sofreu socos no rosto. Quando os carcereiros pegavam as chaves para abrir a porta da cela para levá-la à sala de tortura, o seu bebê ainda na barriga começava a soluçar. Nasceu na prisão e mesmo anos depois, quando ouvia o barulho de chaves, voltava a ter soluços.

As crianças que viviam na clandestinidade, de um modo geral, moravam nos "aparelhos" que poderiam ser invadidos, vasculhados e sequestrados os que ali se encontravam, pelos agentes dos órgãos de repressão. A perseguição policial, ora velada, ora aberta, era constante na vida da militância. O risco era permanente. As crianças, na sua maioria, precisavam ter nomes falsos. Não sabiam o verdadeiro nome de seus pais por questão de segurança. As distintas tarefas partidárias que compunham uma ação política ou armada de maior envergadura se faziam de forma compartimentada e, muitas vezes, era pouco o tempo para se preparar e tomar conhecimento do perigo iminente. As mulheres militantes participavam igualmente da concretização das tarefas políticas e militares, o que talvez tenha sido a grande novidade da época. De qualquer forma, as atividades domésticas recaíam mais sobre as mulheres. O comando era sempre dos homens, mesmo que as mulheres tivessem desempenho igual ao dos homens. Eram eles que estavam nas direções das organizações, com raríssimas exceções, mas as mulheres agiram com coragem e criatividade. Dessa vez as mulheres não precisavam vestir-se de homem para ir à guerra, como fez Maria Quitéria em outros tempos. Embora muitos comandantes esperassem que as mulheres se comportassem como homens. Segundo a ex-guerrilheira Criméia, houve muitas mulheres na luta que aprenderam a afirmar a diferença e buscar novas formas de fazer política. Afinal, dessa vez as mulheres foram à luta por conta própria, por sua própria decisão e entraram na luta para valer. Suzana Lisboa, militante da ALN na década de 1970, considera que "era vantajosa, do ponto de vista do desempenho da organização, a integração de mulheres na luta armada". Ela afirma que numa sociedade machista, em que a mulher não era reconhecida e considerada, uma guerrilheira teria mais facilidade de sair de uma ação militar e se confundir na multidão. As mulheres tinham mais facilidades de obter documentos falsos. Não precisavam de atestado de reservista. E com isso tornava-se mais fácil conseguir um emprego e manter uma *fachada legal*. Muitas chegaram a ser citadas pelos agentes da repressão que eram pegos de surpresa ao se defrontarem com mulheres dispostas a enfrentar o inimigo com tanta ousadia e destreza. Eles se assustavam com o fato de que essas mulheres rompiam, sistematicamente, com os papéis sociais que lhes eram e ainda são impostos de submissão, dependência, falta de decisão e coragem.

A vida política realizada às escondidas da ditadura e da repressão política aproximava os militantes e era comum entre eles uma conversa sobre assuntos mais íntimos. A clandestinidade e a perseguição constante os tornavam mais afetivos e mais próximos. A igualdade entre os sexos era, como ainda é hoje, uma proposta a ser alcançada. Cada minuto vivido era intenso, pois o perigo e a morte espreitavam e ameaçavam cada segundo da vida. Havia, na rotina das organizações, a prevalência da hierarquia masculina, numa reprodução constante dos padrões impostos na sociedade vigente.

Mudanças profundas na vida das mulheres sob a égide do autoritarismo

> A inserção do feminismo no movimento pela recuperação da democracia passava por uma critica ao autoritarismo não apenas como o sistema político-militar que governava a maioria dos países latino-americanos, mas ampliava essa crítica identificando o autoritarismo como sistema de relações de disciplinamento e de dominação que aprofundava a situação de subordinação e opressão das mulheres no continente (Lilian Letelier)[15]

Surgiam fatores que aceleravam mudanças de hábitos e costumes na sociedade brasileira. O capitalismo se desenvolvia rapidamente com o aumento excessivo da exploração da mão de obra, com o achatamento salarial e o incentivo e subsídios estatais para a instalação de multinacionais. A partir da expulsão da população do campo, há uma transferência abrupta de um grande contingente da população da área rural para as áreas urbanas em busca de trabalho e sobrevivência. As mulheres, em geral, passaram a ter novas atribuições, seja na chefia da família ou na competição para o mercado de trabalho, fazendo crescer a participação da mão de obra feminina. Elas passaram a ter mais possibilidades de controlar o número de filhos que queriam ter. A pílula anticoncepcional, descoberta em 1960, começou a ser popularizada. As mulheres começaram a exercer o direito ao prazer sexual sem necessariamente ficarem grávidas. As mulheres, então, travaram um movimento de ruptura do tabu da virgindade. Passaram a exercer uma maior liberdade sexual subvertendo a ordem dada pelo acirramento da repressão política e moral. A maternidade começa a ser exercida como um direito de escolha. A média de filhos por mulher era em torno de seis em 1960 e caiu para cerca de dois, no final do século XX. As mulheres acabaram por se tornar mais independentes, a assumir mais atividades nos espaços

---

15 *In* ÁVILA, Maria Betânia (org.) *Textos e imagens do feminismo:* mulheres construindo a igualdade, p. 198. Recife: SOS-Corpo, 2001.

públicos, seja nas escolas ou seja no mercado de trabalho. Aproximavam-se, mesmo sem ter consciência plena, das incipientes ideias feministas.

Nos anos de 1970, no mundo ocidental vivia-se o auge da segunda onda feminista, na qual as mulheres conduziram bandeiras que reclamavam pelo direito de decidir sobre o próprio corpo, que as questões do plano pessoal deveriam ser tratadas também no campo político. Tratavam de temas como corpo, sexualidade, prazer sexual, aborto e a maternidade. Queriam desfazer a ideia de que as mulheres têm um único destino selado de serem mães. Tais ideias circulavam junto às militantes, ainda que com mais dificuldade, devido à falta de liberdade e a perseguição constante que as impediam, muitas vezes, de discutir questões do cotidiano. Acreditava-se que somente após a revolução socialista haveria oportunidade para cuidar de assuntos do campo pessoal, cultural. Portanto, a questão das mulheres ficaria para depois. Paradoxalmente, as mulheres que decidiram pela militância de oposição à ditadura eram, de um modo geral, pessoas que tinham maior independência e autonomia. Tiveram que enfrentar muitas barreiras de ordem pessoal, familiar, profissional para assumir a posição política de enfrentamento ao autoritarismo. Assumiram o papel histórico de protagonistas de ações libertárias, tornando-se sujeitos políticos, atuantes na construção de uma sociedade justa e democrática. A maioria delas exerceu de forma destemida o direito de escolha nos mais diversos campos da vida. As mulheres aprendiam e assumiam o pensar de forma autônoma, o decidir por sua própria conta e arcar com suas consequências.

A maternidade, que ainda tem sido um ônus para uma grande parte das mulheres, foi assumida por militantes políticas daquela época em condições árduas, quando a liberdade no país havia sido asfixiada e o terror de estado se fazia cada vez maior. Foram corajosas as mulheres que se dispuseram a ser mães e, ao mesmo tempo, mantiveram-se na militância. Tinham consciência dos riscos que enfrentariam e também, de um modo geral, encontraram oposição da direção de suas organizações, majoritariamente masculina.

O feminismo da segunda onda (1960 e 1970) conquistou o direito de escolha em todos os sentidos, inclusive o de ter ou não ter filhos/filhas. As militantes políticas também decidiram lutar sob a ditadura, pelo seu direito de escolha, ainda que isso lhes custasse bastante caro. Ainda que o medo estivesse presente, naqueles momentos sombrios da história, as mulheres que tiveram seus filhos na militância se dispuseram a enfrentar desafios até hoje não resolvidos. O principal deles: como conciliar as atividades políticas com a atuação de cuidadoras/mães/militantes políticas? Não havia creches. O tema vai se transformar numa forte reivindicação depois da anistia política (1979). Aliás, chegava a ser estranho usar a palavra creche naqueles tempos. Era tida como uma espécie de orfanato ou, então, como "um mal menor".[16] As militantes políticas, então, propunham, de um modo geral, aos companheiros e companheiras uma reorganização das tarefas políticas e domésticas, numa tentativa de redistribuí-las igualitariamente. Trouxeram de forma inovadora as questões do mundo privado para o campo político. Com certeza, nem todas elas conseguiram êxito na proposta. Mas insistiram em tratar as questões pessoais no plano político das organizações. Foram, ainda que nem todas estivessem conscientes disso, as pioneiras do feminismo dos anos de 1970 no Brasil e região. As militantes tiveram que romper com os estereótipos femininos e se empenharem em ações que eram restritas a homens, como o manejo de armas, a elaboração de estratégias de resistência para driblar o inimigo, entre outras. Não se deixaram intimidar, de ter desejos e manifestá-los, não recusaram tarefas por causa da menstruação, de um abortamento, da gravidez ou aleitamento. E aquelas que caíram nas garras do inimigo, grávidas ou não, de um modo geral, enfrentaram seus algozes de maneira firme e altiva.

As mulheres mães enfrentaram a dupla ou talvez tripla opressão (enquanto pertencentes ao sexo feminino, como parte do povo em luta e como mães) sem deixarem de ser "sujeitos políticos", conscientes de suas ações e seus significados.

O corpo, a sexualidade e a maternidade ocupam lugares centrais no processo histórico de discriminação contra as mulheres. A subordinação e opressão das mulheres se dá, em grande medida, pelo controle do corpo feminino. A expressão maior desse controle é a violência contra as mulheres – prática tão antiga e naturalizada que naqueles anos de ditadura prevalecia o ditado

---

16 Hoje creche é um direito constitucional da criança pequena á educação. Mas há mais de 10 milhões de crianças brasileiras ou que vivem no Brasil sem poder usufruir deste direito por falta da construção de creches.

popular: "Em briga de marido e mulher não se mete a colher", desde que sejam violentadas/espancadas e assassinadas as mulheres. Assim como também se entendia que os homens tinham uma necessidade irrefreável e incontrolável de sexo. Daí a justificativa da prática da violência sexual contra as mulheres. A culpa de serem estupradas recaía sobre as próprias mulheres vítimas. Daí a dificuldade de se denunciar os estupros. A desigualdade entre os sexos tem sido estruturalmente estabelecida ainda nos dias de hoje. O que dizer de quase meio século atrás? Quando nem mesmo havia sido conquistada a igualdade jurídica e formal. No Código Civil daquela época, o homem podia pedir a anulação do casamento se a mulher não fosse virgem e não tivesse avisado a ele com a devida antecedência e precaução. O pai podia deserdar a filha "desonesta". A honestidade das mulheres significava uma sexualidade reprimida. Tanta tirania atingia às mulheres como um todo, reforçava e justificava as ações repressivas nos espaços públicos como privados.

Havia uma campanha de controle da natalidade incentivada pelos Estados Unidos – baseada na ideologia imperialista – contra o nascimento de filhos de pobres no Brasil e em diversos países, denominados à época como países do terceiro mundo.[17]

O estado ditatorial patrocinava iniciativas de controle da natalidade promovidas pela Bemfam – Sociedade Civil de Bem Estar Familiar –, criada durante a ditadura militar, em 1965, e reconhecida como órgão de utilidade pública. O governo militar assumiu um caráter ambíguo: mantinha uma postura oficial de não intervencionismo na vida das pessoas quanto à decisão de ter ou não ter filhos. Mas na prática abria caminhos, com subsídios e facilidades substanciais para ações antinatalistas, com acordos entre as secretarias de saúde e a Bemfam nos diversos estados brasileiros, priorizando os mais pobres, impondo, de forma criminosa e irresponsável, a esterilização em massa. Por outro lado, os serviços públicos de saúde não ofereciam sequer informação e muito menos orientação quanto ao uso dos meios contraceptivos. Essa postura contribuiu enormemente para a expansão das esterilizações femininas e de

---

17 Os do terceiro mundo eram também chamados de subdesenvolvidos. Segundo a teoria terceiro mundista, o mundo era dividido em países capitalistas (1º mundo), socialistas (2º mundo) e os demais eram do terceiro mundo.

doenças gravíssimas de hipertensão. Os índices apresentados naquela época já eram altíssimos: em Pernambuco, 18,9% das mulheres de 15 a 44 anos se encontravam esterilizadas (trompas ligadas) enquanto 12,5% usavam pílulas; em Manaus, 33% das mulheres estavam com as trompas ligadas; 17% no Piauí; e 15% das paulistas. Estavam excluídas desses cálculos as mulheres esterilizadas por outros motivos, como abortos mal feitos ou pelo uso inadequado de pílulas ou do DIU (*Folha de S.Paulo*, edição de 17 jul. 1983). A ação da Bemfam e de outras entidades congêneres, com o suporte do Estado brasileiro, reduziu drasticamente os índices de fertilidade no Brasil, inclusive em áreas com baixa densidade demográfica, como na Amazônia.

Nesse contexto, as militantes políticas que decidiram ser mães o fizeram em condições desafiadoras, tanto por lutarem contra a ditadura militar como ainda pela ousadia de se engravidarem. Tomaram o caminho da descoberta do corpo, se apropriaram dele, de sua sexualidade e das próprias decisões tanto em relação à reprodução como ao exercício da sexualidade e da atividade política. Assim também como aquelas que decidiram o aborto e o realizaram em condições de clandestinidade: sem lei e sem recursos materiais. Foram mulheres que ousaram exercer o direito de escolha até as últimas consequências.

Mas afinal, o que é gênero?

> Não se nasce mulher, torna-se.
> (Simone de Beauvoir, em 1949)

Hoje, com o avanço das ciências sociais e da ciência, em geral, pode-se contar com recursos teóricos e políticos valiosos para enfrentar a discriminação histórica contra as mulheres. A categoria gênero, entendida aqui como instrumento de análise da construção social e das relações entre os sexos, ao ser usada para dimensionar as causas estruturais e sociais das desigualdades entre mulheres e homens, desconstrói como naturais e/ou próprias da natureza humana a subjugação, a discriminação e a opressão das mulheres. É necessário que no uso da categoria gênero deva ser incorporado o conceito de divisão sexual do trabalho, pois esta se encontra no centro do poder que os homens exercem sobre as mulheres. Observa-se que a divisão sexual do trabalho é uma realidade em todas as sociedades humanas e é a base da desigualdade social entre os sexos. Os homens têm ocupado por um longo período histórico os espaços públicos, vinculados à produção e adquirindo o poder econômico, e político enquanto as mulheres ficaram por muito tempo, restritas aos espaços privados, incumbidas de realizar as tarefas domésticas e de cuidados.

As mulheres, ao saírem para ocupar o seu lugar no mercado de trabalho e buscar formação profissional e política, tiveram que arcar com o ônus de exercer, ao mesmo tempo, as atividades do mundo privado e do público, o que lhes têm ocasionado uma enorme sobrecarga de trabalho e de responsabilidade. Ocorre a chamada dupla jornada de trabalho (o trabalho na produção e na reprodução), o que traz dificuldades para sua participação na sociedade. Assim podemos perceber que a divisão sexual do trabalho impõe uma divisão dos papéis sociais masculinos e femininos, que são construídos culturalmente e que determinam uma maior valorização dos homens em detrimento das mulheres. As mulheres têm sido assim impedidas de exercerem o poder de decisão. Por exemplo, tanto a mulher como o homem podem dar banho no bebê ou trocar sua fralda. Não se trata de um problema físico ou hormonal. Se as mulheres têm sido mais eficientes nesse trabalho é porque se capacitaram para isso por muito mais tempo. Com isso queremos mostrar que as desigualdades entre homens e mulheres não são naturais. Foram historicamente construídas.

A categoria gênero vem justamente mostrar que as desigualdades podem ser desnaturalizadas e desconstruídas. Empregar a categoria gênero na análise da realidade aprofunda o conhecimento e passa-se a rejeitar o determinismo biológico. Não são os aspectos biológicos e sexuais que criam as desigualdades sociais, econômicas e políticas. As desigualdades são fruto da arbitrariedade e das injustiças sociais, o que cria condições de inferioridade para alguns segmentos e classes sociais. Enquanto as diferenças são biológicas e devem ser respeitadas, as desigualdades devem ser erradicadas.

O conceito de gênero, articulado às demais categorias, clássicas ou não, como raça, etnicidade, geração, orientação sexual e classes sociais aprofunda a compreensão da realidade e desconstrói a ideia de que o homem é o paradigma da humanidade. Inscreve-se, assim, nos paradigmas da humanidade mulheres e homens, porque ambos são humanos. Desse modo são constituídos novos ato-

Breve história do feminismo no Brasil e outros ensaios

res e novos sujeitos políticos, revelam-se métodos transformadores que devem nos levar a mudanças profundas e compatíveis com a diversidade e as necessidades humanas. A submissão das mulheres ao poder dos homens, vista até então como processos naturalizados, passa a ser questionada e ressignificada.

Hoje, graças às lutas feministas de mulheres, há nos diversos níveis do Estado brasileiro (federal, estadual e municipal) ações e políticas públicas para efetiva equidade de gênero e igualdade de direitos. Na ditadura, a situação era o oposto.

Na atividade política clandestina, houve também avanços nas relações de gênero. Houve ocasiões em que se quebrou a lógica até então aceita como natural, dito noutras palavras, ao homem o espaço público e à mulher o espaço privado. Muitas vezes, os homens foram obrigados a ficarem escondidos em aparelhos, devido à intensa perseguição, enquanto as mulheres, devido a levantarem menos suspeição, foram às ruas no preparo e no desencadeamento de ações políticas e militares. Houve homens que aprenderam a lavar suas roupas, a fazer sua própria comida, tomando a frente das atividades domésticas. Mas foram exceção, infelizmente.

> A participação feminina nas organizações militantes pode vir a ser tomada como um indicador das rupturas iniciais que estavam ocorrendo nos papéis tradicionais de gênero.[18]

De início, a ditadura, ao considerar que o inimigo se encontrava no seio do povo e ao estabelecer que qualquer pessoa estava sob suspeição, teve como alvo principal os homens guerrilheiros. Com o desenvolvimento da luta contra a ditadura, a participação das mulheres tornou-se mais incômoda para a repressão, que usou de métodos os mais perversos, reforçando o moralismo e preconceito machistas para desmoralizar a participação das mulheres. Na tortura, as militantes eram tratadas pelos policiais, de um modo geral, como putas, amantes, amasiadas, e justificavam assim os estupros nas dependências do DOI-Codis. Mesmo assim, não recuaram nem deixaram de defender as liberdades sejam de ordem pessoal e de ordem política.

---

18   Gianordoli-Nascimento, Ingrid, Zeidi Araujo Trindade e Maria de Fátima de Souza Santos. *Mulheres e Militancia*, p. 44. Belo Horizonte: Ed. UFMG, 2012,

As desigualdades históricas entre homens e mulheres foram reelaboradas e aprofundadas pela ditadura, que não admitia, em nenhuma hipótese, que mulheres desenvolvessem ações não condizentes com os estereótipos femininos de submissão, dependência e falta de iniciativa. As mulheres, militantes políticas da época, subverteram a ordem patriarcal tão solidamente acomodada na ideologia ditatorial. Ao ingressarem para as lutas da oposição política, das mais diversas maneiras, as mulheres pegaram em armas ou apoiaram ações políticas de protesto, sejam armadas ou não, mantiveram a segurança de "aparelhos" que escondiam a militância e o material de luta, participaram da imprensa clandestina, escreveram, fizeram funcionar as gráficas e distribuíram as publicações produzidas de forma artesanal e em condições muito precárias. Cuidaram da saúde e da segurança de militantes e familiares. Tiveram suas crianças na clandestinidade, nas prisões. Viram suas crianças expostas às sessões de tortura, ameaçadas ou mesmo torturadas. Sofreram abortos dolorosos, devido aos espancamentos e aos chutes dos torturadores. Foram impedidas de amamentar seus bebês nos cárceres, menstruaram de forma excessiva ou escassa conforme as sessões de torturas. Foram estupradas e sofreram a violência sexual. Tiveram seus corpos nus, expostos para os torturadores espancá-los, queimá-los com pontas de cigarro ou com choques elétricos, enfiar fios elétricos em suas vaginas e ânus, arrebentar seus mamilos e cometer estupros.

Houve militantes que foram assassinadas, cujos cadáveres, em muitos casos, encontram-se *desaparecidos* até os dias atuais. Muitas dessas mulheres foram levadas à morte por meio de um assassinato friamente calculado, com atos de estupro e mutilação inclusive genital. Outras foram assassinadas com o uso da *coroa de cristo*, como era chamado um método de tortura, que por meio do emprego de uma cinta de aço apertava-se o crânio até esmagá-lo.

Outras foram mortas em acidentes estrategicamente planejados, como foi o caso de Zuzu Angel, que denunciou, insistentemente, o desaparecimento do seu filho. Outras enlouqueceram com tamanha dor e perseguição policial.

Houve muitas e muitas que lutaram no anonimato e que a história terá que trazer à tona a sua participação, para que se alcance a verdade. Junto a elas, muitas crianças também sofreram e não tiveram suas histórias inscritas na história política do país, não tiveram o reconhecimento, nem reparação. Gostaríamos que sua dor e sua tenacidade para resistir se espalhassem na cultura e nas ações do povo de modo a não mais autorizarem que tais fatos se repitam.

Ao buscar a verdade, a Comissão deve analisar os fatos e suas circunstâncias, numa perspectiva de *gênero*, ou seja, considerando que as desigualdades entre os sexos levaram a consequências e sequelas distintas entre mulheres e homens, em decorrência das brutalidades cometidas pela ditadura militar.

Só assim a história poderá fazer justiça às mulheres, a parcela mais esquecida e menos visível da humanidade. Não basta ouvir as mulheres, será preciso senti-las em toda a dimensão de suas ações.

Só assim a história poderá fazer justiça às mulheres e às crianças, a parcela mais esquecida e menos visível da humanidade. Não basta ouvir as mulheres e aquelas que eram crianças na época da ditadura, será preciso senti-las em toda a dimensão de suas ações.

Feminicídio: dignificar a memória das vítimas é preciso!

"O dia que eu não puder mais falar, vocês falarão por mim".
(autoria desconhecida)

Conquistas jurídico-político-legais obtidas se devem, principalmente, à atuação política das mulheres, em defesa dos seus direitos, seja no Brasil, na região latino-americana e no mundo inteiro. O mesmo ocorre no que se refere à violência contra as mulheres. Pode-se afirmar que o seu reconhecimento político-legal, sem nenhuma sombra de dúvida, se deve à ação, intervenção e mobilização de feministas e mulheres diretamente atingidas pela violência de gênero. Foram e são as próprias vítimas, apoiadas e protagonizadas por feministas, reunidas nos SOS Mulher e outros movimentos, que ao exporem publicamente seus hematomas, suas mutilações, suas fraturas, seus sofrimentos e suas dores, buscaram e buscam convencer a sociedade e o poder público de que seus direitos estão sendo gravemente violados e que o estado e a sociedade devem-lhes proteção como cidadãs, como seres humanos e pessoas que têm direito a ter direitos.

Enquanto as mulheres apanharam em silêncio, a violência de gênero foi sistematicamente naturalizada e sua prática estrategicamente autorizada pelo estado e pela sociedade. Justificavam assim a violência contra as mulheres como "fenômeno próprio da natureza humana". A violência de gênero contra as mulheres, como espancamentos, estupros, humilhações, entendia-se e ainda se entende por parte de parcela expressiva da sociedade, como "natural" nas relações íntimas de afeto ou nas relações entre marido e mulher. O ditado "em briga de marido e mulher não se mete a colher" reforçava o silêncio em torno do assunto. Era uma questão privada e não cabia aos "de fora" meter a colher.

Nos anos de 1970 e de 1980, as feministas foram às ruas, em manifestações de protestos e de denúncia da violência sexista e da ordem patriarcal que mantém até os dias atuais as mulheres sob constante ameaça e suspeição. Dessa forma, o feminismo começou a politizar o cotidiano, tirando a violência doméstica e familiar do campo meramente privado e a levando ao espaço público, denunciando a dor e o sofrimento, mas também exigindo segurança e políticas de acolhimento, orientação e atendimento às mulheres vítimas e/ou em situação de violência. Assim o movimento em defesa dos direitos das mulheres construiu propostas que exigem compromisso e responsabilidade da sociedade e do estado para sua aplicação e a compreensão de conceitos novos, como "violência contra as mulheres e suas diversas formas", "violência de gênero", "dinâmica da violência doméstica", dentre outros, criados a partir das ações políticas levadas no dia a dia, que envolvem a busca incansável pela equidade de gênero, pela emancipação, por uma cidadania feminista, sem racismo, sem discriminação, sem lesbofobia e sem violência. Nos últimos anos, por iniciativa de feministas de várias partes do mundo, se introduz novo conceito: o *feminicídio*, que, no Brasil, pelo menos, ainda se encontra em construção e pode-se dizer que significa o assassinato de mulheres devido à violência de gênero ou à violência sexista contra as mulheres.

Foram as feministas que criaram condições para que fossem introduzidos os estudos de gênero, com pesquisas sobre violência contra as mulheres, formulação de políticas públicas de enfrentamento da questão, a implantação de serviços de acolhimento e orientação às vítimas.

A expressão violência contra as mulheres contribui para a compreensão de que as mulheres são o alvo de uma determinada violência simplesmente por serem mulheres. A violência contra as mulheres manifesta-se de diversas formas: estupro, violência sexual, prostituição forçada, abortamento forçado e/ou maternidade compulsória, espancamentos, chutes, socos no rosto ou outras formas de violência física, violência verbal, psicológica, patrimonial, coação de direitos reprodutivos, o que impede as mulheres de decidir se querem ou não ter filhos, ou de se livrarem de uma gravidez indesejada. A violência nas relações entre o casal (incluindo os casais lesboafetivos ou homoafetivos) é considerada violência doméstica e familiar. A expressão maior da violência pode chegar na sua forma fatal: o assassinato de mulheres, o feminicídio.

Breve história do feminismo no Brasil e outros ensaios

Aqui, gostaria de colocar a minha experiência de dupla atuação política tanto no movimento feminista como na Comissão de Familiares de Mortos e Desaparecidos[1] Políticos[2]. São experiências e situações distintas: as mulheres, em grande parte, são mortas devido à violência doméstica, sexual e familiar, por homens com os quais tiveram algum vínculo afetivo e muitas vezes são pais de suas crianças. São homens que, por serem homens, se consideram donos da vida e da morte delas. No caso de pessoas mortas e desaparecidas políticas, elas foram sequestradas, torturadas e assassinadas por agentes públicos (quase todos eram homens) que participavam de organismos estatais, como os DOI-Codis, Deops, entre outros, que formulavam e executavam ações estratégicas de repressão de intimidação e extermínio de ativistas da oposição política[3]. Estas mortes ocorreram num determinado período da história política do país (1964

---

[1] A definição de desaparecimento forçado é toda aquela pessoa que foi sequestrada, assassinada e cujo corpo não foi entregue aos seus familiares para o sepultamento. A Comissão de Familiares de Mortos e Desaparecidos foi criada no final dos anos de 1970, junto ao Comitê Brasileiro pela Anistia (1978 -1980). Essa comissão, juntamente com o Grupo Tortura Nunca Mais –RJ, foram as entidades peticionárias da ação em busca dos desaparecidos políticos do Araguaia, que culminou com a sentença condenatória do estado brasileiro, em 24/11/2010, na Corte Interamericana de Direitos Humanos da OEA, por não localizar os desaparecidos políticos e não responsabilizar criminalmente os agentes públicos responsáveis pelos crimes de sequestro, tortura, assassinato e desaparecimento forçado de militantes políticos contrários a ditadura militar.

[2] Essa comissão atua na busca de esclarecimentos das circunstâncias de sequestro e torturas por agentes do estado nos casos de pessoas mortas e/ou desaparecidas no período da ditadura militar (1964-1985).

[3] Matéria publicada na revista *Isto É*, em 24 de março de 2004, chamada "A Ordem é Matar", de Amaury Ribeiro Júnior, revelou trechos de um documento que confirma a intenção deliberada da cúpula das Forças Armadas de eliminar aqueles considerados "irrecuperáveis", de forma velada, sem chamar a atenção da sociedade. A revista tornou públicas partes da ata da reunião que ocorreu entre os generais Ernesto e Orlando Geisel, Milton Tavares, Antônio Bandeira e o presidente da República, Emílio G. Médici. Em maio de 1973, eles redefiniram as diretrizes da repressão política, cujo principal objetivo era "(…) *a utilização de todos os meios para eliminar, sem deixar vestígios, as guerrilhas rurais e urbanas, de qualquer jeito, a qualquer preço*", conforme o trecho divulgado da ata. Foram constituídos "*dois grupos ultrassecretos – um no CIE (Centro de Informações do Exército) de Brasília e outro no DOI-Codi de São Paulo –, formados por menos de dez pessoas. Eles estavam autorizados a assassinar e sumir com os corpos e foram responsáveis*

-1985), na qual prevaleceram o autoritarismo e a truculência de estado. Dessas pessoas mortas ou desaparecidas, a maioria são homens (por volta de 88%)[4]. No caso das mulheres, militantes políticas, assassinadas e/ou desaparecidas, as informações obtidas pelas Comissões da Verdade revelam que a maioria sofreu violência sexual antes de serem mortas.

> La violencia sexual contra las mujeres en los centros clandestinos de detención lleva implícito un mensaje no dirigido únicamente hacia ellas. La violación y el abuso en sus diferentes formas son actos terroristas cometidos desde el aparato estatal con el objetivo de sembrar miedo indiscriminadamente. No se trata solo del mensaje brutal que las castiga por haberse salido de los moldes que la sociedad patriarcal les adjudica: hijas, esposas, madres y amantes. El terrorismo sexual es un arma de guerra con varias funciones.
> En principio, el perpetrador le está diciendo a la mujer víctima: "Yo te castigo por haberte rebelado. Te someto, poseo tu cuerpo como y cuando quiero. Te vencí, sois mía[5].

A maioria das mulheres e homens, militantes políticos, que morreram em defesa das liberdades democráticas e contra a ditadura tiveram seus nomes divulgados em listas, registrados e preservadas suas biografias, graças à luta in-

---

    pelo desaparecimento de cerca de 80 presos políticos entre 1973 e 1975" (Dossiê Ditadura-Mortos e Desaparecidos Políticos. Imprensa Oficial, São Paulo, 2009, p. 22)

4   De acordo com o projeto Brasil: Nunca Mais, dos quase 700 processos estudados, 88% das pessoas indiciadas, processadas e condenadas ou absolvidas eram homens.

5   LEWIN, Miriam e Olga Wornat. *Putas y guerrilleras.*Espejo de la Argentina/Planeta. Buenos Aires, 2014, p. 187. Tradução: A violência sexual contra as mulheres nos centros clandestinos de detenção leva implicito uma mensagem não dirigida unicamente contra elas. A violação e o abuso em suas diferentes formas sao atos terroristas cometidos no aparato estatal com o objetivo de semear medo indiscriminadamente. Não se trata só de uma mensagem violenta que as castiga por terem saído dos moldes que a sociedade patriacal lhe impõe: filhas, esposas, mães e amantes. O terrorismo sexual é uma arma de guerra com várias funções.

    A princípio, o perpetrador está dizendo à mulher vítima: "Eu te castigo por ter se rebelado. Te submeto, possui teu corpo como e quando quero. Te venci sois minha". (Tradução livre)

cansável de seus familiares que se mantiveram organizados ao longo de décadas em busca de justiça e verdade. O estado tem dificuldade em reconhecer a lista feita pelos familiares, mas não pode negar sua veracidade. Nesse caso, há um período histórico limitado cronologicamente (1964 – 1985) e um universo infinitamente menor do que no caso das mulheres que foram e continuam sendo assassinadas ao longo da história.

As mulheres assassinadas, devido à violência doméstica, familiar e sexual, fazem parte do cotidiano de ontem e de hoje. Tais assassinatos ocorreram e ocorrem de maneira invisível ou quase ao longo da existência do estado brasileiro. Não há um cadastro dessas mortes e, muitas vezes, sequer a violência de gênero é identificada como causa mortis principal. Portanto, as estatísticas são muito aquém da realidade. E como o número dessas mortes é muitíssimo elevado e suas famílias dispersas, não se fazem propostas de políticas reparatórias efetivas ou de apoio concreto aos familiares. No mínimo, devia-se ter um organismo público, de caráter multidisciplinar, com a participação de integrantes da sociedade civil, que oferecesse orientação jurídica, social e psicológica aos familiares diretos da mulher vítima de feminicídio. De um modo geral, esses familiares passam da perplexidade causada pela tragédia para uma forma de passividade ou um sentimento de raiva contida, em decorrência do descrédito na justiça. Alguns buscam, mesmo com poucos recursos financeiros, em profissionais que atuam na área do crime o acesso à justiça. Por isso, torna-se fundamental oferecer, de maneira individualizada, a essas famílias um acompanhamento do caso, passo a passo, desde o registro correto do feminicidio até o andamento das investigações e da situação do criminoso. Só assim os familiares e as pessoas mais próximas da vítima podem seguir a vida com uma certa segurança. A maioria se mantém a duras penas, sem nenhum apoio de uma política pública capaz de lhe dar algum conforto e orientação tão necessária num momento tão difícil que é trazido pela perda trágica.

Há ainda a falta de sistematização dos dados coletados pelos diversos órgãos estatais. A socióloga feminista Eva Blay reclama da ausência de informações estatísticas sobre as mulheres:

> O mais claro sintoma da posição subalterna da mulher na sociedade brasileira se revela pela ausência de dados estatísticos sobre ela. Na área da segurança pública, até hoje as

> informações não são apresentadas com separação por sexo das vítimas ou agressores. (Blay, 2008: 25)[6]

No caso das pessoas mortas e desaparecidas por motivos políticos, a ordem do estado estava definida: torturar para matar ou para manter o terrorismo de estado. As razões para matar militantes políticas são, entre outras, impor o medo, espalhar a intimidação, o pânico e o terror em toda a sociedade. E nesse sentido coibir e impedir qualquer ação contrária à ditadura militar.[7]

No caso das mulheres assassinadas por homens, com os quais elas mantinham uma íntima relação de afeto, as razões apresentadas por seus assassinos são: "porque ela me traiu", "porque ela não me obedeceu", "porque não suportava a ideia que ela tivesse outros namorados"[8] ou porque queria obrigá-la a fazer aborto, pois ele era casado e a gravidez da jovem namorada estava perturbando seu casamento.[9]

Foi o que aconteceu, por exemplo, com a Márcia Leopoldi[10] quando resolveu terminar o namoro devido a forma agressiva e ciumenta do namorado se relaciona. Ele não aceitou a decisão tomada por ela. Pouco antes de assassiná-la, em 10 de março de 1984, Lago disse, por telefone, à irmã de Márcia, Deise Leopoldi: "Já tive duas mulheres e nunca fui rejeitado por nenhuma delas e não será sua irmã, Márcia, que me rejeitará".[11] Homens como Lago se sentem pro-

---

6 BLAY, Eva Alterman. *Assassinato de Mulheres e Direitos Humanos*. 2008. SP: Editora 34.

7 O jornalista Elio Gaspari, em *A Ditadura Derrotada*, reproduz o seguinte diálogo: "Ah, o negócio melhorou, aqui entre nós, foi quando nós começamos a matar. Começamos a matar" – afirmou Coutinho. "Porque antigamente você prendia o sujeito e o sujeito ia lá para fora (…) O Coutinho, esse troço de matar é uma barbaridade, mas eu acho que tem que ser", respondeu Geisel (Ditador que ocupou o cargo de Presidente da República entre 1974 a 1978). Esta informação foi tirada do livro "Araguaia" de Thais Moraes e Eumano Silva, p. 492.

8 BLAY, Eva Alterman. *Assassinato de Mulheres e Direitos Humanos*. Editora 34, São Paulo, 2008, p. 62

9 Ibis, idem, p. 63.

10 Marcia Leopoldi tinha 24 anos de idade quando foi assassinada pelo seu então namorado, José Antonio Pereira Brandão do Lago, em 10 de março de 1984. Foi o primeiro caso brasileiro de vítima fatal da violência doméstica a ser encaminhado para a Comissão Interamericana de Direitos Humanos da OEA, em 1996. Não teve êxito no processo de admissibilidade.

11 União de Mulheres de São Paulo. *Do Silêncio ao grito conta a impunidade. O caso Márcia Leopoldi*. São Paulo, 2007, p. 59.

prietários das mulheres e, se perdem o controle sobre elas, as espancam e/ou as matam. Lago sentiu-se preterido e foi até o apartamento de Márcia para matá-la. Mas antes a estuprou[12], depois a estrangulou. A morte se deu por asfixia.

A violência é aprendida. Aprende a ser agressor/agressora e aprende-se também a ser vítima. A violência doméstica, que pode ocorrer também fora de casa, é uma das principais causas do assassinato de mulheres[13].

> A violência sexista se aprende com o namoro entre adolescentes, nas relações afetivas e sexuais na adolescência
>
> (...) É aonde os meninos aprendem a ser dominantes e violentos e as meninas a aceitar a possessividade de alguns meninos ou a assumir o domínio que elas exercem sobre eles (Joaquín Gairín Sallán, p. 139) [14]

A violência contra as mulheres é fato antigo, fruto de relações desiguais entre homens e mulheres, historicamente construídas e que se consolidam no processo de socialização tanto na família como na escola e demais instituições. É comum confundir o emprego de atos violentos com o processo educativo, como se fossem parte dos métodos pedagógicos para alcançar uma boa conduta das pessoas. Não se associam os atos violentos com a possibilidade de que possam levar ao assassinato. No entanto, o ato de violência contra as mulheres pode levar à morte.

Tanto no caso de assassinato e/ou desaparecimento de presos e presas, militantes políticos, como no caso de mulheres assassinadas, as famílias não se

---

12 Tomei conhecimento da violação sexual pela irmã, Deise Leopoldi, mas tal fato não foi revelado no livro que foi escrito sobre o caso: *Do Silêncio ao grito contra a impunidade – O caso de Márcia Leopoldi* devido ao constrangimento dos familiares em tratar do tema. Conversei com a Deise Leopoldi e ela me autorizou a publicizar o estupro sofrido.

13 "1 em cada 3 mulheres é vítima de violência dentro de casa, diz OMS", notícia publicada no jornal *Estado de São Paulo* em 22/11/2014, p. E4. A matéria alerta sobre o problema: "A violência contra a mulher é um fenômeno global e historicamente foi escondida, ignorada e aceita".

14 *Coeducación y prevención temprana de la violencia de género.* Joaquín Gairin Saillán, p. 139. Ministério de Educación y Ciencia, 2007. Disponível em:books.google.com.br/books?isbn=843694450X (tradução livre da autora).

conformam e reagem. Querem conhecer a verdade sobre os fatos, querem justiça e lutam contra a impunidade. Aí começa a luta. Setores da sociedade podem aderir ou não à luta dos familiares. Os familiares de mortos e desaparecidos políticos se organizaram de imediato.

> A partir de 1974, os familiares de mortos e desaparecidos políticos passaram à denúncia e à busca sistematicamente.(…) Familiares e amigos de presos políticos desaparecidos enfrentaram riscos e ameaças. Mães, pais, esposas, esposos, companheiras, companheiros, filhas, filhos, irmãos, irmãs, cunhadas, cunhados e demais parentes e amigos eram os que mais se mobilizavam e manifestavam sua dor pela perda dos seus entes queridos, ao mesmo tempo em que buscavam informações sobre o seu desaparecimento. Percorriam escritórios de advogados, arquidioceses, igrejas, sedes da grande imprensa, que mesmo se encontrando amordaçada sob férrea censura, recebiam os familiares sem, contudo, tomar nenhuma iniciativa de um modo geral. Recorriam também aos organismos internacionais de direitos humanos, como a OEA (Organização dos Estados Americanos), a ONU (Organização das Nações Unidas) e à Anistia Internacional. (Teles, 2012, pág. 57 e 58)[15]

Assim, os familiares de presos políticos mortos e desaparecidos políticos se organizaram e puderam por longos anos manter sua organização e sua luta. Tiveram, para isso, que construir articulações junto com outros grupos de direitos humanos comprometidos com a luta contra a violência de estado, a violência policial e a defesa da dignidade da pessoa humana. Dessa forma, esses familiares tiveram força política para sustentar uma luta pela memória, verdade e justiça.

Em relação às mulheres assassinadas, desde o início dos anos 1980, nós, feministas, temos sido procuradas por suas famílias para ajudá-las na denúncia política, na mobilização da opinião pública e no acesso à justiça. Com isso, adquirimos o traquejo de lidar com mortes violentas nos espaços públicos.

---

15 Vala Clandestina de Perus – Desaparecidos Políticos, um capítulo não encerrado da história brasileira. Instituto Macuco, São Paulo, 2012, p. 58.

As famílias sofrem por perderem suas filhas, irmãs ou parentes e também por serem as mulheres assassinadas, submetidas a um *julgamento moral* muito antes do julgamento legal do acusado (CFEMEA, 1998, pág. 10)[16]. No caso das mulheres assassinadas, há uma verdadeira invasão sobre sua intimidade, colocando em dúvida a idoneidade moral e ética das vítimas. Temos feito com insistência a proposta de criar organizações de famílias de mulheres assassinadas para que se mobilizem e enfrentem os ataques que atingem as pessoas próximas às vítimas e a toda sociedade. Há necessidade de organização para acompanhar a apuração das investigações e não aceitar a impunidade e obter a justiça. Assim, as famílias podem contribuir para o fim da violência de gênero e a sociedade pode conhecer melhor a tragédia causada pelo assassinato de mulheres e aprende a valorizar a vida e o direito à vida das mulheres. Na Argentina, por exemplo, foi criado o *Observatório de Feminicídios "Adriana Marisel Zambrano"*[17] por uma entidade da sociedade civil, Casa de Encontro, que procura acompanhar os casos de feminicídios e seus desdobramentos, como por exemplo, orientação aos seus familiares.[18]

No caso das pessoas presas mortas e desaparecidas por motivos políticos, num primeiro momento, a opinião pública, sob o medo e a total censura, acreditou na versão policial de que "eram terroristas e foram mortos em tiroteio". As famílias com o apoio de advogados e entidades de direitos humanos tiveram que desconstruir cada uma das versões falsas e buscar a verdade dos fatos. A luta foi e continua sendo de construir a memória dos fatos e das vítimas, com dignidade, de modo a enfatizar a história de cada militante na luta por democracia e justiça.

No caso das mortes das mulheres por seus namorados, companheiros, maridos e outros, procuramos fazer a denúncia dos fatos, das circunstâncias em que se deram e enfatizamos que muitas dessas mortes poderiam ser evitadas

---

16 Primavera já partiu. Retrato dos homicídios femininos no Brasil. Movimento Nacional dos Direitos Humanos. Brasília, 1998, Apresentação pelo CEFEMEA, p. 10.

17 Adriana Marisel Zambrano,de 28 anos, foi assassinada com golpes e pontapés em diversas partes de seu corpo. O autor, José Manuel Alejandro Zerde, de 29 anos, foi condenado a 5 anos de prisão por assassinar sua ex-esposa e mãe de sua filha, que à época tinha apenas nove meses de vida.

18 Mais informações, acesse www.lacasadelencuentro.org/femicidios.html

se houvesse mais eficácia na efetivação de políticas públicas, com intervenção pública qualificada que acolhesse as mulheres, ouvindo-as e lhes garantindo o apoio e o acolhimento, mas, principalmente, fazendo um intenso trabalho educativo e social de prevenção da violência sexista sob a perspectiva de gênero, raça/etnia, diversidade sexual e geracional. O estado e a sociedade deveriam se submeter a uma reestruturação e estabelecer mecanismos de equidade. A formulação e implementação de políticas públicas nas mais diversas áreas deveriam incluir efetivamente a realização e execução de ações de proteção, prevenção e punição da violência contra as mulheres para garantir-lhes a vida, em primeiríssimo lugar. A participação das famílias e da sociedade organizada juntamente com o apoio das instituições têm sido imprescindíveis para se alcançar a justiça. Mas também torna-se imprescindível que haja um movimento no sentido de garantir apoio social e material aos familiares dessas vítimas que, diferentemente dos familiares de mortos e desaparecidos políticos, encontram muito mais dificuldade para se manterem organizados.

As dúvidas surgem quanto às razões do crime desde a divulgação do fato: o assassinato de mulheres. Os comentários sugerem perguntas tais como: *o que teria feito ela (a vítima)? Era uma mulher séria, trabalhadora ou era uma fingida que abusava da paciência dos homens? Era prostituta que queria se passar por mulher honesta? Ela era infiel?* São indagações que aparecem de boca em boca, feitas pelas ruas, pela vizinhança e de uma forma perversa sustentadas pela mídia. As famílias se esforçam para desfazer essas intrigas e não deixar que seja conspurcada a memória das vítimas. Tarefa extremamente árdua e difícil justamente no momento em que essas famílias se encontram fragilizadas e em situação vulnerável devido à tragédia da morte violenta e de todo o contexto em que se dão os acontecimentos e suas consequências. Após algum tempo do assassinato, há praticamente uma dispersão dos familiares. Por terem que se readequar à nova situação, muitas vezes cuidar das crianças da mãe assassinada e de outras tarefas que ela fazia para o sustento da família, por terem que cobrir as despesas da casa que eram feitas por aquelas mulheres assassinadas, pela vergonha, pelo sofrimento da perda, pelo não reconhecimento da sua dor, pelo sentimento de culpa que a maioria das famílias tem, pela falta de política que dê suporte a estes familiares. Não são raros os casos em que as mães ou os pais morrem algum tempo depois. Ninguém mais toca no assunto. Esta tem sido a regra social de convivência: o pacto do silêncio. Assim a opinião pública, a sociedade e as próprias instituições públicas atuam no sentido do esquecimento da memória dessas vítimas. A violência é naturalizada, assim como também o feminicídio. Banaliza-se a violência contra as mulheres.

Sugerimos políticas públicas que definam procedimentos de acompanhamento das famílias para facilitar a sua reintegração a uma convivência razoável, com programas de atenção, seja na área social, da saúde, da educação, trabalho, habitação ou outras.

Das primeiras denúncias públicas ao enfrentamento dos tribunais do júri que ainda hoje justificam e absolvem homens em "legítima defesa da honra" (Calazans, Mylena, Iáris Cortes, 2011, p. 39)[19], os movimentos feministas realizaram ações, seminários e debates, panfletagens, mobilizações para que fossem incluídas nas pautas políticas a questão da justiça para as mulheres assassinadas. Em resumo, todas as conquistas obtidas foram significativas e trazem novos marcos sociais e teóricos. A visibilidade da violência contra as mulheres, em especial a violência doméstica e familiar, ganhou enorme destaque com a promulgação da Lei Maria da Penha.

Novas leis, novos conceitos, algumas pesquisas (ainda poucas para as necessidades) mostram que não houve redução das mortes violentas de mulheres.[20] Cresceram os números de feminicídios. Os dados são estarrecedores o Ipea (Instituto de Pesquisa Econômica Aplicada) o informa que entre 2001 e 2011, no Brasil, houve mais de 50 mil feminicídios. Isso significa que foram mortas de forma violenta, a cada ano, 5.664 mulheres, 472 a cada mês, 15,52 a cada dia, ou seja, uma mulher é assassinada a cada hora e meia[21]. Houve casos

---

19 Calazans, Mylena, Iáris Cortes. O processo de criação, aprovação e implementação da Lei Maria da Penha, in Lei Maria da Penha comentada em uma perspectiva jurídico-feminista. Livraria e Editora Lumen Juris Ltda. Brasil, 2011, p. 39.

20 98% dos brasileiros afirmam conhecer a Lei Maria da Penha, de acordo com pesquisa realizada pelo Instituto Patricia Galvão, em declaração feita Dulce Xavier, na Rede Brasil Atual, em 09/08/2014. http://www.redebrasilatual.com.br/cidadania/2014/08/lei-maria--da-penha-completa-oito-anos-e-numero-de-denuncias-cresce-3123.html. Consultado em: 08/05/2017.

21 Acesso ao site do Instituto Patrícia Galvão, Dossiê Violência contra as Mulheres, ver a pesquisa completa do Ipea de 2013: Violência Contra a Mulher: Feminicidios no Brasil.

impactantes de assassinatos de mulheres pós *Lei Maria da Penha*[22], como os de Eliza Samúdio[23] e da cabeleireira Maria Islaine de Morais, de Belo Horizonte[24]. Nesses dois casos, ficou bastante evidente que a não aplicação adequada da Lei Maria da Penha resultou no assassinato das duas mulheres. Houve muitos outros casos similares e que também levaram à morte as mulheres que procuraram os serviços públicos para fazer a denúncia de ameaça de morte, mas não receberam acolhimento nem orientação adequados.

As ações feministas e as conquistas importantes ainda não foram suficientes para impedir as ações violentas contra as mulheres que levam à morte. Se as famílias dessas mulheres sem um apoio efetivo não conseguem manter acesa a chama da luta organizada, tornam-se necessárias iniciativas que possam trazer à tona as informações e dados sobre os enormes prejuízos morais, éticos, políticos,

---

22 Lei Maria da Penha, assim é conhecida a Lei 11.340/2006 que visa o enfrentamento da violência doméstica e familiar contra a mulher.

23 Eliza Samudio (1985 – 2010) foi assassinada e teve o seu corpo ocultado, em Vespaziano (MG) provavelmente em 10/07/2010. Eliza era atriz e conheceu o então goleiro do Flamengo, Bruno, com quem manteve um relacionamento amoroso e ficou grávida. O então goleiro não quis assumir a paternidade e tentou obrigá-la a fazer o aborto, ameaçando-a de morte por ela ter recusado. Chegou, inclusive, a espancá-la. Eliza foi Delegacia Especializada da Mulher (Deam) de Jacarepaguá (Rio de Janeiro) onde fez a denúncia de que o Bruno a espancou por ela não ter aceitado fazer o aborto, em 13/10/2009. A delegada Maria Aparecida Mallet encaminhou o pedido de medida protetiva que proibia o então goleiro Bruno de se aproximar da atriz. A juíza Ana Paula Delduque Migueis Laviola de Freitas negou o pedido sob a alegação de que Eliza não tinha relacionamento íntimo com o goleiro e que ela estaria banalizando a finalidade da Lei Maria da Penha ao "tentar punir o agressor". A juíza conclui que a Lei Maria da Penha tem como meta "a proteção da família, seja ela proveniente de união estável ou do casamento, bem como objetiva a proteção da mulher na relação afetiva e não na relação puramente de caráter eventual e sexual". Consulta feita em pt.wikipedia.org/wiki/caso_eliza_samúdio, no dia 24/11/2014.

24 A cabeleireira Maria Islaine de Morais, 31 anos, foi assassinada pelos seu ex-marido, o borracheiro Fábio William, 30 anos, que disparou contra ela sete tiros, enquanto ela trabalhava no seu próprio salão de beleza, no dia 20/01/2010, em Belo Horizonte (MG). Seu ex-marido a ameaçava de morte e ela fez 8 boletins de ocorrência policial contra ele. Foi dada medida protetiva na qual ele deveria manter uma distância dela de pelo menos 50 metros. Disponível em oglobo.globo.com/Brasil/cabeleireira-morta-pelo-ex-marido- -com-sete-tiros-dentro-de-salao-de-beleza-em minas-gerais-3065361.

econômicos e sociais dos assassinatos de mulheres. A questão do feminicídio deve ocupar a arena política. Não dá para manter na invisibilidade suas sequelas e os graves prejuízos para toda a sociedade. O estado é responsável pela segurança das mulheres. O Brasil, por exemplo, assinou e ratificou a Convenção Interamericana para Prevenir, Punir e Erradicar a Violência contra as Mulheres, que ficou conhecida como *Convenção de Belém do Pará*, por ter sido adotada na cidade de Belém do Pará, em 09/06/1994, na Assembleia Geral da OEA. Essa convenção estabelece, no seu artigo 7º do Capitulo III os deveres dos Estados-parte :

> Os Estados Partes condenam todas as formas de violência contra a mulher e convêm em adotar,   por todos os meios apropriados e sem demora, políticas destinadas a prevenir, punir e erradicar tal violência e a empenhar-se em:
>
> a. abster-se de qualquer ato ou prática de violência contra a mulher e velar por que as autoridades, seus funcionários e pessoal, bem como agentes e instituições públicos ajam de conformidade com essa obrigação;
>
> b. agir com o devido zelo para prevenir, investigar e punir a violência contra a mulher;
>
> c. incorporar na sua legislação interna normas penais, civis, administrativas e de outra natureza, que sejam necessárias para prevenir, punir e erradicar a violência contra a mulher, bem como adotar as medidas administrativas adequadas que forem aplicáveis;
>
> d. adotar medidas jurídicas que exijam do agressor que se abstenha de perseguir, intimidar e ameaçar a mulher ou de fazer uso de qualquer método que danifique ou ponha em perigo sua vida ou integridade ou danifique sua propriedade;
>
> e. tomar todas as medidas adequadas, inclusive legislativas, para modificar ou abolir leis e regulamentos vigentes ou modificar práticas jurídicas ou consuetudinárias que respaldem a persistência e a tolerância da violência contra a mulher;
>
> f. estabelecer procedimentos jurídicos justos e eficazes para a mulher sujeitada a violência, inclusive, entre

outros, medidas de proteção, juízo oportuno e efetivo acesso a tais processos;

g. estabelecer mecanismos judiciais e administrativos necessários para assegurar que a mulher sujeitada a violência tenha efetivo acesso a restituição, reparação do dano e outros meios de compensação justos e eficazes;

h. adotar as medidas legislativas ou de outra natureza necessárias à vigência desta Convenção.

Além do mais, o direito à vida é constitucional e se encontra expresso no primeiro inciso do artigo 5º da Constituição Federal que trata dos direitos e garantias fundamentais. Temos ainda no nosso ordenamento jurídico a lei 13.140/2006, conhecida como a Lei Maria da Penha, que estabelece diretrizes claras e bem definidas do que devem fazer tanto o estado, as instituições e a sociedade para prevenir, punir e erradicar a violência contra as mulheres. Portanto, a cada mulher morta, o estado deve executar medidas e políticas reparatórias que possam reduzir os gravíssimos danos causados àquela família e àquela comunidade.

Para concluir, como tenho, ao longo de décadas, uma dupla militância política no campo dos direitos humanos no que se refere à busca dos esclarecimentos de mortos e desaparecidos políticos do período da ditadura militar (1964 – 1985) e, no movimento feminista, em especial na organização feminista União de Mulheres de São Paulo, na qual atuo desde 1980, tive junto com outras companheiras contato com familiares de mulheres assassinadas que buscam obter justiça. Aliás, tanto os familiares de mortos e desaparecidos políticos como os pertencentes a famílias de mulheres assassinadas clamam por justiça e são marcados pela dor e pelo sofrimento da perda. Nas declarações iniciais, nenhum familiar pressentia que a morte violenta pudesse ocorrer com seus parentes. Num primeiro momento, se desesperam com o "inesperado" e "trágico" evento[25] que significa o assassinato. De um modo geral, são mães, companheiras, filhas, irmãs, primas ou um outro parente mais distante, o cunhado ou cunhada, a amiga ou o amigo. São situações similares nos dois grupos, os de mortos e desaparecidos políticos e o das mulheres assassinadas. Os familiares

---

25 União de Mulheres de São Paulo: *Do Silêncio ao Grito contra a Impunidade. O caso Márcia Leopoldi.* São Paulo, 2007, p. 65.

dos desaparecidos políticos conseguiram transformar a dor em luta e fazem o luto ainda hoje, pois não conseguiram os corpos para o sepultamento digno de seus parentes. Às vezes quase sozinhos, mas podem contar com alguns apoios muito significativos, como de algumas autoridades públicas ou religiosas, de algumas pessoas que ocupam cargos políticos ou mesmo das entidades de defesa dos direitos humanos. Conseguiram ganhar uma ação na Corte Interamericana de Direitos Humanos da OEA (Organização dos Estados Americanos), que condenou o estado brasileiro, obrigando-o a localizar os corpos dos desaparecidos políticos, entregá-los para o sepultamento pelos familiares e apurar e punir os responsáveis pelos crimes praticados pelos agentes de estado. Com esse resultado, conseguiram que o estado brasileiro instalasse a Comissão Nacional da Verdade. No caso das famílias das mulheres assassinadas, quando conseguem participar e organizar alguma luta, o fazem de maneira quase invisível.

De um modo geral, há uma mídia televisiva significativa que ainda trata de maneira escandalosa, vergonhosa e vexatória o fato do assassinato, o que deixa seus familiares ainda mais humilhados e mais envergonhados. Com tamanho sensacionalismo, acabam por reforçar os obstáculos mais difíceis de serem superados, como a naturalização da violência de gênero e a culpabilização das mulheres assassinadas, tornando suas famílias ainda mais culpabilizadas.

É evidente que os familiares pertencem a diversas classes sociais, a diversos grupos étnico-raciais, o que interfere diretamente na sua forma de reagir ao assassinato dessas mulheres. Mas em todas as classes sociais há um acordo do silêncio sob a desculpa de que "não vamos falar mais disso, já sofremos demais". Assim, os crimes não chegam a ser esclarecidos, mantém-se a impunidade ou quase e, o mais grave, não há políticas reparatórias e preventivas eficazes.

Sendo assim, nós, mulheres feministas e defensoras dos direitos humanos, devemos manter a luta pela visibilidade, com dignidade, dos crimes contra as mulheres e, de modo especial, dos assassinatos de mulheres. Que sejam devidamente cadastrados, que haja plena investigação quanto às suas causas, circunstâncias e que seus autores sejam devidamente punidos. Mas entendemos ser extremamente necessário que se formulem e executem políticas públicas com a finalidade reparatória do ponto de vista social e emocional junto às famílias dessas mulheres. Ao medir os danos causados à sociedade pelos assassinatos de mulheres, dignifica-se a memória das vítimas, respeita-se a vida e a valoriza numa perspectiva de justiça e de erradicação da violência.

Concluímos, finalmente, com uma proposta de criação de uma comissão especial para investigar os assassinatos de mulheres. Nestas comissões deveriam ser incluídos técnicos e ativistas de direitos humanos e de movimentos feministas. Essas comissões deveriam produzir boletins periódicos que informassem a população sobre o andamento das investigações e os resultados. Conhecer com profundidade e detalhes as circunstâncias das mortes, os impactos causados nas famílias e comunidades, estabelecer medidas reparatórias e concretas são iniciativas que favorecem o enfrentamento do *feminicídio* e a construção de políticas públicas que visem prevenir e erradicar a violência de gênero e principalmente o assassinato de mulheres. É uma garantia para que as mulheres possam viver e usufruir do direito fundamental à vida. Dignificar a memória das vítimas é imprescindível para valorizar a vida das mulheres e o seu direito de viver!

Referências Bibliográficas:

Barreto, Margarida, Nilson Berenchein Neto e Lourival Batista Pereira. *Do Assédio Moral à Morte de Si*, Editora Matsunaga, São Paulo, 2011.

Blay, Eva Alterman. *Assassinato de Mulheres e Direitos Humanos*. Editora 34, São Paulo, 2008.

Oliveira, Dijaci David de, Elen Cristina Geraldes, Ricardo Barbosa de Lima. *Primavera já partiu. Retrato dos Homicídios Femininos no Brasil*. Editora Vozes, Petrópolis, 1998.

Teles, Maria Amélia de Almeida. *O que são os direitos humanos das mulheres?* Editora Brasiliense, São Paulo, 2006.

União de Mulheres de São Paulo. *Do Silêncio ao Grito*, São Paulo, 2007.

Instituo Macuco. Vala Clandestina de Perus. *Desaparecidos Políticos, um capítulo não encerrado da História Brasileira*. São Paulo, 2012.

Infância Roubada. Comissão da Verdade "Rubens Paiva" da Assembleia Legislativa do Estado de São Paulo. 2014.

Alameda nas redes sociais:
Site: www.alamedaeditorial.com.br
Facebook.com/alamedaeditorial/
Twitter.com/editoraalameda
Instagram.com/editora_alameda/

Esta obra foi impressa no outono de 2017. No texto foi utilizada a fonte Minion Pro em corpo 10,25 e entrelinha de 15,5 pontos